中國學術思想 研究輯刊

三一編
林慶彰 主編

第13冊

郭象《莊子注》義理重詮

呂學遠 著

花木蘭文化事業有限公司

國家圖書館出版品預行編目資料

郭象《莊子注》義理重詮／呂學遠 著 — 初版 — 新北市：花木
蘭文化事業有限公司，2020〔民 109〕
目 4+176 面；19×26 公分
（中國學術思想研究輯刊 三一編：第 13 冊）
ISBN 978-986-518-003-4（精裝）
1.（晉）郭象 2. 莊子 3. 研究考訂
030.8   10900270

ISBN-978-986-518-003-4

9 789865 180034

中國學術思想研究輯刊
三一編　第十三冊　　　　　　　ISBN：978-986-518-003-4

郭象《莊子注》義理重詮

作　　　者　呂學遠
主　　　編　林慶彰
總 編 輯　杜潔祥
副總編輯　楊嘉樂
編　　　輯　許郁翎、張雅淋　美術編輯　陳逸婷
出　　　版　花木蘭文化事業有限公司
發 行 人　高小娟
聯絡地址　235 新北市中和區中安街七二號十三樓
　　　　　　電話：02-2923-1455／傳真：02-2923-1452
網　　　址　http://www.huamulan.tw 信箱 hml 810518@gmail.com
印　　　刷　普羅文化出版廣告事業
封面設計　劉開工作室
初　　　版　2020 年 3 月
全書字數　159793 字
定　　　價　三一編 25 冊（精裝）新台幣 50,000 元　　　　版權所有 · 請勿翻印

郭象《莊子注》義理重詮

呂學遠 著

作者簡介

呂學遠，臺灣桃園市人。淡江大學中國文學學系研究所文學博士。曾任中學教師、馬偕護理管理專科學校兼任講師、聖約翰科技大學兼任講師等職務，現任桃園市振聲高中國文教師。研究領域爲先秦儒家、先秦道家與魏晉玄學。著有〈《中庸》天道性命相貫通義理之重衡〉、〈「性」、「命」、「理」玄合──郭象「自然」義之重衡〉、〈從「適性逍遙」到「無爲而治」──郭象逍遙觀之重衡〉等論文。

提　要

　　本文立基於前輩豐厚研究成果之上，以探索基源問題、力求詮釋系統性、一致性與反省當代研究之方法，從三面向──「存有論」、「逍遙觀」和「自然與名教」──重新檢視郭象玄學體系。

　　於郭象「自然獨化」的「存有論」，作者重新整飭「性」、「命」、「理」之關係，並發現郭象「自然」，應具自爾生發、意義根源與體道境界三義。而郭象刊落「道」、「無」諸「本體論」名相，實因「道」無不在，每一命行事變，無一不是生發意義之造化流行，生命須擁抱屬我境遇，方能「獨化於玄冥之境」。

　　關於郭象別異《莊子》，創構「適性逍遙」說，吾人認爲，其目的在擘畫履位襲情，和諧共生的政治藍圖，開拓莊學之外王道；然郭象過度重視「適性」、受限氣稟、承認「成心」，遺忘《莊子》之「逍遙」，是在邀請每一生命，皆能遣欲蕩執，重臻無待之境，齊歸自然之場，而非自行其是，發揮本眞價值而已。故其雖建立了道家外王學，但在「內聖」的實踐進路上，實有所虛歉，甚且，亦連帶影響「齊物」理論，雖有裨益《莊》書處，終歧出《莊子》義理。

　　對於會通「自然」與「名教」議題，我們發現，郭象並非雜揉儒家仁義，強行收納於道家「自然」中，而是歸本《莊》書的仁義意涵：以忘化兼愛曰「仁」，隨宜通達言「義」，順應自然說「禮」。聖人之治術，亦非同儒家，依道德意識建立倫常；反之，其更重視感通應機、體貼物情之「觀照」，從而輔導萬物安命正位，與物無傷地改革社會、實現價值，屬一「曲成」治道型態。

　　郭象注《莊》，歷經千年，評價依舊紛紜。本文期望，能運用較周延的詮釋方法，爲郭注尋獲一合宜且透發現代意義的義理定位。

目次

壹、緒論

一、研究注疏型哲學作品我應有的態度

中國思想如以先秦諸子爲發祥，那麼「經典注疏」便是後世哲學家紹繼
該經典，並在「視域融合」〔註1〕的過程中，創構自身思想體系之「載體」；
亦可說，經典通過注疏薪火相傳，更藉注疏歷久彌新，在承受千年洗鍊後，
依然能呼應當代心靈，照會當世議題。而後代哲人，除了依經典卓立其哲思，
更憑注疏延續著中國哲學生生不息之命脈。

劉笑敢先生對注疏傳統發揚中國哲學，實有一深入省察。首先，他將注
疏作品區分爲三類型，即「非哲學性的注解」、「哲學性的詮釋」及「詮釋性
的哲學著作」。〔註2〕劉先生更列舉王弼《易》、《老》注、郭象《莊子注》與
朱熹《四書章句集注》作爲中國「詮釋性哲學」的成熟、高峰標誌；其中，
最引人側目者，就屬郭象《莊子注》了。劉先生以「實驗室條件」作爲評斷

〔註1〕高達美認爲當詮釋者進入經典時，必然會察覺到，經典所呈現歷史性與自
處當前的歷史境遇間存在著差異，與此同時，我們亦感受到經典對我們有
所宣說；詮釋活動便在差異與傾聽經典間進行，即是，把被瞭解的文本應
用到詮釋者所處的歷史境遇，也把詮釋者身感之視域應用到文本，成就經
典與視域的交融，高達美稱此爲「視域融合」。見（德）迦達默爾著，洪漢
鼎譯：《詮釋學Ⅰ：真理與方法》（北京：商務印書館，2007 年 4 月），頁
408～417。

〔註2〕劉笑敢區分注疏作品類型，並爲之定義。一、「非哲學性的注解」：完全不能
納入中國哲學史研究範圍的注釋或詮釋性著作，如文獻學、歷史學、文學等
詮釋著作。二、「哲學性的詮釋」：在中國哲學史論著中涉及到的注釋性著作，
但較不能建立其思想體系。三、「詮釋性的哲學著作」：能建立完整體系，與
在思想史中佔有重要地位的注疏作品。見氏著：《詮釋與定向──中國哲學研
究方法之研究》（北京：商務印書館，2009 年 3 月），頁 32。

一注疏性作品，究竟該屬「順」、「逆」、「異」何種向度的標準，並視郭注爲「逆向詮釋」〔註3〕之代表。所謂「實驗室條件」，是立基傅偉勳先生「創造性的詮釋學」中的「實謂」與「意謂」層〔註4〕，再以「素樸性原則」與「相對性原則」，分析原典與注本關係，確定注疏家的詮釋方向；即「將豐富的詮釋的可能性還原到原典文字和詮釋文字最簡單、最基本的意義上來考察其關係和方向性。」〔註5〕依此條件檢視郭注，劉先生洞悉，無論是文義上，或是「僅就《莊子》全書最重要，最基本的一些概念、命題作分析比較。……發現郭象的新概念、新命題、新觀點大多是對《莊子》原有思想的基本否定，是從《莊子》原文中推不出來的。」〔註6〕劉先生透過嚴謹且避免過度詮釋的判斷，定位郭注屬「逆向詮釋」，誠爲的論，然而，似乎還尚未解決，我們對《莊》、《郭》哲學異同之疑惑：

（一）縱然劉笑敢先生運用「素樸性原則」，考察出郭象在文義與基本概念上，別異於《莊子》，但此文義與基本概念，終究會因後世學人的理解不同，而籠罩再詮釋的色彩；如劉笑敢先生認爲，《莊子》之萬物「自生」，屬「道」之作用而令萬物自生自化，不同於郭象排斥任何本根作用的生化。〔註7〕然在牟宗三先生，郭注正是特顯，聖人依修養境界，開出「道」「作用性地保存」

〔註3〕需注意的是，劉笑敢定位郭注爲逆向詮釋，旨於描述郭象所注釋之《莊子》，在許多文義與基本概念上，別異於《莊》，而非貶抑郭象之哲學價值。

〔註4〕傅偉勳「創造性的詮釋學」共分爲五辯證層次：(1)「實謂」層次——「原思想家（或原典）實際上說了什麼？」(2)「意謂」層次——「原思想家想要表達什麼？」或「他所說的意思到底是什麼？」(3)「蘊謂」層次——「原思想家可能要說什麼？」或「原思想家所說的可能蘊涵是什麼？」(4)「當謂」層次——「原思想家（本來）應當說出什麼？」或「創造的詮釋學者應當爲思想家說出什麼」；以及 (5)「必謂」（「創謂」）層次——「原思想家現在必須說出什麼？」或「爲了解決原思想家未能完成的思想課題，創造的詮釋學者現在必須踐行什麼？」見氏著：《從創造的詮釋學到大乘佛學》（臺北：東大圖書股份有限公司，1990 年 7 月），頁 10。而「實謂」層關涉到原典校勘、版本考證與比較等課題；「意謂」層則通過語意澄清、脈絡分析、前後文表面矛盾的邏輯消解與原思想家時代背景的考察等工夫，盡量「客觀忠實地」詮釋原典與思想家的意向。關於傅先生「創造性的詮釋學」詳細論述可見是書，頁 9～44。

〔註5〕劉笑敢：《詮釋與定向——中國哲學研究方法之研究》（北京：商務印書館，2009 年 3 月），頁 145。

〔註6〕劉笑敢：《詮釋與定向——中國哲學研究方法之研究》（北京：商務印書館，2009 年 3 月），頁 160。

〔註7〕同前注，頁 170。

的「自生」義〔註8〕。單舉此例便可得見，後代詮釋所注入的多端義理，方是令《莊》、郭兩哲學系統，剪不斷，理還亂之關鍵處，似不是純依「實驗室條件」，標點出郭注爲「逆向詮釋」，便能徹底解決《莊》、《郭》歧異之問題的。

（二）郭象注《莊》既屢創新理於諸注之外，便可能從文義的牽擾中拔昇，直是觸及《莊子》道論的深層義蘊。用傅偉勳先生的言語來說，郭象可能已擺落了「意謂」，步及《莊子》義理深層結構，即「蘊謂」〔註9〕甚至是「創謂」〔註10〕的層級了，此時若再將檢視《莊》、《郭》異同，純封限在文義的順、逆推導中，則郭子玄如掘發了《莊子》的深層道論，是否也徒被劃歸於「對莊子原有思想的基本否定」，卻抹煞了郭象「創造性詮釋」之殊勝？

（三）劉先生秉持嚴格的研究方法，主以《莊》書〈內篇〉爲底據，進而評議《莊》、《郭》異同〔註11〕，誠然不失爲一謹慎的省察策略；然則，如站在郭象的立場，他總不停佇在《莊》書孤篇獨句上「隨文解義」，而是將《莊

〔註8〕 牟宗三：《才性與玄理》（臺北：臺灣學生書局，2002 年 8 月），頁 199～200。
〔註9〕 傅偉勳言：「詮釋學者設法在原思想家教義的表面結構底下掘發深層結構，據此批判地考察在『蘊謂』層次所找到的種種可能義蘊或蘊涵，從中發現最有詮釋理據或強度的深層義蘊或根本義理出來，這就需要他自己的詮釋學洞見，已非『意謂』層次的表層分析或平板而無深度的詮釋可比。」見氏著：《從創造的詮釋學到大乘佛學》（臺北：東大圖書股份有限公司，1990 年 7 月），頁 11。徵諸郭象注，他刻意淡化《莊子·大宗師》：「夫道，……自本自根，未有天地，自古以固存；神鬼神帝，生天生地。」此富涵有一形上實體或是宇宙論意味之論述，轉而注言：「不生天地而天地自生，斯乃不生之生也。」、「言道之無所不在也……無所不在，而所在皆無也。」此否定有一造物主創化萬物，甚至「道」無時不展露於生活世界中等語意，使其「存有論」，轉向強調如〈齊物論〉「夫吹萬不同，而使其自己也」、〈知北遊〉「道」無所不在，在螻蟻、稊稗甚至屎溺般，充滿生命實踐或是超克有一形上本體等韻味的詮釋脈絡，進以契應《莊子》著重於生命實踐的存有學論述，實可歸屬於「蘊謂」與「當謂」的層次中。
〔註10〕 傅偉勳對「創謂」（「必謂」）的解釋爲：「創造的詮釋學家不但爲了講話原思想家的教義，還要批判地超克原思想家的教義侷限性或內在難題，爲後者解決後者所留下而未能完成的思想課題。」傅先生更認爲，郭象之「無心玄應」、「自爾」、「獨化」，實爲對傳統形上學之超克、解構，徹底貫徹「自然無爲」原則，不僅還出萬物獨化自適的如如境界，亦不將人爲思辯而構作的「絕對真理」，擅自套加至萬物原原本本的自然無爲中。實是一個以「創造的詮釋學」方式，故意誤讀莊子原文的「誤讀天才」。見氏著：《從創造的詮釋學到大乘佛學》（臺北：東大圖書股份有限公司，1990 年 7 月），頁 11、《從西方哲學到禪佛教》（臺北：東大圖書股份有限公司，2001 年 4 月），頁 420～429。
〔註11〕 劉笑敢：《詮釋與定向——中國哲學研究方法之研究》（北京：商務印書館，2009 年 3 月），頁 176。

子》內、外與雜篇，諸般充滿張力甚至相互牴觸的概念，收束融貫，並作一全面性的詮釋，那麼，以《莊》、《郭》異同，作為審查目標的我們，是否也應把對勘、省察的視野，鋪展至通篇《莊子》與《郭注》上？

我們再將眼光移至現代，如以湯用彤先生《魏晉玄學論稿》做為玄理研究專書之發源，這近百年來闡發郭象玄學的著作愈豐，各詮釋系統便愈迥異多端，但這也指向一共同成果──無論郭象是妙會《莊》理，亦或擺落道旨，無疑地，他實已成就自身哲學體系。只是這一哲學體系之於道家，究竟屬於妙解還是墮落？正是當代學界爭論無息處。

為何有此歷經千年，終究紛紜的結果？癥結點似乎有三：

（一）郭象以本身玄理系統詮釋整部《莊子》，卻在文義解釋上與《莊》相異。於此，又可再細分兩要點：

1、郭象創建之概念，有別於《莊子》文義，諸如：（1）刊落富涵形上根據意味之「道」、「無」，歸還於「自爾」、「自然」，又掘發新義於「自然」，進而建構其特出之存有論。（2）依「適性」、「守分」詮解逍遙觀，別異於莊周原旨。（3）以「跡冥」解決「自然與名教」間的衝突，圓成「名教即自然」之理境，卻也在文義上，崇高儒聖，貶抑道者。這屢標新理於眾家之表的詮釋，往往讓讀者在閱讀上，感受到衝擊與不適。

2、甚且，整部《莊子》義理本就有不一致之情形，郭象又依「自爾」、「適性」、「跡冥」等玄理，試圖貫通此繁雜之經典，而當其基礎概念與《莊子》文義產生扞格時，更輔以「寄言出意」的詮釋態度以周全之。如與王弼注《老》對勘，較之輔嗣使用「崇本舉末」這一外延較大但細微義理較不明確的詮解脈絡，郭子玄「寄言出意」，逕以自家玄思或深掘或牴觸《莊》書，自屢屢充斥著「以注破經」意味。

（二）延續上述之論，郭象獨鑄「自爾」、「適性」與「跡冥」等玄理，但當後代詮釋者試圖剖析這些義理時，亦依各家視域詮解，並且，詮解視域之殊異亦能涉及至《莊子》。職是，後代詮釋觀點，實是分判《莊》、郭義理莫衷一是的主要原因。

（三）當代詮釋者身處西學東漸的時代氛圍中，援引西方哲學概念，試圖整構《莊》、《郭》玄理，卻也不自覺地挾帶諸概念背後的思維模式；甚且，縱或調性不合，亦能強糅格義之。如此，或可能割裂《莊》、《郭》兩經典本

身之系統性，更愈發斷絕二者義理的同質、連續性。〔註12〕

　　至此，我們得見疏通《莊子》與郭象玄理間的困難：即是郭象注《莊》時，總浸淫於其時代課題與個人視域中，更依此「視域融合」，建構其哲學體系，遂也衍生不同於《莊》書之風貌。而後代詮釋者嘗試清理《莊》、《郭》差距時，亦懷抱著殊異的詮解脈絡，他們所陳構的詮釋系統，終只是一「不同的理解」，遂讓《郭注》究竟是會應莊周？亦或淪喪玄慧？總是爭端難息。又，如欲剝離後代詮釋者挾帶個人詮釋理脈的成見，還原經、注兩者間本來面目，為郭象安置一合理的注《莊》定位，更是過於樂觀的處置；因依照高達美（H. Gadamer）詮釋學的觀點，詮釋者定深受自身前見以至時代境遇影響，那麼，我們終究無法探知作者本懷，尤其置身在郭象有意識地「寄言出意」中，所謂「實驗室條件」更顯得窒礙難行。是而，欲廓清《莊子》與《郭注》之異同，似乎再歷千年，依是紛亂無解。

　　只是做為詮釋工作者，我們終須為《莊子》與《郭注》，力尋一合理的分判定位。究竟哪種詮釋方法，得以周延、持平地評議兩經典，復讓經典繼續豁顯，照明現代心靈呢？袁保新先生闡發自身對於《老子》、《孟子》詮釋體系的省思，或許能為解決紛亂無息的《莊》、郭異同，提供一絲曙光：

　　　　（一）所謂「較好的理解」，並不是「真」與「假」的區別，因為我們根本無法確定經典作者的本懷是什麼，也無意提供真假的最後判準。

　　　　（二）所謂「較好的理解」，充其量只能在兩個層次是可以成

〔註12〕如余敦康所著的《魏晉玄學史》，認為郭象「自生」類似萊布尼茲「單子論」的思維，「每個個體都是一個自身封閉和諧的小系統」，雖藉此解釋了「自生自爾」不依待外物創發的獨立性，卻也因此「單子論」，而將個體的生長本質化、固定化了；更遑論面對〈齊物論〉：「天地與我並生，萬物與我為一」這突顯存在界便是一氣之化的造化流行之義理時，產生義理上的衝突。並且，借用萊布尼茲的「單子論」，便須注意到，單子生滅是由上帝所決定，並且各單子亦如機械之零件般，早已被上帝安排好分位，有其被預定的「目的性」，除了能發展自己，又與其它單子和諧聚合，萊布尼茲稱此為「前定和諧論」。如與郭象「自然」對勘，郭子玄著意於命變無常，造化是生命不能宰制的生機動力，而此「無目的性」之思維，自與「前定和諧論」迥異。當然，余先生將「獨化」、「相因」與「玄冥」格義萊氏「前定和諧論」，只取「和諧共生的整體性」義，但如不釐清兩者異同，便恐使研究者混淆，亦不能顯發真正適切於郭注「存有論」義理。關於余敦康的論述，可參見氏著：《魏晉玄學史》（北京：北京大學出版社，2005年9月），頁362。

立的。一是就方法論的設計上，愈周延、精確地遵守各項詮釋原則，當然比粗糙、隨興的抽樣比附，或前後不一致的解讀，更具有說服力。另一則是扣緊問題意識而言，如果我們對經典的提問，更能反映現代人的意義需求，更能照明現代人的經驗處境，那麼這個詮釋也就具有更大的適切性。〔註13〕

袁先生的兩省思，啟發我們應以何種態度詮釋經典：

（一）先生第一點反省，昭示著縱然有作者原意，但當一作品完成，便已脫離了原作者，進入後世之理解與詮釋中，我們終究無法再契及作者原意，亦終究背負著自身之「歷史性」，沉浸在「視域融合」的存有結構中，而有著「不同的理解」。

（二）先生第二點反省，實呼應著第一點；認為正因如此，我們更須正視「視域融合」這一存在性徵，並將此正視，運用於詮釋工作上。而詮釋方法力求周延，正能幫助我們開顯著「視域融合」，從而建構一致且完整的詮釋體系，亦更能揭露內蘊於文本之現代意義。

有鑑於此，我們企圖從梳理郭象玄義入手，在探賾其哲理時，一併與《莊子》對勘，檢視郭子玄之於莊周，究竟有何歧異甚至繼承復超越處？而如需嚴整地把握郭象玄理，便須回溯《郭注》從屬的歷史情境，探索它面對自身時代課題，產生何種「實效歷史意識」〔註14〕？藉著我們與《郭注》有著遙遠的「時間距離」（Zeitenabstand）──能過濾出較為真實的理解前見〔註15〕，

〔註13〕袁保新：《從海德格、老子、孟子到當代新儒學》（臺北：臺灣學生書局有限公司，2008年10月），頁23。

〔註14〕高達美言：「我名之為『實效歷史意識』，因為我藉此一方面要說，我們的意識是實效歷史中被決定著的意識，也就是說，被一種實際之發生（einwirkliches Geschen）所決定著，要說我們的意識無法擺脫掉它，以一種能站到過去之對立面的意思擺脫掉它。而且我也認為另一方面，應該要（es gilt）經常地在我們之中喚起一種對於如此受歷史影響的存有狀態之意識──當然還要將一切我們弄明白而必須做一了斷的過去之事，以某種方式承擔它對我們開顯的真理。」轉引自張鼎國：《詮釋與實踐》（臺灣：政大出版社，2011年12月），頁392～393。對此，張鼎國亦疏釋道：「雖然他（指高達美）強調歷史進行的力量遠超過個人意願，可是這絕不表示人在歷史傳統的前進當中無聲無息。他要求的反而是一種積極參與至其間的態度，要求能夠置身投入歷史與傳統的承載與繼續當中。」

〔註15〕高達美言：「伴隨著時間距離造成的過濾過程的這種消極方面，同時也出現它對理解所具有的積極方面。它不僅使那些具有特殊性的前見消失，而且也使那些促使真實理解的前見浮現出來。」見（德）迦達默爾著，洪漢鼎譯：《詮釋學Ⅰ：真理與方法》（北京：商務印書館，2007年4月），頁406。

試圖較客觀地披露其時代議題與注疏心懷。然亦須知，「對一個文本或一部藝術作品裡的眞正意義的汲皀是永無止境的，它實際上一個無限的過程」〔註 16〕，因詮釋者必然擁有「前見」（Vorurteile）和「前見解」（Vormeinungen）；即是，我們必浸淫在文本與前人研究成果之中，與二者之視域交融互滲，復永遠遭遇並開啓著一「創造性的理解」〔註 17〕，則我們因著自身時代議題，逐能省察、揚棄著前賢研究，更逼顯諸研究成果，是否還有一些懸而未決之問題，猶待吾人推陳出新？於此，便能進一步地闡揚經典對於現代心靈，持續彰顯出何種意義？最後，我們不讓詮釋淪爲任意地矛盾、比附，而須力持詮釋之整體性與一致性。

吾人認爲，力求詮釋系統的一致與完整、省察當代詮釋成果和探究經典從屬的歷史情境，意欲構築一客觀的方法論，雖看似與強調主客交融之「不同的理解」有所緊張，然而詮釋學經驗與科學方法，並不是一相互排斥的關係，兩者反而有相輔相成之聯繫。質言之，在詮釋方法上力求周延，不僅僅是種方法論，更是一種嚴謹的研究態度；根本地說，它實是研究者能眞誠地面對「視域融合」，而開顯的詮釋歷程。縱使此詮釋在高達美詮釋學底下，徒是一「不同的理解」，但至少較於其它詮釋，能更周詳，且更能揭顯出經典豐富義涵。而我想，那也就夠了。

二、本文研究的旨趣與方法

職是，本文立基在詮釋學的一致性、系統性上，復反省當代研究成果與考察歷史基源問題，以期充分正視「視域融合」這一詮釋學意義，更試圖爲郭象玄學，重衡出一適宜的詮釋體系。於後，筆者便秉持此詮釋態度，並下開七章，進以重建郭象玄學。今展示如下：

〔註 16〕 同前註。

〔註 17〕 高達美言：「文本的意義超越它的作者，這並不是暫時的，而是永遠如此的。因此，理解就不是一種複製的行爲，而始終是一種創造性的行爲。把理解中存在的這種創造性的環節，稱之爲更好的理解，這未必是正確的。」同前註，頁 403。於此，我們須知，高達美所說的「創造性的理解」，並非優於作者本身之理解，而是詮釋者受限於每一時代背景所產生的歷史效應，通過不同的視野，與奠基在殊異之解釋原則上，產生不同地但富有創造意義的解讀，然則，這終究只是一「不同的理解」，縱使能說此「創造性的行爲」屬一「較好的理解」，亦只能就當代解讀，較能開顯自身時代意義，而有其優勝處。但每一時代總有每一時代不同之課題，故究實而言，這「創造性的理解」最終亦只是一「不同的理解」罷了。

〈第二章‧郭象《莊子注》的時代議題〉：此章意欲探索郭象身處之世，面臨何種時代課題？反映於注《莊》上，究竟抱持何種心懷詮釋《莊子》？

〈第三章‧當代郭象玄學詮釋系統之省察〉：此章除了評議當代郭象詮釋系統，亦區分詮釋系統的基本模型，更經由反省當代研究，企圖逼顯出前賢對郭象玄學之未竟功業，以待吾人接續重詮之。

〈第四章‧「性」、「命」、「理」玄合——郭象「自然」義之重衡〉：此章研析郭象「自然」義，它指涉著郭象「存有」論述，然此「自然」義卻牽涉著「性分」、「命變」與「勢理」三概念，需層層剖析，方能透澈郭子玄「自然」的存有論結構，順此問題意識，我們延伸出三議題：

1、重建「性」、「命」與「理」三義涵，復疏通諸概念於「自然」義中。

2、如能解析「自然」義，便再從〈第三章〉歸納的詮釋模型中，判斷郭象「存有論」究竟適宜何種詮釋體系？

3、嘗試貫通「獨化」、「相因」與「玄冥」三概念間的關係，並探索其透露何種存有論意趣。

〈第五章‧從「適性逍遙」到「無爲而治」——郭象逍遙觀之重衡〉：郭象有意識地扭轉《莊子‧逍遙遊》文義，重新詮釋「小大之辨」，創構「適性逍遙」，別異於《莊子》「無待逍遙」。然此「創造性的詮釋」亦引起歷代學者爭議，對於郭象詮釋《莊子》的適切性遂也毀譽兩端，爭擾紛紜。本章試圖解析郭象「適性逍遙」的價值與工夫義，更藉此揭露郭象創建「適性逍遙」，對應其身落之歷史背景，欲解決何種時代議題。於此，亦可通過三個議題方向展開全文：

1、詮解「適性逍遙」的價值與其蘊含之工夫義。

2、剖析「有待／無待」逍遙，對應《莊子》「無待逍遙」，在修養論上有何異同？郭子玄分殊「逍遙」二義，又衍生出何種創造性發揮？

3、勾勒「適性逍遙」中的道化之治義涵。

〈第六章‧道體儒用？道化之治？——郭象「名教即自然」義之重衡〉：當今研究多順承湯用彤之判定，認爲郭象會通儒道，以解決「名教」與「自然」間的衝突，臻成其別於王弼、嵇康之思維，創開「名教即自然」的詮釋脈絡；但觀郭象《論語體略》殘章，確實顯露出，依道家思維詮釋儒家仁義禮制內涵，但這是否表示著，郭子玄本就承襲著道家對仁義諸德之理解，復而詮注《論語》呢？如是，則《莊子注》就並非雜揉儒道，而是順從《莊子》

對儒家「名教」之批判，重塑「名教」意涵。從這主要問題出發，我們延伸三議題，以開拓此章：

1、反省牟宗三「作用地保存」詮釋，闡明《莊子》別異於儒的人文化成，更構劃《莊》書孕育的「道化之治」含蘊。

2、釐清郭注是否承襲了《莊》書批判、治療儒家禮教之精神？

3、省思收攝於心靈境界之「觀照」義，其與郭注之不類處，以及嘗試開發「觀照」其餘含蘊，除了豐富「觀照」義涵外，更企圖豁顯郭注中的聖人道術、眾品襲情稱位與建立典章制度的存有論基礎，進以整全郭象「獨化於玄冥之境」的外王道系統。

〈第七章·〈齊物論〉與郭注義理對勘之重衡〉：現今學界對郭象注解〈齊物論〉之適切性，多持否定的態度，原因自與郭注概念明顯乖謬於〈齊物論〉，有很大的關係；但最主要的，還是因判論〈齊物論〉與郭象異同之方家，多應合著牟宗三「主觀境界型態」詮釋〈齊物論〉，進而與郭象玄理對較，遂有如斯理解。然而，如「主觀境界型態」亦不能全面地揭露〈齊物論〉旨意，是否亦連帶影響著，研究者對比兩家思維之結論呢？本文擬對當今研究成果，提出進一步之省思，亦順上述主要問題意識，分殊三子題：

1、探尋郭象詮解〈齊物論〉之義理脈絡。

2、省思「主觀境界型態」對〈齊物論〉之詮釋效力，是否有待吾人進一步補充者？

3、研討郭注錯解〈齊物論〉諸概念，背後隱含之思維，是否真違逆或實暗合著〈齊物論〉義理型態？

〈第八章·結論〉：回顧與統整諸章之研究成果，並揭示本文與前賢研究之殊異處。

貳、郭象《莊子注》的時代議題

一、弔詭的評價

　　郭象，字子玄，西晉人，生卒年不詳，推斷應在西元 265～316 年之間，與西晉興衰共存亡。《晉書》記載了郭象仕宦歷程：「州郡辟召，不就。常閑居，以文論自娛。後辟司徒掾，稍至黃門侍郎。東海王越引為太傅主簿，甚見親委，遂任職當權，熏灼內外，由是素論去之。永嘉末病卒，著碑論十二篇。」〔註1〕

　　關於郭象遭臨之時代背景，王葆玹先生《玄學通論》，有一段設身處地之描寫：

> 　　郭象《莊子注》作於永嘉年間，處於「八王之亂」末期，當時接連不斷地發生篡弒、政變、內戰和朝中的仇殺，郭象不得不依附以東海王司馬越為首的顯貴，將反抗情緒注入到著述之中。……而郭象在永嘉元年前後，目睹了趙王司馬倫殺戮張華、裴頠及賈謐黨羽數十人的慘劇，見到了司馬倫篡奪帝位的一幕，看到了諸王討伐司馬倫的戰爭，經歷了司馬乂殺司馬倫，以及司馬乂、齊王冏等先後被諸的禍事，窺見了在河間王司馬顒、成都王司馬穎及東海王司馬越之間的一連串戰爭，到司馬越應運成為朝廷的控制者的時候，郭象參與機要，但他一定會思索，在連年不斷的戰爭當中，哪一次戰爭是正義的？在不斷更換的統治者當中，哪一個聖王或命世大賢？在八王之亂之前，朝政好麼？在司馬越成功之後，政治有望了

〔註1〕　（唐）房玄齡等撰：《晉書》（北京：中華書局，2012 年 12 月），頁 1397。

嗎？對這無數的疑問，答案都是否定的。不論過去、現在和未來，都是一片黑暗。試問一位思想家在這種心境之中能做什麼呢？假如他想反抗的話，他將採用何種形式？假若他要把著作留給後人，他想留下的是怎樣的歷史教訓呢？〔註2〕

對於王葆玹先生判定郭注成書時間，我們雖抱持懷疑，而較認可王曉毅先生的評估，將郭象撰注之始終，定位於晉惠帝永康元年（C.E.300）到光熙元年（C.E.306）之間〔註3〕。但永康元年，正是爆發賈南風殺害太子遹，司馬倫討逆之，揭開八王之亂序幕的關鍵時刻；故縱使兩先生對郭注成書之時代背景，認知有異，但王葆玹先生這段書寫，依然與永康到光熙年間的政治境況，相差彷彿，只是殺戮的血霧更為濃厚，世局更為盪亂罷了。而他細膩地勾勒出西晉末年那段波譎雲詭，亦帶領著我們體會郭象身處陰鬱深重之氛圍，其玄慧面臨著天地閉隱，鎮日思索著，應是振弊救亡之策。依此論述，那郭子玄的歷史定位，總應為一思國憂民之士；然而，後人對郭象的評價，卻如同那段紛亂的歷史一般弔詭；劉宋之世，郭象剝竊向秀注本的傳聞，早已甚囂塵上〔註4〕，《晉書》本傳亦記載他執事太傅主簿時，「任職當權，薰灼內外」〔註5〕——在在都標示著郭象是一德淺行薄之人；後代評論，不免承襲著「知

〔註2〕 王葆玹：《玄學通論》（臺北：五南圖書出版有限公司，1996年4月），頁561～562。

〔註3〕 王曉毅徵引《晉書·向秀傳》：「惠帝之世，郭象又述而廣之，儒墨之迹見鄙，道家之言遂盛。」將《莊子注》範圍在惠帝之世內，又據郭象自言其接觸《莊子》稍晚，而元康時期（C.E.291～299），社會多風行《易》、《老》，《莊》學似也未興，故王先生估計，元康以前，郭子玄之著作應是《老子注》與《論語體略》，遂推斷郭象注《莊》之上限應為永康元年。而成書下限之所以不超過光熙元年，原因有二：一、光熙年後，郭象進入政治中心，「任職當權，薰灼內外」，應較無時間完成此鴻篇巨制。二、《郭注》從〈說劍〉至〈盜跖〉，只略說要旨，得見其注《莊》後段草草收尾，「合理的解釋是，這部書因郭象出任太傅主簿而劃上了句號。」見氏著：《郭象評傳》（南京：南京大學出版社，2011年4月），頁148～149。

〔註4〕 《世說新語·文學》：「初，注莊子者數十家，莫能究其旨要。向秀於舊注外為解義，妙析奇致，大暢玄風，唯秋水、至樂二篇未竟而秀卒。秀子幼，義遂零落，然猶有別本。郭象者，為人薄行，有俊才，見秀義不傳於世，遂竊為己注，乃自注秋水、至樂二篇，又易馬蹄一篇，其餘眾篇，或定點文句而已。後秀義別本出，故今有向、郭二莊，其義一也。」見余嘉錫：《世說新語箋注》（臺北：仁愛書局，1984年10月），頁206。

〔註5〕 （唐）房玄齡等撰：《晉書·郭象傳》（北京：中華書局，2012年12月），頁1397。

人論世」的傳統，那對其《莊子注》的評價，也可想而知了。甚者，如不纏繞於郭象生平，而單究其注而言，疑難郭象，亦誠有所由，當他說著：

> 言性各有分，故知者守知以待終，而愚者抱愚以至死，豈有能中易其性也！羣品云云，逆順相交，各信其偏見而恣其所行，莫能自反。此眾人之所悲者，亦可悲矣。而眾人未嘗以此爲悲者，性然故也。物各性然，又何物足悲哉！……〔註6〕

這些語句，都難免不使人聯想到，郭象玄學含有「命定論」、「存在就是合理」、「適性」可以委頓墮落的思維。只是，義理真是如此嗎？

於此，我們同樣可通過文獻，一一回答上述質疑：

（一）對剽竊《向秀注》一說之平議

其實，《晉書》採取《世說新語》的觀點：「秀子幼，其義零落，然頗有別本遷流，象爲人行薄，以秀義不傳於世，遂竊以爲己注……」〔註7〕在史實上是有爭議的，唐朝陸德明《經典釋文・序錄》，稱向秀注有二十卷，二十六篇（一作二十七篇，一作二十八篇，亦無雜篇，爲音三卷），而郭象注三十三卷，三十三篇，內篇七，外篇十五，雜篇十一，爲音三卷〔註8〕。得見遲至唐代，向、郭二注本還並存於世，只是在歲月無情的淘洗下，世人偏好郭注，而排擠了向秀之地位，以致亡佚。又今人王叔岷先生，亦考證出郭象雖採向秀注，但「異者多而同者少，蓋郭雖有所採於向，實能推而廣之，以自成其說者也。」〔註9〕其弟子蘇新鋈先生，更深拓此研究基礎，逐條析別向、郭二注，辨明今殘存 138 則《向秀注》，因向有郭無，以致不可比較者，共 48 則，而可資比計者有 90 則，在此 90 則注文中，辭義皆同或類同者，殆有 68 則〔註10〕，

〔註6〕 （清）郭慶藩輯，王孝魚整理：《莊子集釋》（臺北：華正書局有限公司，2004年 7 月），頁 59～60。

〔註7〕 （唐）房玄齡等撰：《晉書・郭象傳》（北京：中華書局，2012 年 12 月），頁1397。

〔註8〕 （唐）陸德明著，黃焯彙校：《經典釋文彙校》（北京：中華書局，2006 年 7月），頁 28。

〔註9〕 王叔岷言：「今據莊子釋文、列子注、及他書所引，詳加纂輯，得向有注郭無注者四十八條，向郭注全異者三十條，向郭注相近者三十二條，向郭注相同者二十八條，列此明證，然後知郭注之與向注，異者多而同者少，蓋郭雖有所採於向，實能推而廣之，以自成其說者也。」見氏著：《莊學管闚》（臺北：藝文印書館，1978 年 3 月），頁 114。

〔註10〕 蘇新鋈：《郭象莊學平議》（臺北：臺灣學生書局，1980 年 10 月），頁 40～41。

故有關郭象抄襲向秀情事，似已昭明，毋需諱言。然而，就其餘 22 則向、郭注相異處，和二注露發之意象觀來，蘇先生亦評判向、郭於陳辭方式裡，實有方圓簡繁之別，在申義程度上，亦有質樸玄妙之分〔註 11〕，遂得出「郭象之莊注，雖是承襲秀注而來，然實是大抵以秀注爲基據，而曾經嚴格選擇，深事增刪潤飾，既尚留有向秀莊學之精神，亦深深寓有郭象莊學之意向之一秀、象合璧之莊注，是一已成爲足可表明郭象莊學之意向與成就之一莊注也。」〔註 12〕之結論。今學界亦多認同郭象應以向秀注爲底本，進而「述而廣之」〔註 13〕，發明奇趣，其中亦有刪改潤飾，甚至在根本義理上別異向秀者〔註 14〕，並非只是剽竊而已。〔註 15〕

（二）對「適性」實爲一委頓墮落說之疑慮

上引標楷體之注文，可能是研治郭象者最煞費苦心之處，因爲它透露著性分不可改易，只須「適性」，毋須通過工夫實踐，便能安然自得，臻就「逍遙」、「齊物」之論，然而這「未嘗以此爲悲」的自得，其實只是封閉在因循苟且中的自我欺騙；如是，亦引伸出「適性」說爲一「凡現實即是合理」思維。但這樣詮釋，或許是將此段文獻，抽出於〈齊物論注〉整體脈絡，孤立

〔註 11〕 同前註，頁 156。

〔註 12〕 同前註，頁 421～422。

〔註 13〕 《晉書·向秀傳》：「向秀……雅好老莊之學。莊周著內外數十篇，歷世方士雖有觀者，莫適論其旨統也。秀乃爲之隱解……惠帝之世，郭象又述而廣之，儒墨之跡見鄙，道家之言遂盛焉。」見（唐）房玄齡等撰：《晉書》（北京：中華書局，2012 年 12 月），頁 1374。

〔註 14〕 學者多依向秀注《莊子》「生物者不生，化物者不化」（《列子·天瑞》張湛注引）言：「若使生物者亦生，化物者亦化，則與物俱化，亦奚異於物？明夫不生不化者，然後能爲生化之本也。」認爲向秀依然有著追尋一最終生化根據的「本體論」思維，與郭象異。如湯一介：《郭象與魏晉玄學（第三版）》（北京：北京大學出版社，2009 年 11 月），頁 203。蘇新鋈：《郭象莊學平議》（臺北：臺灣學生書局，1980 年 10 月），頁 68、150～156。王葆玹更認爲向秀屬「本體論」到「存在論」的過渡，見氏著：《玄學通論》（臺北：五南圖書出版有限公司，1996 年 4 月），頁 536～543。

〔註 15〕 如馮友蘭、湯一介、莊耀郎、楊立華與康中乾諸先生皆持此說，參見馮友蘭：《中國哲學史新編（中）》（北京：人民出版社，2007 年 3 月），頁 431～439。湯一介：《郭象與魏晉玄學（第三版）》（北京：北京大學出版社，2009 年 11 月），頁 196～213。莊耀郎：《郭象玄學》（臺北：里仁書局，1998 年 3 月），頁 13～14。楊立華：《郭象《莊子注》研究》（北京：北京大學出版社，2010 年 2 月），頁 43～57。康中乾：《從莊子到郭象——《莊子》與《莊子注》比較研究》（北京：人民出版社，2013 年 6 月），頁 29～42。

而視之詮解，觀郭注：

> 凡得真性，用其自為者，雖復皁隸，猶不顧毀譽而自安其業。故知與不知，皆自若也。若乃開希幸之路，以下冒上，物喪其真，人忘其本，則毀譽之間，俯仰失錯也。（〈齊物論〉：「如求得其情與不得，無益損乎其真」句後注）〔註16〕

> ……若各據其性分，物冥其極，則形大未為有餘，形小不為不足。……（〈齊物論〉：「天下莫大於秋豪之末，而大山為小；莫壽於殤子，而彭祖為夭。天地與我並生，而萬物與我為一」句後注）〔註17〕

> 和之以自然之分，任其無極之化，尋斯以往，則是非之境自泯，而性命之致自窮也。（〈齊物論〉：「和之以天倪，因之以曼衍，所以窮年也」句後注）〔註18〕

通過諸引文得見，郭象「適性」，依然須秉守真樸，而當萬物守其性分，方能歸入造化之流，成為自然流行此意義根源中的一分子；於此，郭象遂從「各據其性分，物冥其極」而俱歸自然中，齊泯是非，構作其「齊物」理論。故「物各性然，又何物足悲哉！」依郭子玄意，應為若生命皆適性守分，毋慕外效彼，各自綻現自身價值，又何來悲戚呢？如作此理解，便能擺脫「凡現實即是合理」的視野。故而，對「適性」義涵之判定，關涉著是我們應如何適切地揭露其義蘊。

（三）對郭象「專勢任權」、「德淺行薄」之省思

郭象應出身寒門，之所以能嶄露頭角，甚至平步青雲，應與他在清談場上「口若懸河」〔註19〕、「陳張甚盛」〔註20〕有關，躋身為名士後，更受司馬越青睞，成其入幕之賓。然魏晉士族與寒門階級意識甚濃，郭子玄出身寒微卻位居高位，實易受抨擊。又宦遊子弟多行事虛浮靡華，郭子玄任職主簿，行事自須幹練嚴謹，以推行政務，不類於自詡「蕭條高寄，不與時務經懷」

〔註16〕 （清）郭慶藩輯，王孝魚整理：《莊子集釋》（臺北：華正書局有限公司，2004年7月），頁59。

〔註17〕 同前註，頁81。

〔註18〕 同前註，頁109。

〔註19〕 《世說新語·賞譽》：「王太尉云：『郭子玄郭子玄語議如懸河寫水，注而不竭。』」見余嘉錫：《世說新語箋注》（臺北：仁愛書局，1984年10月），頁438。

〔註20〕 余嘉錫：《世說新語箋注》（臺北：仁愛書局，1984年10月），頁209。

之人；上述二因，或是致使政敵攻訐，令郭象終獲「任職當權，熏灼內外」之罵名。然更或者，郭象從寒門逐步爬昇至主簿，在權力鬥爭的路途上，愈發冷眼無情；在施政決議上，更顯沉著務實，他主導著決策與人事擢捨，日趨嚴峻剛愎，而漸失他身為名士時的那股從容豁達。我們再徵諸史料，庾敳是郭象任職司馬越幕府的同事，以靜默無為持身，「雅有遠韵……從容酣暢，寄情而已」〔註21〕，初識郭象，便傾心其精妙言理，將郭象喻況於己，說著：「郭子玄何必減庾子嵩。」〔註22〕然「象後為太傅主簿，任事專勢。敳謂象曰：『卿自是當世大才，我疇昔之意都已盡矣。』」〔註23〕或許郭子玄嚴謹明快的施政手段，不適合寬容溫和的庾子嵩，但如依《晉書》所載，庾敳「居然獨立」〔註24〕，不隨放浪名士逐流，亦通達世情，縱心事外，則他心寒於郭象的擅權專任，應符合歷史事實。又蕩陰戰役中，獨侍中嵇紹一人以身捍衛惠帝，終血濺御服，引帝哀嘆，但同為親侍皇帝的黃門侍郎——郭象，卻臨難逃生；其後，更著文詆毀嵇紹，「稱嵇紹父死在非罪，曾無耿介，貪位死暗主，義不足多。」〔註25〕或許，郭象就只是思慮縝密，口才便給的哲學家，也只是沉浮宦海而專獨任權的政客罷了，但這並不表示他無有沖靈清雅之玄思，也不表示他沒有懷抱天下靖平的理想，更不表示他不能建構實踐無為而治的哲學體系。

　　歷史風遮雲掩著許多痕跡，餘留在我們面前的郭象，勾劃著薄倖專橫，才辯敏捷的形貌，但這種「知人論言」的傳統評斷，卻掩蓋不了《莊子注》的風華，也遮蔽不了後人多資取郭注哲思，更拓深《莊子》義理之事實。然古今對《莊子注》之評價，卻因郭象特立獨行的理論——諸如「適性」、「獨化」、「孔堯圓冥」等明顯別異於《莊》書文意——而顯得毀譽兩極。

　　是否，我們應擺脫因人廢言的視角，復還原典，真切地探尋郭象《莊子注》面對時代困境，究竟欲向世人宣說什麼？從晉武的大業龍興，至惠帝年間，名士慘遭殺害的陰霾始終揮之不去，只呈現一股風雨前的寧靜；看似承

〔註21〕　（唐）房玄齡等撰：《晉書·庾敳傳》（北京：中華書局，2012 年 12 月），頁 1395。
〔註22〕　同前註，頁 1396。
〔註23〕　同前註。
〔註24〕　同前註，頁 1395。
〔註25〕　《太平御覽》卷四四五引王隱《晉書》。見余嘉錫：《世說新語箋注》（臺北：仁愛書局，1984 年 10 月），頁 171。

平實則弊端叢生，隨時都有再陷動亂可能的幽暗社會，郭象又提出何種解決之道？如此探析郭注，或許方能掘顯其創造性詮釋《莊子》之深刻緣由。底下，吾人便旨於探討郭象面臨當世何種社會問題？承襲何種歷史效應？抱持何種心懷構築其哲學體系？以期從思想背景的脈絡中，探賾其注《莊》目的。

二、郭象當世的社會議題

如有一主題能統攝西晉武帝至惠帝的社會問題的話，應屬「崇有」與「貴無」之爭了。此二理論，皆是由生命價值形成一思想體系，從生活態度到倫常制度的建構，更至探究萬物生化與存在價值之緣由；我們可說，「貴無」與「崇有」將當時名士的世界觀區分爲兩大陣營。

首先說「貴無」派理論。是時領袖爲王衍，推重何晏、王弼「以無爲本」思維，因居中庶子、黃門侍郎高位〔註26〕，流風所及，「朝野翕然，謂之『一世龍門』矣。累居顯職，後進之士，莫不景慕放效。選舉登朝，皆以爲稱首。矜高浮誕，遂成風俗焉。」〔註27〕職是，聚會著所謂「元康放達派」〔註28〕等名士，一片祖向虛無之風氣，蔚然成形。然而，王衍諸名士雖名義上崇舉何、王，卻未見他們了悟王輔嗣「崇本舉末」旨義：

> 崇本以息末，守母以存子；賤夫巧術，爲在未有；無責於人，必求諸己；此其大要也。而法者尚乎齊同，而刑已檢之。名者尚乎定眞，而言已正之。儒者尚乎全愛，而譽以進之。墨者尚乎儉吝，而矯以立之。雜者尚乎眾美，而總以行之。夫刑以檢物，巧僞必生；名以定物，理恕必失；譽以進物，爭尚必起；矯以立物，乖違必作；雜以行物，穢亂必興。斯皆用其子而棄其母。物失所在，未足守也。〔註29〕

〔註26〕 西晉末，王衍甚至「累遷尚書僕射，領吏部，後拜尚書令、司空、司徒。」居宰輔之重。見（唐）房玄齡等撰：《晉書・王衍傳》（北京：中華書局，2012年12月），頁1237。

〔註27〕 同前註，頁1236。

〔註28〕 《世說新語・品藻》注引鄧粲《晉紀》曰：「鯤與王澄之徒，慕竹林諸人，散首披髮，裸袒箕踞，謂之八達。」又陶潛《集聖賢群輔錄下》：「陳留董仲道、琅瑯王澄，字平子、陳留阮瞻，字千里、穎川庾凱，字子嵩、陳留謝鯤，字幼輿、太山胡母輔之，字彥國、沙門于法龍、樂安光逸，字孟祖。右晉中朝八達。近世聞之故老。」

〔註29〕 （魏）王弼撰，樓宇烈校釋：《王弼集校釋》（臺北：華正書局有限公司，2006年8月），頁196。

王弼之體「無」，除了將「無」歸屬於自然流行外，此「無」亦爲一價值根源，目的在於導引生命棄欲歸眞，治療種種價值之異化。而名教制度之建立，實是「樸散而爲器」——「道」此形上之價值根源落化爲典章制度，更通過無息地復靜，而反省妄動偏失，進以療癒客觀體制之流弊。然而王衍與「放達派」諸名士，似只膚淺地慕效曠達、沖虛，以致行爲放蕩浮濫，卻未能體悟「曠達」之諦義，是隨變所適，應而不傷；「沖虛」之要旨，是無執復過，守眞抱樸，反而漫沖虛以浮誕，混曠達爲放蕩。

其實，此種浮誕放蕩之風，在晉武朝便瀰漾著了，如晉武坐羊車臨幸後宮、石崇斬美勸酒、與王愷鬥富，甚至王武子「以人乳飲豬」等故事；從皇帝至整個名流階層，都顯見淫逸之亂象與社會階級極度失衡，並且，我們總可嗅察，在權貴高驕而蠻橫，寒門卑賤爲奴役的社會，無處不充斥著權力暴力與慘無人道之血腥。此豪奢淫靡現象，在在標示著世家結構的大晉朝，那最根本的腐化。而這種掌權者的腐化，來源皆與祖尚虛無，卻異化爲驕逸浮誇有關，一如裴頠《崇有論》所披露的：

> 是以立言藉於虛無，謂之玄妙；處官不親所司，謂之雅遠；奉身散其廉操，謂之曠達。故砥礪之風，彌以陵遲。放者因斯，或悖吉凶之禮，而忽容止之表，瀆棄長幼之序，混漫貴賤之級。其甚者至於裸裎，言笑忘宜，以不惜爲弘，士行又虧矣。〔註30〕

從裴頠悲切地批評「貴無論」得見，此虛華浮靡之氣氛，導致官宦皆崇慕閒逸，逐輕視塵務，使政務無法有效地推動；放浪形骸，以致「瀆棄長幼之序，混漫貴賤之級」，引發倫常秩序之崩壞。更遑論能正視王弼「體無用有」之眞諦，進以建立「無爲而治」的客觀政治結構了。

裴頠正是痛心「貴無」風氣過盛，逐漸動搖國本，進而著「崇有」一論，以期撥亂反正。首先，他於存有結構上便試圖翻轉著「貴無論」：

> 夫總混群本，宗極之道也。方以族異，庶類之品也。形象著分，有生之體也。化感錯綜，理迹之原也。夫品而爲族，則所稟者偏，偏無自足，故憑乎外資。是以生而可尋，所謂理也。理之所體，所謂有也。有之所須，所謂資也。資有攸合，所謂宜也。擇乎厥宜，所謂情也。識智既授，雖出處異業，默語殊塗，所以寶生存宜，其

〔註30〕 （唐）房玄齡等撰：《晉書・裴頠傳》（北京：中華書局，2012 年 12 月），頁1045。

情一也。〔註31〕

裴頠認爲，並無有道家所言「虛無」是化生之源，純是萬有群構而成品類次序，而萬有總交感影響，故無一生命能獨自生存於世，須憑乎他物之資藉。如能合宜適會地緣取其它生命之援助，並與之互依共生，便能維繫自身存在的生機價值；故言：「寶生存宜，其情一也」、「知欲不可絕，而交物有會」〔註32〕。然而，此番對「貴無論」之反動，並非裴頠不明「貴無」擅場處，其言：

> 若乃淫抗陵肆，則危害萌矣。故欲衍則速患，情佚則怨博，擅
> 恣則興攻，專利則延寇，可謂以厚生而失生者也。悠悠之徒，駭乎
> 若茲之釁，而尋艱爭所緣。察夫偏質有弊，而睹簡損之善，遂闡貴
> 無之議，而建賤有之論。賤有則必外形，外形則必遺制，遺制則必
> 忽防，忽防則必忘禮。禮制弗存，則無以爲政矣。〔註33〕

他認爲謙沖簡損之德，正能對治「淫抗陵肆」之危害，亦能矯正驕恣蕩情之病，這正是「貴無論」抑制仁義禮法之因（「遂闡貴無之議，而建賤有之論」）；然則，此推高坤德順簡，損剛益柔，以絕欲蕩亂生的思維，卻因向慕沖虛，反異化成輕賤俗務，摒棄能正人心、繫倫序、定禮制之諸德價值，更助長了當時「矜高浮誕」之氣焰。職是，裴頠欲重新喚醒此眞正能實踐「綜世之務」、「功烈之用」的仁義諸德，讓萬物能在尊卑履常、百工列位的結構中，重現人間秩序，而非只是偏立一家一辭，卻變異爲放縱肆情的「靜一之道」。

裴頠之言誠是。

然則裴逸民之「崇有」理論，卻很難爲當時士風所接納，原因或有二：

（一）自何晏、王弼以後，名士風流總效慕蕭散俊逸、從容閒曠，更嚮往成就「無爲而治」之理境；縱使在現實生命中，此理境終只停留在處事態度中，不能客觀地建立起一套實踐體制，但諸權貴總能依著堅穩的門閥制度（諸如高門子弟縱不學無術，依舊可因祖蔭而履貴位，亦能透過考課、圈地、佔田而積攢財富，建立一充實的經濟基礎），維繫他們的風雅飄逸，則裴頠「居以仁順，守以恭儉，率以忠信，行以敬讓」等諄諄教誨，在元康名士眼中，倒顯得迂腐顢頇了。

〔註31〕 （唐）房玄齡等撰：《晉書・裴頠傳》（北京：中華書局，2012 年 12 月），頁
1044。
〔註32〕 同前註。
〔註33〕 同前註。

（二）從司馬氏利用禮教牢籠，甚至戕殺有識之士後，便顯露出仁義禮制早已淪為殺人劍，更失去其感通潤澤的本真意義。雖自武帝開始，便積極地化消祖上鬥爭曹魏，那股瀰漫在政治中的惶恐怖慄，但忠孝仁義喪為鬥爭工具之流弊，在諸名士眼裡，依舊歷歷。而「崇有論」實無能批判禮教殺人之禍因，卻寄望著士人能夠心悅誠服，自然無法從一片「祖尚虛無」的聲浪中振翼。

依此二因，則裴頠欲藉「崇有」，復興儒家維繫綱常之治世理論，縱沉重地剖析「貴無」肇禍，終顯得獨木難支，徒呼負負。

三、郭象治世策略概觀

「貴無」與「崇有」之爭辯，透露出三現象：一、裴頠欲以儒家義理，抵抗道家「簡損」引生之浮誕弊病。二、無論王衍與裴頠都無法為名教異化提出有效的治療處方。三、兩者亦無能為當時社會結構，構作一套合乎時宜的實踐理論。但郭象卻能藉由詮釋《莊子》，灌注其哲思，除了對治著「貴無」與「崇有」都未能周全的社會問題，更建立一哲學系統，實現其「經國體致」的治世方策。

郭象繼承且反省兩理論，更建構其社會實踐理脈，大致可分為三面向：

（一）反省「貴無」沉空與「崇有」求外之病

裴頠力持「崇有」，便是針對「貴無」馳騁於玄虛之境，反而遺忘履踐生命本真價值，進以維繫社會秩序的力量，不在窮索生化之源，而是正心誠意地應世用世，在塵務中逐漸推動向上提昇之機，更利用仁義，「綏理羣生，訓物垂範」，建立客觀制度。郭象襲取了「崇有」論「生而可尋，所謂理也，理之所體，所謂有也，有之所須，所謂資也，資有攸合，所謂宜也」〔註34〕——此將生命意義收歸於自我實踐，更通過眾有之群策群力，構組尊卑有常的和諧整體，藉以反省「貴無」沉空弊病。然則，郭子玄不以儒家諸德為宗骨，故其屬於道家義理的存有論，亦隱然對抗著「崇有」：

> 故造物者無主，而物各自造，物各自造而無所待焉，此天地之正也。故彼我相因，形景俱生，雖復玄合，而非待也。明斯理也，將使萬物各反所宗於體中而不待乎外，外無所謝而內無所矜，是以誘然皆生而不知所以生，同焉皆得而不知所以得也。〔註35〕

〔註34〕同前註。
〔註35〕（清）郭慶藩輯，王孝魚整理：《莊子集釋》（臺北：華正書局有限公司，2004年7月），頁112。

不同於裴頠認為生命總需相互資藉，方能成就「總混群本」的「宗極之道」，郭象的道家心靈，卻認為依待於外，不僅易生愛憎之情，更會因愛憎而衍生紛亂動盪，故其持論「適性」、「相因」、「獨化」與〈齊物論〉中的「無待」四概念。而這四概念皆同指向一重要的義理基礎：即是須明晰，縱使自體生命總身落於彼我交融，相因俱生的存有結構，但生命的挺立完成，只有在跳脫了那誤把相因俱生的存有結構，作為自身價值的存在依據、誤將生命實現交付於外，視之為相濡以沫的慰藉，不知生命之挺立，只有獨自坦然面對，那屬於自己的存在境遇，方能自立自達。各適性盡極，亦方能暢得無傷地應會事變，成為保合自然流行的一份子；簡言之，「萬物各反所宗於體中而不待乎外」──應會自身屬己性境遇，盡性稱能而不假外求這一思維，實開展出上述四概念；甚至如萬物各自獨化，便能於互無交傷中，維繫著相因俱生的存有結構，臻至「玄冥」之境。依此，則郭象創建上述諸概念，便旨於矯正「貴無」沉空與「崇有」外求之弊。

（二）依道家義理，治療儒家名教之異化

如前所言，裴頠專注於構築儒家治世方略，卻未能反省名教淪為統治者宰制人心、迫害士子之器具，而郭象卻能倚仗道家批判、治療仁義之思維，深究名教流弊，建構「名教即自然」的理論，觀其《論語體略》言：

> 政者，立常制以正民者也；刑者，興法辟以割制物者也。制有常則可矯，法辟興則可避。可避則違情而苟免，可矯則去性而從制。從制外正而心內未服，人懷苟免則無恥於物。其於化不亦薄乎？故曰「民免而無恥」也。德者，得其性者也。禮者，體其情也。情有所恥，而性有所本。得其性則本至，體其情則知恥。知恥則無刑而自齊，本至則無制而自正。是以導之以德。齊之以禮。有恥且格。(《論語‧為政》：「子曰：『道之以政，齊之以刑，民免而無恥。道之以德，齊之以禮，有恥且格。』」句後注) 〔註36〕

郭象點撥出，政刑雖可建立常制，導正民情；興設法條，以規範眾務，但如失卻體察民意而隨時變通的靈動性，遂導致政刑轉變為一強制性規範，不僅不能息邪僻、正人心，反而激引生命矯飾委蛇的心理，被迫違背真情至性，以服從外在制度。郭象批判著禮法固執，無能應跡之流弊，更省思如需令生

〔註36〕 （梁）皇侃撰：《論語義疏》（北京：中華書局，2014 年 11 月），頁 24～25。

命自覺地實踐「仁義」,「禮刑」便應體貼民情而施設。於此,應貼著性情而建立之教化,方能眞正的感潤生命,使之自貞自正。而郭子玄重視因時適變、應情施設的客觀制度,不僅批判儒家禮教異化之弊,更重賦禮制精神;如此,郭象實發揮著道家「人文化成」之義蘊。

(三)建立「內聖外王之道」

「貴無」犯「沉空」之病,異化爲虛浮糜爛,而「崇有」矯之,欲透過仁義諸德,訓物垂範,分授四職,頒佈政刑,建立體制;它確實精要地提出一治世方針,但總與當時知識分子希冀建立一「無爲而治」的政治理想背道而馳。而郭象卻義旨於掘發《莊》書的「內聖外王之道」,以生命充分實現自己爲基,更擴及建構一調理倫序的客觀制度;且看郭象〈莊子序〉——那應最能表露出他抱持何種關懷,進以詮釋《莊子》的文字:

> 夫莊子者,可謂知本矣,故未始藏其狂言,言雖無會而獨應者也。夫應而非會,則雖當無用;言非物事,則雖高不行;與夫寂然不動,不得已而後起者,固有間矣,斯可謂知無心者也。夫心無爲,則隨感而應,應隨其時,言唯謹爾。故與化爲體,流萬代而冥物,豈曾設對獨遘而游談乎方外哉!……然莊生雖未體之,言則至矣。通天地之統,序萬物之性,達死生之變,而明內聖外王之道,上知造物無物,下知有物之自造也。……至(人)〔仁〕極乎無親,孝慈終於兼忘,禮樂復乎已能,忠信發乎天光。用其光則其朴自成,是以神器獨化於玄冥之境而源流深長也。……故其長波之所蕩,高風之所扇,暢乎物宜,適乎民願。弘其鄙,解其懸,灑落之功未加,而矜夸所以散。……〔註37〕

郭子玄評論莊子雖知「道」之大本,惜不能與時俱會,雖當無用,藉以突顯無心玄應之聖人能寂然不動,感而遂通地與世偕行;而正是此「隨感而應,應隨其時」(順隨著群材之稟性、願求,察時觀變而後應世施政)之「無心」,能與造化合德,引領萬物,冥合於條達安適之自然理境中。郭象又說著,莊子未能體道成聖,但莊生之言依然能表達出至理之思:「通天地之統,序萬物之性,達死生之變,而明內聖外王之道,上知造物無物,下知有物之自造也。」此至理是郭子玄詮釋《莊子》一書之旨奧:會通天地倫理統緒,序列萬物本

〔註37〕 (清)郭慶藩輯,王孝魚整理:《莊子集釋》(臺北:華正書局有限公司,2004年7月),〈莊子序〉,頁二九。

然性分，暢達生死始終變化，便能明晰「內聖外王之道」，在於無造物者施贍天下，一切都須生命自立自造，以維繫存在界之和諧。明乎此義，遂能啟覺群材，發揚著「至仁、孝慈、禮樂、忠信」等德行本真價值，使國政因萬物自爾，呈現物我冥合無傷之境況。而《莊子》勸化喻旨的，在於「暢乎物宜，適乎民願」──令眾品皆能合宜暢適地存活於世。如是，縱雖鄙困之人，亦能立定其存在價值，解困頓於倒懸之中；更且，因百姓皆自爾暢懷地悠遊於世，生命顯揚之諸德亦是自動自發，則聖功之教化，看似無所灑落施為，卻無息消泯矜誇之弊。

四、結論

如果說〈老子指略〉是王弼玄思之凝束，那郭象〈莊子序〉又何嘗不是？對應其序，如我們將郭象玄義詮釋為因循苟且、視現實即為合理，甚至是維護門閥制度的思想，是否顯得扞格不適？更且，如再回到郭象身處時代的基源問題，他面臨是時司馬氏政權進行一連串殺戮、鬥爭後，終取得政權之合法性；武帝即位，便亟欲擺脫陰闇政爭之氛圍，為其王朝重建一清明政治，然終究無法消解以禮教戕害自然人性之陰影，這些陰影皆顯現著禮教弊端。至王衍「貴無」蔚起，反映著祖尚虛玄、矜高浮誕的社會風氣，亦令如裴頠懷持儒家心靈，欲力拯紛亂世局的「崇有論」不被社會所接納。然而，郭象卻能透過莊書，批判、治療政治暴力與名教弊病，進以構築一適性安分，順通倫序而齊歸大通的「內聖外王之道」。

本章之旨，在於通過歷史省察，探尋郭象廁身於當世，所面臨之基源問題，得出郭象注《莊》最重要之關懷，實是建構一思想體系，替「無為而治」之政治理想，提供一具體實踐之方策；但這終究只是在思想史脈絡中，確立其注疏大本，未能嚴整地詮構出郭子玄「內聖外王之道」系統。於後，吾人將藉由省察前人研究成果，檢視是否有一詮釋模組，能較為周延地詮釋郭象玄學，更為吾人進一步深研郭象義理而立基。

參、當代郭象玄學詮釋系統之省察

一、導論

通過前章，探索郭象注《莊》從屬的歷史境遇及其問題意識，幫助我們瞭解其注疏義旨，在於建構一「無爲而治」的哲學系統。然這終只是立其大本，未能剖析其系統中相互牽聯之概念，而我們欲明晰諸概念與其學說，必借鑑當今研究；但觀當代研究，總因對「獨化」、「適性」與「名教即自然」等概念理解有異，遂呈現毀譽兩端之樣貌。並且，現今對中國傳統思想之詮釋，實深受西方思維模式與概念語言之影響，難免產生格義比附，卻無法適切地揭示郭象玄理；然從湯用彤以降，學者總前仆後繼地，試圖爲郭注詮構出一合宜的義理脈絡。於下，吾人通過評議諸家之研究成果，嘗試梳理出當代郭象研究，分別創構出哪些詮釋模型？更予以省思，以期立基前輩豐碩成績上，更逼顯一適宜且周全的義理闡釋。唯前輩研究既豐，如欲提綱挈領地評析當代詮釋系統，或可藉助賴錫三先生概括郭象玄學的三面向 [註1]，進以考察各家詮釋。此三面向分別爲：

（一）「自然獨化說」

郭象使用「自爾」、「獨化」與「玄冥」等概念豐盈著道家之「自然」義，實顯露出兩議題：一、「自然」義於郭象玄理中內涵既豐，那麼，對應《莊子》以至於傳統道家，郭子玄詮解之「自然」，究竟有何殊異？或是繼承復超越之處呢？二、「自然」在郭象玄理，總規定著諸如「存在的依據爲何？」、「天地

〔註1〕 賴錫三：〈《莊子》自然觀的批判考察與當代反思〉，《東華漢學》第 19 期（2014
年 6 月），頁 18。

人我間如何聯繫？」、「『道』與生命隸屬關係爲何？」等種種屬於「存有論」之範疇，更從存有結構出發，擴及其玄學體系其它概念（諸如逍遙觀、迹冥論等概念皆牽聯著郭象對於「自然」的定義）。

（二）「適性逍遙說」

既然郭象「獨化自然」的存有結構，並非徒留於「世界如何構造？」、「存在依據爲何？」之存有原理，它更強調著「『道』與生命如何相隸屬？」之存在實踐，則郭象「存有論」，實蘊含著生命存處於世，應如何行止，方能充分實現自我價值，獲致自由自在，進以維繫存在界的和諧共生。而這些議題，皆關涉至郭象脫出《莊子》「無待逍遙」，獨創「適性逍遙」之義理；易言之，「適性逍遙說」實爲整全郭子玄「存有論」的重要理論。

（三）「迹冥圓教說」（「自然名教說」）

此面向之主旨，實牽涉著「崇堯抑許由」之儒道調和議題，除了包含郭象如何解決「自然」與「名教」間的衝突、道家聖人內容之定義，更關聯著郭子玄如何極成道化之治的哲學體系。實則，「迹冥圓教說」應收攏至「名教與自然」這議題範疇內，故筆者擬將此向度改訂爲「自然名教說」，以便更爲廣闊地檢視各郭象詮釋系統。

而此三大理論，實相互融攝、共構出郭象玄學體系，我們或可在梳理當代詮釋系統時，著意於探討、衡議各方家對此三向度之研析，再進行一扼要之省察。

二、當代郭象玄學詮釋系統之分化與評議

（一）湯用彤的玄學詮釋

湯用彤先生《魏晉玄學論稿》一書，影響當代玄學研究之鉅，實形成一詮釋典範。觀是書，雖較側重王弼道論之研究，然亦有論及郭象玄學者；更且，湯用彤對玄學基本義理之判斷，已形成一基調，深植於後世研究中。現將其定義魏晉玄學之基礎理脈以及涉論郭象處，簡要錄之：

1、分判魏晉玄學基本義理屬「本體論」（ontology）而非漢代之「宇宙論」（cosmology）：湯先生認爲，魏晉玄學已不似漢代窮究世界經由何種物質推展構成，而轉向於探論萬物生成之始源與意義基礎。〔註2〕於此，先生更以海水

〔註2〕湯用彤言：「夫玄學者，謂玄遠之學。學貫玄遠，則略於具體事物而究心抽象原

與波濤為喻〔註3〕——「道」（本體）殊散為萬物，萬物共聚為「道」；「宇宙全體為至健之秩序，萬物均在其中各有分位各正性命」〔註4〕。故「本體」（道）與萬物，切不可斷為兩截〔註5〕，而是屬「體用一如」之「本體論」，而此詮釋，亦蘊含著存在界為一「有機性整體」（organic-whole）之意味。

2、湯先生更主張此「體用一如」之「本體論」，屬王弼、向、郭之共法；「王弼與向、郭均深感體用兩截之不可通。故王謂萬物本於無，而非對立。向、郭主萬物之自生，而無別體。王即著眼在本體，故恒談宇宙之貞一。向、郭即著眼在自生，故多明萬物之互殊。」〔註6〕王弼側重闡釋「無」，但此萬物本體之「無」，並非與羣變相對，而是一方面為開物成務之本源，一方面此本源又內在於萬物，在羣生「各正性命」時，構組為「至健之秩序」；而向、郭雖著眼於羣變萬化，但適性守分，遂能各貞其正，各盡宗極，實無一外在根源令物生化〔註7〕。故兩者立論各異，但「體用不二」（不論王弼的「無」，或是向、郭的「獨化」，都能「與物無對」地，內在於眾有之中，無有一別立、超絕於萬物之外的「道」，擔負存在生滅與價值依歸。）之形上學，實殊途同歸。

3、確立魏晉玄學之時代議題，旨於會通儒道，更將「自然」歸從於「道家」，「名教」隸屬於儒家，徹底聯繫「名教自然」與「儒道調和」這兩組概念，根深柢固地影響後世玄學研究。而湯用彤先生定義儒道會通之理據有二：一是玄學家標舉儒家聖人之名，卻將其形象灌注著莊老學說。〔註8〕二是玄學家依道家沖虛無執作本，復用此心懷解釋儒家禮教，創構出「以老莊（自然）為體，儒學（名教）為用」〔註9〕的魏晉新學。湯先生更剖析向、郭認為《莊子》之所以為「經國體致」之作，實因他們欲矯正當時放浪慕虛之風，建構

理。論天道則不拘於構成質料（Cosmology），而進探本體存在（Ontology）……」見氏著：《魏晉玄學論稿》，里仁書局編：《魏晉思想》乙編三種（臺北：里仁書局，1995 年 8 月），頁 23～24。

〔註3〕 同前註，頁 70～71。

〔註4〕 同前註，頁 70。

〔註5〕 同前註，頁 53。

〔註6〕 同前註。

〔註7〕 湯用彤言：「向郭亦深有見於體用之不二。故言羣品獨化自生，而無有使之生。萬物無體，並生而同得。因是若物能各當其分，各任其性，全其內而無待於外，則物之小大雖殊，其逍遙一也。」同前註。

〔註8〕 湯用彤：《魏晉玄學論稿》（臺北：里仁書局，1995 年 8 月），頁 112。

〔註9〕 同前註，頁 132。

一「政治學說」以調和儒道，故「獨化於玄冥之境」之義，在於不廢獨化（「有」、「人事」、「名教」），更替「名教」找尋其根本——玄冥（「自然」）。〔註10〕

　　4、實則，《魏晉玄學論稿》於郭象形上義理，少有深入闡釋，唯馮契先生紀錄湯用彤講學筆記，成〈崇有之學與向郭學說〉一文，記載較多先生對《郭注》諸概念之定義，但也因其爲筆記故，多語焉不詳，現勉力理之：首先，湯先生認爲，向、郭爲「崇有之學」，是替裴頠〈崇有論〉找尋一形上學根據，亦屬何、王「貴無論」之反動。〔註11〕湯先生更分析郭象「崇有論」，涵具「有」、「獨化」、「無先」、「性分」與「不爲而相因」五面向；我們可連貫述之：「無」之於郭象，只是「非存在」（not-being），眞實的只是世界此群有之總體；又所謂「獨化」、「自生」義之所重，非偏指生命自我生化修養之歷程，而是謂萬物生成，皆爲偶然，無待於外物便歘爾生成，故無生命宗主之「本體」（stubtance），生命之宗極皆在其自己，毋須造作地充分實現，即爲「至好」；依此，先生認爲郭象學說屬「現象實在論」——「性分」即是絕對之眞實。並且，就萬物皆有其「性分」處言之，群有皆平等、無分別；就「性分」皆歘爾生發，但又不可逃加處言之，生命皆有偶然與受決定之本質。最後，性分雖各自獨立，不能相互影響，但卻形影不離、唇齒相依地共聚成天，是爲「不爲而相因」義。〔註12〕

（二）湯用彤詮釋之反省

　　湯用彤先生的玄學研究，早已豎立不朽地位，但吾人對其詮釋亦可提出數省思：

　　1、以「本體論」格義「體用論」之不適：如細讀湯用彤先生援引傳統西方哲學「本體論」、「宇宙論」兩概念，只是要而不繁地掌握之。如就一物作爲存有物的最終本質基礎而言「本體論」；或就物質構成序列而形成存在界，以定義「宇宙論」。只是，湯先生卻無能區分二概念與中國基礎思維之不同，而影響後世深廣的《魏晉玄學論稿》，其所分判玄學之「存有論」定位，卻深爲研治玄學者所繼承。然此定位是否適切於中國傳統思維，卻不得不令人無疑；因在西方傳統哲思中，「本體」總與現象相對，諸如柏拉圖（Plato）之「理

〔註10〕湯用彤：《魏晉玄學論稿（增訂版）》（北京：三聯書店，2009 年 12 月），頁246～248。
〔註11〕同前註，頁 242～246。
〔註12〕同前註，頁 249～262。

型」（Idea）、亞里斯多德（Aristotle）之「實體」（substance）皆表示形上原理最終須超越生滅變化之現象界，臻至不受時空侵擾的永恆理境，方能拯救現象，爲現象之存在尋獲一可理解性的基礎。湯先生除了將「ontology」一詞翻譯爲「本體論」，更將「無」轉譯爲「實體」（substance）〔註13〕，襲入西方傳統哲學中的「本體論」基礎思維，故認爲「道體」「超時空」〔註14〕，超越於現象界變化之上。只是，湯先生雖援用本體與現象二分之概念，實則在他心目中，無論王、郭，皆涵懷著中國「體用論」之哲思——將「道體」視爲生命眞樸的意義根源與生化來源，生命持守此根源，並施用於世，便能充分實現自我價值，進以維繫存在界之和諧。故湯用彤先生，言萬物織構一「至健之秩序」的「體用論」，實不同於亞氏「形式／質料」、「實現／潛能」甚至「不動之動者」那爲萬物形構，找尋一終極不變的本質基礎。因如依湯先生所言，「體用斷不可兩截」，須「即體即用」，則「道」便非夐然絕待於永恆理境之上，而是無時不寄寓時空中，透過存在整體展現其循環往復的造化動力。故我們認爲，湯用彤先生之玄學詮釋，滿懷著「體用一如」的觀念，卻也時含「本體」超絕，互古不變，有著西方嚴格的普遍、律則、本質性思維；如此，「無」便可詮釋爲諸如「超越實體」、「自然律則」或「第一因」等形上性格，卻與「體用一如」（道體本是萬物互依共命的整體秩序，而在此長生不殆的存有結構中，道體透過萬物，呈現豐沛不絕的生機動力，引領生命開顯其本眞意義）的存有思維，有所扞格。

2、判斷漢代「宇宙構成論」思潮，至魏晉逐漸翻轉爲「本體論」思維之疏漏：如上所述，湯先生除了借用傳統西方「ontology」與「substance」一詞，說明其「體用論」外，亦援引西方充滿原子式、機械式思維的「宇宙構成論」（cosmology），籠罩整個漢代思潮。然據董光璧先生的區分，中國宇宙觀應偏向「宇宙生成論」，「主張變化是『產生』和『消滅』或者『轉化』」；而西方則屬「宇宙構成論」，「主張變化是不變的要素之結合和分離。」〔註15〕觀現

〔註13〕湯用彤言：「萬有羣變以無爲本。是則萬有歸於一本。羣變原即寂無。未有非於本無之外，另有實在，與之對立。……此無對之本體（Substance），號曰無，而非謂有無之無。因其爲道之全，故超乎言象，無名無形。……而宇宙之本，雖開物成務，然萬物未嘗對本而各有實體。」見氏著：《魏晉玄學論稿》（臺北：里仁書局，1995年8月），頁49～50。

〔註14〕同前註，頁68。

〔註15〕董光璧：《當代新道家》（北京：華夏出版社，1991年），頁90～91。

今漢代哲學研究，皆共同指出其「氣化宇宙論」之義旨，實是以四時、五行
等循環動能，模擬著天道生生不息的價值理序，進而化育為人間的政教倫常、
典章制度。〔註16〕其重視天人感應、氣感交通的根本關懷，實類於魏晉「天
道」散殊為「器用」的體用思維，只是深為繁複罷了。當然，如以董仲舒「天
人感應」說為端，漸至東漢，讖緯、迷信之比附，日益濃厚，遂捨本逐末地，
遺落了天人交感之原意。只是這滋漫茫然的情形，在東漢鄭玄開啟經學簡化
運動後〔註17〕，便開始改變，逐漸正本清源地精簡、復還「道」、「器」一如
的本來面目；直至王弼，終於明確提出「案文責卦，有馬無乾，則偽說滋漫，
難可紀矣」〔註18〕、「一失其原，巧愈彌甚」〔註19〕等反省漢朝過於比附支離
之流弊。然而，無論漢朝側重氣化或魏晉窮究體用，皆不離唐君毅先生所言
氣化為「存在的流行，流行的存在」〔註20〕的哲思——「道」與「氣」實為
一體之兩面，皆共同闡釋著萬物生化與價值之根源。而漢代至魏晉思想之遞
嬗，應也只是「由實質轉空靈」地從滋漫繁瑣，轉為清簡溯源的詮釋歷程。
如我們直依循湯用彤先生之分判，勢必會造成思想史之斷裂，很難為漢代至

〔註16〕 如龔鵬程便指出，漢代思潮重視氣類交感與性情間之聯繫，而此思維直延續
至六朝，見氏著：《漢代思潮》（北京：商務印書館，2008 年 6 月），頁 11～
31。又吳志鴻亦剖析著：「兩漢並不止於形上的思辯，其將氣置於天、地、人
或自然、社會、人來探究，其目的在於尋求治國之道，並透過氣與社會之關
連，將氣的活動成為心性修養與治國之道的法則。並且將氣的概念深入許多
形下（實踐）的領域之中，如醫學、天文、曆學、地理、生物、農業等各方
面，希冀透過氣理論來解釋其間之關係與發生的現象。」見氏著：〈概論兩漢
以後至宋明前氣論思想之發展與影響〉，《哲學與文化》第 33 卷第 8 期（2006
年 8 月），頁 141～142。英國漢學家 Michael Loewe 亦言：「漢代人所深切關
注的是維持那些自然週期的永恆運轉，天地萬物由此而生，由此而存；同時，
他們希望調整自己的思想與行為，來順應這些週期……」見氏著：《漢代的信
仰、神話和理性》（北京：北京大學出版社，2009 年 6 月），頁 8。
〔註17〕 《後漢書·張曹鄭列傳》：「及東京，學者亦各名家，而守文之徒滯固所稟，
異端紛紜，互相詭激。遂令經有數家，家有數說，章句多者或乃百餘萬言。
學徒勞而少功，後生疑而莫正，鄭玄括囊大典，網羅眾家，刪裁繁蕪，刊改
漏失，自是學者署知所歸。」見（南朝宋）范曄：《後漢書》（臺北：鼎文書
局，1977 年 9 月），頁 1213。
〔註18〕 （魏）王弼撰，樓宇烈校釋：《王弼集校釋》（臺北：華正書局有限公司，2006
年 8 月），頁 609。
〔註19〕 同前註。
〔註20〕 唐君毅：《中國哲學原論·原性篇》（香港：新亞書院研究所，1968 年 2 月），
頁 118～119。

魏晉思潮之沿革，尋獲一連續性的解釋。〔註21〕

　　3、定義魏晉「自然」與「名教」之縮合，屬「儒道會通」之疑慮：湯先生此項定義，實深遠地啓發後世對玄學分期之判準，〔註22〕而如斯評斷，雖與史實有據，他掘發玄學家標高儒聖，卻張揚玄理亦誠爲的論，但依此確定王、郭詮注《老》、《莊》，涵藏了「儒道會通」之精神，卻不能無疑。我們可問，王、郭二人之哲思皆歸本於道家，當兩人在詮解《莊》、《老》時，難道還需要援引儒家義理詮釋道家經典？或許我們可從王弼「孔聖冥本」，或郭象「孔堯跡冥」，這把注道家聖人形象於儒的淺層表相，言其爲「儒道會通」，但在深層義理中，兩人樹立的孔堯聖人意象，依舊屬於虛靜無爲的道家體系，王、郭實無能對儒家仁義諸德等核心概念進行調和。又如更進一步追問，傳統固有思維，是否總將「名教」倫常歸屬於「儒」，卻遺忘了道家自有其人文化成面向，方延伸出調和「自然名教」屬儒道會通之議題？這些疑問，都有待吾人於後文仔細探討之。

　　4、對《郭注》諸概念之定義不甚明確，抑或有誤：因〈崇有之學與向郭學說〉，終只屬聽課筆記，湯先生日後，亦未及周成其郭象詮釋系統，故我們只能就該文諸概念，提出反省。首先，湯先生分斷，郭象替裴頠「崇有」找尋一形上根據之說，恐非是〔註23〕；又「自然」一義，除偶然、獨化與決定性分等義，是否還有它義是先生未明晰的？甚至，湯先生認爲萬物皆獨立絕對，不能相互影響，但卻又能唇齒相依地相因；如此，「獨化」與「相因」兩概念似總具矛盾，先生卻無再進之闡釋以融通二概念，空懸此疑慮，留待後學解決。

　　實則，吾人雖知湯用彤先生之於郭象，終只停留於草創階段，卻依然視

〔註21〕關於由漢代「宇宙論」，遞續至魏晉「本體論」的詳細省察，可參見散人碩論：〈漢魏思潮斷裂之縫補——王弼「宇宙生成論」義蘊〉，《王弼道論之詮釋與重建》，（臺北：淡江大學，2010 年 6 月）。

〔註22〕當代魏晉玄學史，大體殊別何晏、王弼爲「名教本於自然」，阮籍、嵇康爲「越名教而任自然」，郭象則是「名教即自然」，並以此標準，作玄學史之分期。

〔註23〕吾人認爲，裴頠「崇有」與郭象「獨化」，皆具刊落外在根據以生成萬物之意，亦皆反省王衍之徒祖尚虛玄之弊，但裴頠「崇有」，旨將價值依歸，復還於儒家宗骨；而郭象「獨化」的價值歸宿，依然屬道家理脈。並且，裴頠認爲萬物必資藉他者，方能「實生存宜」；郭象卻認爲生命欻爾而生，各於獨化中與他者因順俱生，反對彼我相互資聽。尋湯用彤先生意，實將裴頠〈崇有論〉視爲道家學說，或認爲裴、郭皆旨於調和儒道，方在二人皆棄罷外在根據，和矯當時放蕩浮華風氣上，言兩人皆持「崇有」之論，卻不及分辨殊異，遂發此說，而有待商榷。

其為首要省思之方家，絕非責備求全，而是深知，縱湯用彤先生對郭象詮釋，似止於概要，或有其疏漏，但湯先生確立玄學之基調，卻劇烈地影響後世詮釋思維；如「體用一如」之至健秩序、漢魏形上思維之轉向、郭象「自然」擁有偶然與決定性分之特質、向郭之形上學，實旨於完成其「政治哲學」，以至突顯「自然與名教」屬「儒道會通」議題等創見，均被後世繼承或反省，更分化為多端的詮釋模型。

（三）馮友蘭與湯一介的郭象詮釋

湯用彤先生分判向、郭為「崇有之學」，與剖析「自然」義含具著偶然與決定性分之必然諸義理，在其子湯一介先生的詮釋系統中，轉密加深；又1949年後，值國民政府戰敗，大陸學界籠罩在共產政府推行的馬列思想下，總試圖將中國哲學收攝在唯心、唯物與階級鬥爭的思維中，郭象玄學於此時，亦不免沾染此詮釋氛圍。底下，我們便以馮友蘭與湯一介兩先生，作這時期郭象詮釋之代表。

馮、湯二氏之詮釋系統，實屬相近，應可合同評議之，但亦可見兩者細微之差異；如在郭象「自然」義，馮先生認為「自爾獨化」，無有一外在根源——「無」（「道體」）生化萬物，故命之為「無無論」〔註24〕，其在形上學的範疇裡，同於「崇有」，屬「唯物主義」〔註25〕；而湯先生則認為「自然」屬裴頠「崇有論」之補完〔註26〕。實則，馮、湯二先生對郭象「自然論」之解釋，大抵屬同一理路，只是名稱有異罷了。現對馮、湯兩先生之郭象詮釋扼要言之：

1、「自然論」：兩先生皆認為郭象認定事物生成變化，實受世界本身內部原因所決定，無有超絕於世，所謂「造物主」之施贍，而世界種種變遷，又無所目的與終極原因，故應虛心無執，順任自身性命變化，是為「順任自然」；於此，「自然論」遂從純粹解析事物生成的存有原理，銜接至任性無為的實踐哲學。〔註27〕再者，馮、湯二人皆認為郭象著重「性分」，更延伸出「性分」含具必然

〔註24〕 馮友蘭：《中國哲學史新編（中）》（北京：人民出版社，2007年3月），頁439〜440。
〔註25〕 同前註，頁485。
〔註26〕 湯一介：《郭象與魏晉玄學（第三版）》（北京：北京大學出版社，2009年11月），頁137。
〔註27〕 馮友蘭：《中國哲學史新編（中）》（北京：人民出版社，2007年3月），頁446。湯一介：《郭象與魏晉玄學（第三版）》（北京：北京大學出版社，2009年11月），頁140。

生發的勢態，它與命變中的偶然纏雜交織，令郭子玄之「自然」，充滿「必然與偶然之統一」〔註28〕之特質；並且，此勢態必然與命變偶然，兩者交纏而孕育之「自然」，更連結著郭注「無故自爾」、「不知其所以然而然」的「獨化」觀——事物遷化皆屬自爾自成，無所謂究極原因，更不必窮索追問——使郭象「自然」，擁有著「反目的論」〔註29〕、「反宿命論」〔註30〕之理趣。

2、「逍遙觀」：兩先生將「適性逍遙」分列為「有待」與「無待」二者。「無待」因無心任化，故能無往不適，而「有待」之所以為劣，在於對事物產生「分別計較」〔註31〕之心，但如順適其性，則「有待」、「無待」皆能臻至逍遙之境。又在「聖人觀」中，他們皆認為聖人之所以為聖，在於天生命定，不知其所以然而成聖，其修為雖更勝「有待」之「適性」，能「玄同彼我」、「遊外以弘內」，但成聖卻不可學致，全幅為氣稟之自然發展。〔註32〕

3、「名教即自然義」：此不可逃加的天生氣稟，結合著「必然與偶然之統一」與「無故自爾」的詮釋，延伸至他們對郭象「名教即自然」的定義，認為此「無目的」卻又勢無可避的「自然」義，實為「凡存在皆為合理」〔註33〕、「現實的就是合理的」〔註34〕的哲學思索，更提出郭象此舉，是替門閥階級之正當性提供一合理化的解釋。〔註35〕

（四）馮友蘭與湯一介詮釋之反省

馮、湯二先生剖析順「性分」而開展的必然發展勢態，與「命變」透露

〔註28〕馮友蘭：《中國哲學史新編（中）》（北京：人民出版社，2007 年 3 月），頁 448。
湯一介：《郭象與魏晉玄學（第三版）》（北京：北京大學出版社，2009 年 11 月），頁 137。

〔註29〕湯一介：《郭象與魏晉玄學（第三版）》（北京：北京大學出版社，2009 年 11 月），頁 138。

〔註30〕馮友蘭：《中國哲學史新編（中）》（北京：人民出版社，2007 年 3 月），頁 448 ～449。

〔註31〕同前註，頁 469。

〔註32〕馮友蘭：《中國哲學史新編（中）》（北京：人民出版社，2007 年 3 月），頁 471。
湯一介：《郭象與魏晉玄學（第三版）》（北京：北京大學出版社，2009 年 11 月），頁 281～282。

〔註33〕馮友蘭：《中國哲學史新編（中）》（北京：人民出版社，2007 年 3 月），頁 480。

〔註34〕湯一介：《郭象與魏晉玄學（第三版）》（北京：北京大學出版社，2009 年 11 月），頁 155。

〔註35〕馮友蘭：《中國哲學史新編（中）》（北京：人民出版社，2007 年 3 月），頁 481。
湯一介：《郭象與魏晉玄學（第三版）》（北京：北京大學出版社，2009 年 11 月），頁 154～155。

出的偶然、不測性緊緊纏繞，這「必然與偶然」相互交織的生存情態，實可幫助我們深掘郭象玄學中的存有結構。但馮、湯由此生存情態，更衍伸出其餘詮釋時，卻有令人不安處：

1、馮、湯二氏掌握郭象「自然」義，蘊含「命變偶然」與「勢行必然」二理，更揭露二者織就「無目的性」意趣。但如止於「自然」此存有結構之實然層次，雖說命變無端，當無執順任，隨應「性分」發展，成就「適性逍遙」，但依兩先生之詮釋，「自性」只是天生氣稟，毋須後天修練涵養，而透過適應「性分」達臻之「自然」義，亦只是遂從命變勢行，實容易引生「順任」亦可屬一因循委頓的詮解態度；換言之，馮、湯兩先生之詮釋系統，把握了「自然」義之實然面向，卻未能真正恪就「自然」義之修養實踐、價值境界而研析，雖表示聖人能「無心以順有」，但在眾品方面，僅逕自認為，如生命順任「自然」之實然現象，便能等同於「自然」之修養境界；如此，恐引發三疑慮：一、兩先生似未能透澈郭象「自然」之全幅義蘊。二、就修養論而言，他們亦無能替郭象「適性逍遙」，提出一完善之說明。三、承第二點，此純任性分所臻成之「自然」境界，是否過於輕易，而劣於《莊子》通過心齋坐忘、朝徹見獨而證立之「自然」果境？二氏似都未提出更詳盡的分判與評議。〔註36〕

2、雖然二先生皆認為郭象屬一「反宿命論者」，但他們又強調氣稟的決定因素，縱使聖人也屬「不知其所然」的無心無為，則一切受制於氣稟，終究難逃「宿命論」的範圍。

3、又湯一介先生認為：「事物之間相互為因（條件）的功用，與順應事物自身的獨立自足的生生化化相比是沒有意義的，每個事物的『獨化』對其他事物才有意義。」〔註37〕——將郭子玄之「相因」收攝於「獨化」中，卻也削弱了「相因」蘊含萬物間之相互關聯義，令事物總是交互影響的事實，

〔註36〕實則，湯一介亦分判《莊子》之「無為」屬遣蕩造作，而郭象之「無為」則是「根據事物本性的要求有所為」，「實際上是一種特定的『有為』」，通過聖人無心以順萬物，而萬物自為以盡事，成就「不治之治」之政道。故較之《莊子》，郭象的「無為」，「更加圓通，更加能適應『內聖外王之道』的需要了……」見氏著：《郭象與魏晉玄學（第三版）》（北京：北京大學出版社，2009 年 11月），頁 228～230。湯先生之理脈誠是，但湯先生卻未及著墨此順應性分而作之「無為」，其與《莊子》工夫論有何聯繫與境界高低？吾人應接續探研之。
〔註37〕湯一介：《郭象與魏晉玄學（第三版）》（北京：北京大學出版社，2009 年 11月），頁 148。

在其郭象詮釋裡，總不能獲得肯認。

4、他們從郭象「自然」屬「必然與偶然之統一」，透露出無故自爾的「反目的論」，進步推論出郭子玄擁有「凡存在皆爲合理」的思維，更判定郭象意欲維護門閥的階級統治。然則，二先生似乎也未提出充分史據證立此學說，更未能見郭注，亦抨擊著政治殘暴與權力異化，甚至提供治療之方策。在此，馮、湯兩先生恐有過度詮釋之嫌。

（五）余敦康的郭象詮釋

余敦康先生早年參與任繼愈《中國哲學發展史──魏晉南北朝》的編撰工作〔註38〕，而後獨立撰寫《魏晉玄學史》，又重新收錄他在任書所著之諸篇章（從〈魏晉玄學的產生〉到〈郭象的獨化論〉）。在余敦康先生的郭象詮釋裡，我們可見其深切省思馮、湯兩先生詮釋系統之痕跡；余先生透過釋疑黑格爾（G. W. F. Hegel）「凡存在即是合理」此概念（理性與現實應爲一辯證的統一體；縱然現實總充滿苦難，但理性依舊不能空留於理想國度，與現實相對立，而應在有如「佈滿荊棘的十字架」之現實中，逐步履現那艷如薔薇的理性），除了撥正上述馮、湯二人對「凡存在即是合理」的誤解，更一併指出，郭象縱肯認適性，亦對現實政治進行批判，但他並非護衛門閥制度；實則，郭子玄一如黑格爾，欲從現實的缺陷中，逐步改革，履踐出調適上遂的理想〔註39〕，故「超越的玄冥之境不在名教之外，它就在名教之中」〔註40〕。又余先生對郭象「自然」論的闡釋，並非只是「無目的論」的忽爾生成，他更認爲郭子玄之「獨化」，雖是萬物隨自身性分而化成，但並非彼此孤立，而是屬一協同關係，萬物能在各守其分，各盡其極的生命歷程中，與他者協同（「相因」），共同創造出整體性之和諧；此存在整體之「原始的和諧」，便是所謂「神器獨化於玄冥之境」義。〔註41〕在此，余先生矯正了湯一介先生將「相因」收歸於「獨化」義之弊病，更衝破了「相因」與「獨化」似互爲矛盾之困局。最後，余先生更指出，郭象洞見此「原始的和諧」遭受破壞的原因，雖可歸因於本性慕外效彼，進而喪失眞性，然究其客觀原由，總是上位者拔擢特定標準，以檢選人才，卻令多姿的性情曲矯效從，生命原有繽紛逐

〔註38〕 任繼愈主編：《中國哲學發展史──魏晉南北朝》（北京：人民出版社，1998年5月），頁915。
〔註39〕 余敦康：《魏晉玄學史》（北京：北京大學出版社，2005年9月），頁353～354。
〔註40〕 同前註。
〔註41〕 同前註，頁359～365。

形黯淡，甚且，主政者濫用權力，異化名教，破壞存在界之整體和諧，故欲回復此和諧，便須減少君權對倫常之破壞，而提出君臣各自「適性」而「無爲」之說。〔註 42〕

（六）余敦康詮釋之反省

余敦康先生側重探討郭注實踐政治倫理的「經國體致」面向，明揭郭象「神器獨化於玄冥之境」的注書義旨，反省馮、湯兩先生研究之缺憾，澄清前人判定郭象「視存在爲合理」與袒護政治權力之誤解，實幫助郭象玄學，逃離了階級鬥爭的詮釋牢籠。而他合觀郭象「獨化」與「相因」兩理論，提出「和諧之有機整體」概念，亦有復還湯用彤「體用一如」之至健秩序的意味；然則，余先生挹注萊布尼茲（G. W. Leibniz）的「單子論」與「前定和諧論」於「整體和諧」義中，卻少見其殊別二者異同，恐令讀者難以區別二者本質之差異〔註 43〕，又余先生雖直指郭注核心思維，卻未能對其「逍遙觀」多加著墨，亦不見其深入解析聖王與萬物如何共構此整體性和諧，未及撐開郭象道化之治的完整體系。我們須奠基余敦康先生的研究成果上，更進一步深掘此「整體和諧」的存有結構義理。

（七）楊立華的郭象詮釋

楊立華先生《郭象《莊子注》研究》一書，在肯定郭象能有效闡發《莊子》文本深層義蘊後，下分「有無之辨」、「自生與獨化」、「性分與自然」、「逍遙」、「齊物」與「治道」六部分，以建構其詮釋系統。筆者在此，亦茲就其「自然」、「逍遙」與「治道」三論研討之：

1、「自然論」：在〈有無之辨〉章中，楊先生主張，郭象「自然」、「自生」之存有論，刊落外在根源，強調回歸自己的天性自然，令「無」轉變爲一徹底之非存在義，實屬王弼「道法自然」的深入發展。〔註 44〕而在〈自生與獨化〉章，先生繼承且補充湯一介之觀點，〔註 45〕剖析郭象之「自然」，

〔註 42〕同前註，頁 373〜381。
〔註 43〕見〈壹、緒論〉註 12。
〔註 44〕楊立華：《郭象《莊子注》研究》（北京：北京大學出版社，2010 年 2 月），頁 89〜101。
〔註 45〕楊立華詮釋郭象「自生」，實立基於湯一介分析「自生」擁有「非他生」、「非有故」與「非有因」諸意涵上，添加「非我生」此義蘊，強調郭象之「自生」並非萬物自己決定自己，而是須化消主觀意志，回歸不由自主與不知其所然的「自然」中。同前註，頁 109〜110。

有不得不然、不知其所以然而然與去除人爲措意，順其自然三義；認爲「自然」旨於消除自身主觀自決，回歸到生命自身之「命」、「理」的決定性分限中。〔註46〕另外，楊先生亦認爲，郭子玄之「獨化」只是「自生」義——是生命撤除主觀意志，順應自身存在歷程之強調；而「相因」亦非指萬物彼此相互依賴，而是謂「相依並生」義，說明萬物俱生，皆各自獨化，共聚合成存在總體。〔註47〕於此，楊先生雖如湯一介先生，將「相因」收歸於「獨化」義內，但他通過「自爲」與「相爲」這組概念，構組「相爲於無相爲」、「相與於無相與」——存在界雖彼此聯繫，但生命只有回返到自身本然的生存境域，方能與他者相依俱生，臻成存在整體之和諧。〔註48〕

2、「逍遙觀」：通過文本疏證，楊先生歸結郭象「逍遙」主具三面向：一、自然無爲義；二、無困常通義；三、自適自得義。而此三義又相互貫連，先生言：「只有從根本上放棄這種毫無根據的妄爲，萬物才能『反所宗于體中』，從而能無困常通、自適其適。」〔註49〕又需注意的是，楊先生將「有待逍遙」詮釋爲「有分別、有對待」的逍遙，指的是無能泯除彼我界限，依然與他者相對，僅能自通，卻不能通物之逍遙，反對將「有待逍遙」解釋爲「有條件」（有所依賴）的逍遙；因如所有依賴，便不符郭子玄亟欲杜絕忮尚慕外之思維。而所謂「無待逍遙」，則是超越一切分別對待，能順通萬物之情的逍遙。先生更以爲，只要不取決於人的「主觀意志」，純任性分而動，生命皆能達至「足性逍遙」之境。〔註50〕

3、「治道說」：楊立華先生指出，郭象建立的「無爲而治」哲學，並非倡議君王無所作爲，反之，正是明王之運作，才使百姓皆能自得。於此，郭象務實地選擇「以聖道鎮之」的道路，能短時間內達至政教安治，但也無法實現「絕聖棄智」、「都忘其知」的終極理想；而後代研究者批評郭象擁護君主專制不僅有誤，亦讓郭象政治哲學承擔超越其時代的責任。〔註51〕既然郭子玄推崇需有一聖王治世，那麼其又運用何道術，實現「無爲而治」之體制呢？楊立華先生認爲，郭象在黃老治世理論之基礎上，進步深掘施政方針，通過

〔註46〕同前註，頁106～110。
〔註47〕同前註，頁113～118。
〔註48〕同前註，頁132～134。
〔註49〕同前註，頁136。
〔註50〕同前註，頁136～144。
〔註51〕同前註，頁164～166。

「同眾」(任百姓之自爲)、「順世」(執政須因革損益而與時俱進)、「用臣」(君主因才而用臣,臣民盡才以任事)、「治具」(依功過而行賞罰)與「至樂」(順任臣民之性分,進而移風易俗,使天下皆徜徉於禮樂潤澤的悅樂中)等道術,構成治世原則;〔註52〕至此,楊先生持論郭象的政治哲學,猶屬道家治道範圍,「不應被視爲任何意義上的調和主義的產物,而應被看作在現實歷史處境當中,道家思想的某種自我發展和調整。」〔註53〕

(八)楊立華詮釋之反省

楊立華先生繼承復超越湯一介先生「自然」義之詮釋理路,將「自然」蘊含著命行事變,非己能措意其間的不測性彰顯開來;於「逍遙觀」裡,亦論證「有待逍遙」指生命秉性分之限制,產生分別對待之成心,以致無能周通命變與他者;在郭象治道中,更詳析郭注種種治術,指出郭象政治哲學不應視作「儒道調和」,而應屬道家思想之發展。楊先生諸般研究成果,多有值得我們借鑑、深思者,但對先生詮釋之「自然」、「逍遙」二論,吾人亦有些許不敢貿然苟同處:

1、在「有待逍遙」的詮釋中,先生不依字義,認爲「待」不應指憑藉、依賴,而應詮解爲持守成心,從而產生分別、對待之逍遙,斷開「有待」之依待義。徵諸郭注,其言:「苟有待焉,則雖列子之輕妙,猶不能以無風而行,故必得其所待然後逍遙耳」〔註54〕明確表示列子必依憑風勢,斯得行御,「有待」仍舊蘊含「依憑」義。吾人以爲,「有待」者身落於從屬之境域,此境域一方面養成「性分」之思維、能力,以至實現自身之可能性,一方面亦圈限之,生命須在此境域中行止得當,亦須利用此境域所供給之條件,而不尚慕他者,安分守素、稱能盡極於其中,遂能昇至「有待逍遙」層次,但如所屬境域條件變易,而生命未能應會之,即未能周通無窮,遂難臻「無待逍遙」;換言之,郭象依然肯認生命亦需適當的外在條件,方得逍遙。然而,不同於支道林批評郭子玄「逍遙」「猶飢者一飽,渴者一盈」〔註55〕的是,郭象認爲須於屬我境域中安分守素,各靜其遇,始登逍遙,並且,亦不能過度依賴外緣,使之成爲欲惡蕩眞之執礙;

〔註52〕 同前註,頁 170～179。
〔註53〕 同前註,頁 189～190。
〔註54〕 (清)郭慶藩輯,王孝魚整理:《莊子集釋》(臺北:華正書局有限公司,2004年7月),頁 20。
〔註55〕 同前註,頁 1。

最後，郭象亦明言「有待逍遙」並非逍遙之極境，其無能「所在皆適」便為缺憾之所在。故吾人雖認可楊先生之論述，肯定「有待逍遙」顯示成心分別，無能周通，但亦認為，「有待」仍可保有「依待」義，毋須過度地截然二分。

2、楊先生將性分之「冥極」，詮釋為「此種分限（性分）是不由個體的主觀意志決定的。」〔註56〕此番解讀，雖揭露氣稟各俱其真，不應慕彼逐外，亦須消解造作，回歸自然之分，但如只單純地恪守「取消主觀意志」義，卻也容易讓讀者視之為無所作為，性分亦無積極向上之可能；又如性分終須復還「自然」之分限中，但在楊先生，亦只闡發出「自然」內蘊命行事變之必然與不可知性，卻少將「自然」視為貞定性命稱能盡極之價值根源義，如此，除在無待至人處，揭示了生命修養與境界外，在芸芸眾生處，卻只昭彰出實存之現實性，讓生命價值提撕之向度，總似舒展不開。

（九）牟宗三的道家與郭象詮釋

在展示、評議上述大陸學者之詮釋系統時，我們隱然窺見一主要詮釋脈絡，即從馮友蘭與湯用彤、湯一介父子以降，中國大陸詮解郭象玄理，大部分繼承三位先生之說，對「自然」作一實然狀態的存在分析，但研析此存有結構之價值義蘊卻略顯淡薄，遂鮮能昭顯郭子玄「自然」義，是否亦富涵安身立命以至清靜沖虛之面向；如嚴重視之，若詮釋系統只概略地闡露生命修養，多著眼於剖析存在現象之實然面，恐衰弱了郭象玄學，隸屬中國哲學為一「成德之教」之精神。然而，自 1949 年後，飄零於海外，遠離文革鬥爭，力欲護持中國哲學命脈的知識份子，卻能繼續開闢中國哲學以至郭象玄理，那提挈生命價值之靈根活源；其中映發最燦爛之花果者，應以牟宗三先生為代表。實則，在 1990 年代後，兩岸學術發展隨著二政府改革開放，匯流交通的風氣更盛，大陸學者亦多憑藉牟宗三「主觀境界型態」，資以闡釋郭象修養論。〔註57〕

〔註56〕楊立華：《郭象《莊子注》研究》（北京：北京大學出版社，2010 年 2 月），頁121。

〔註57〕如湯一介言：「郭象的『認識了必然就是自由』，其必然性是在無限的可能性中實現的，因此也就是說它是純偶然的，碰上的。而其所謂『逍遙』當然也只能是一種主觀的精神境界。」見氏著：《郭象與魏晉玄學（第三版）》（北京：北京大學出版社，2009 年 11 月），頁 144。又如暴慶剛的《反思與重構：郭象《莊子注》研究》，亦將「無待逍遙」歸屬於牟宗三之「主觀境界型態」，復詮解「有待逍遙」為「客觀實然型態」。見氏著：《反思與重構：郭象《莊子注》研究》（南京：南京大學出版社，2013 年 3 月）。

　　從前述報導可見，牟宗三先生的道家詮釋，在現代中國哲學界，極具影響力。再觀當代港臺哲人的玄學系統，因同輩唐君毅先生亦接受牟先生「主觀境界型態」之看法〔註58〕，略爲年少的勞思光先生，所著《中國哲學史》之玄學部分，詮釋理論又稍嫌薄弱；故於港臺哲學界，牟宗三先生之玄理總呈現一枝獨秀之局面，其詮釋典範之地位，實可與湯用彤先生鼎足並立。關於其道家以至於郭象之詮釋，散見於《才性與玄理》、《智的直覺與中國哲學》、《現象與物自身》、《中國哲學十九講》與《圓善論》等書，現簡要論之：

　　1、牟先生就歷史發生面向，認爲具有創生實體意味的「無」，本是「無爲」此實踐義之提煉，主以對治周文罷弊、有爲造作；故究竟而言，「無」是個實踐上的概念，而從「無爲」證立之「自然」義，全幅爲一沖靈無執，自由自在的主體修養境界。〔註59〕

　　2、牟先生認爲道家不似儒家，定義天道爲一「創生不已之眞幾」〔註60〕，能於穆不已地創生萬物，並將此創生義賦予道德義涵，構作「宇宙秩序即是道德秩序」〔註61〕的道德形上學。道家只顯一沖虛之觀照，道心在讓開成全中，使生命自貞自化。於此，「無」非是創生實體，「無爲」亦只是無執玄覽，是而，「道」之創生義，就牟宗三而言，只是一「姿態」，直收攝於主觀境界之內，通過沖虛心境之無執無累，讓開一步，保全萬物本眞價值與其存在，即在「作用層的保存」下，令萬物自生自化；牟先生更援引郭注之詞彙，稱此觀照成全之生爲「不生之生」。〔註62〕

　　3、實則，牟宗三先生道家之詮釋，受郭象與康德（I. Kant）哲學影響甚深；在《才性與玄理》一書中，牟先生將「道、無、一、自然」等義，劃歸爲一沖虛之心靈境界。〔註63〕後於《智的直覺與中國哲學》，先生更欲證立中

〔註58〕唐君毅：〈郭象莊子注中之言自然獨化與玄同彼我之道〉，《中國哲學原論・原道篇式》（臺北：臺灣學生書局，1976年8月）。

〔註59〕牟宗三：《中國哲學十九講》（臺北：臺灣學生書局，2002年8月），頁89～95。

〔註60〕牟宗三：《中國哲學的特質》（臺北：臺灣學生書局，1994年8月），頁31。

〔註61〕牟宗三：《中國哲學十九講》（臺北：臺灣學生書局，2002年8月），頁82。

〔註62〕同前註，頁103～107。又郭象於〈大宗師〉「神鬼神帝，生天生地」句後注：「無也，豈能生神哉？不神鬼帝而鬼帝自神，斯乃不神之神也；不生天地而天地自生，斯乃不生之生也。故夫神之果不足以神，而不神則神矣，功何足有，事何足恃哉！」（清）郭慶藩輯，王孝魚整理：《莊子集釋》（臺北：華正書局有限公司，2004年7月），頁248。

〔註63〕牟宗三：《才性與玄理》（臺北：臺灣學生書局，2002年8月），頁178～179。

國哲學雖無「上帝」此超絕概念，亦能有一「智的直覺」；在道家，沖靈觀照便是一「智的直覺」，能在致虛守靜的實踐裡，產生一知見（vision），呈現「物之在其自己」（「物自身」）之價值理境。此時，雜多互殊之萬物，便能在眞人的「主觀心境」中，隨眞人一體而化〔註64〕；易言之，沖虛玄德之主體實踐，能於修養境界中觀視萬物復還眞樸，臻成萬物皆具眞如價值的功化之治，然此功化之治實止於一沖虛觀照的「藝術境界」。〔註65〕

4、在郭象「迹冥」義的詮釋中，能行沖虛無執曰「冥」，是謂「德充於內」；而無論際遇窮通，皆能應物無傷曰「迹」，是謂「應物於外」〔註66〕。唯「體化合變會通萬物而無隔者」〔註67〕能圓融「迹冥」，牟先生更由「一切存在皆隨觀照玄德而轉」〔註68〕的迹冥圓，創立道家「福德一致」之圓善論。

5、就儒道會通議題而言，牟先生依舊承襲了湯用彤之思維，認爲玄學家通過儒道調和，以期解決「自然」與「名教」間之衝突。牟先生以爲，玄學家實不能眞正會通二者，但他亦認爲道家縱不能安立仁義道德，卻通過無執順應，消解僞作，行「作用地保存」，反而能輔翼仁德實踐，則道家之沖虛，遂構成儒家仁義的實現原理。〔註69〕依此，「作用地保存」一說，反倒替儒道會通奠定了一哲理基礎。

（十）牟宗三詮釋之反省——袁保新道家詮釋與莊耀郎哲思之轉折

如上所說，牟宗三的玄學系統，在現代港臺哲學界，展耀著一枝獨秀之尊位，但反省牟先生的聲浪，至今總也絡繹不絕。較早能建立一嚴格的方法論，繼承復超越牟宗三道家「存有學」的，應屬袁保新先生《老子哲學之詮釋與重建》一書；而較能省思牟宗三郭象詮釋系統的，則集中於牟先生另一後學，莊耀郎先生諸論文裡。今分疏於下：

1、袁保新「即存有即價值」的詮釋系統

在《老子哲學之詮釋與重建》一書中，袁先生運用傅偉勳「創造性詮釋

〔註64〕 牟宗三：《智的直覺與中國哲學》（臺北：臺灣商務印書館股份有限公司，1987年6月），頁203～211。
〔註65〕 牟宗三《才性與玄理》（臺北：臺灣學生書局，2002年8月），頁183～184。
〔註66〕 同前註，頁218～219。
〔註67〕 牟宗三：《圓善論》（臺北：臺灣學生書局，1996年4月），頁294。
〔註68〕 同前註，頁303。
〔註69〕 牟宗三：《才性與玄理》（臺北：臺灣學生書局，2002年8月），頁340、358～360。

學」結構層次，鋪陳著《老子》形上義理多端類型，並將當代《老子》詮解系統，大致化歸為「客觀實有」與「主觀境界」兩型態。再者，袁先生省思何種詮釋型態，較能融通「道」擁有的兩異質異層性格：「存有原理」與「應然原理」〔註70〕，以取得詮釋一致性之殊勝。並考察《道德經》思想生成背景，發現其主要關懷，應為立基生命實踐，面對「周文疲弊」，反省「大道」何以興廢？何能反復？——在這如定盤針的兩問題意識下，評析「客觀實有型態」其詮釋困境，似繼承西方「實體形上學」思路，關切事物構造之產生與本質基源，卻未能扣緊中國哲學的核心概念「道」，自始就是擔負如何讓生命能長久相繼，並安立物我和諧分位之本懷，亦恐造成《老子》形上義理與其政治、人生哲學間之斷裂〔註71〕；而牟宗三「主觀境界型態」，其認為「無」此飽涵形上實體意味之存在始源，實只是「無為」二字之提煉，則「道」、「無」所賦予的實在性、客觀性，與含雜在「客觀實體」概念內，那屬傳統西方「拯救現象」（為生滅變化之現象界找尋一本質基礎）之思維，皆應化解為一「姿態」，全幅讓位予生命修養為優位的「實踐形上學」；這依道心虛靜，復還萬物本來面目之玄覽，遂能於一通澈的知見（vision）中，安立萬物本真之存在價值。依此，最孤立卻也最突出的「主觀境界型態」，不僅能顧應《老子》以沖虛無執之道心，對治「周文疲弊」的史實背景，更因將形上道體全幅收攝

〔註70〕 袁保新言：「陳康先生認為老子『道』實具有雙重性格，一是作為『存有原理』（sein prinzip），另一是『應然原理』（sollens prinzip），前者具有必然性，無一物可以脫離約束，後者則是規範性的法則，可以遵守，也可以違背。問題是：二者性質明顯屬於不同層次，卻在老子的思想中共同隸屬在『道』一概念之下，這是否意謂老子在思想上混淆了『存有』與『應然』之間的區分？」見氏著：《老子哲學之詮釋與重建》（臺北：文津出版社，1997 年 12 月），頁 28。

〔註71〕 袁保新對「客觀實有型態」詮釋困境之分析，主要有三點：一、如將「道」理解為獨立於心靈以外，客觀自存的「第一因」或「形上實體」，實採取西方「宇宙發生論」的主導思維，卻未能應合《老子》所重視的，是安立天、地、人、我間的和諧永續，而不偏側在如傳統西方哲學「拯救現象」——為存有物之生滅變化，找尋一決定性的本質基礎的基本關懷。二、如接受「道」為一客觀實有，則雖確立《老子》形上義理，能提供萬物一能動性原理、一超越的本質根據，卻無法接榫佔據《道德經》三分之二篇幅的政治與生命哲學，使形上學與倫理實踐可各自分立，而斷為兩橛。三、承第二點思維，則「客觀實有型態」旨於說明「道」具有支配萬物生成變化的規範性律則，有其恒常、普遍與不定性，卻與《道德經》揭示的「大道廢，有仁義」——「道」竟可隨人事順逆而有所興廢，兩者產生衝突；意即，「客觀實有型態」無能融通「道」並存著「存有」與「應然」兩異質異層之原理，如強行綰合解釋，「勢必要詭譎地表示一切『不道』、『非道』均是合於『常道』的表現。」同前註，頁 138～140。

於道心玄覽中，連帶消解了「存有」與「應然」兩異質性原理並存之困局。

然則，袁保新先生亦對「主觀境界型態」，將「道」規範天、地、人、我和諧共生的客觀性，收攏至主體實踐中，全幅地依觀照之知見，安立萬物存在價值有所不安——如道心一旦退轉無明，萬物之存在價值與「天道無親」卻「常與善人」此規範秩序，是否亦隨之殞落呢？詳言之，袁先生顧慮著「主觀境界」透過境界觀照，而賦予萬物存在意義的「實踐形上學」，雖能充分地交付冲虛修養而觀照萬物之真實價值，但將「道體」之客觀意義全幅收攝於主體中，是否無能豁顯，「道體」亦有著維繫萬物和諧的客觀規範意義？

唯恐「主觀境界型態」陷入封閉的「主體主義」裡，袁先生表面上開拓了牟宗三先生提出，由生命實踐而證立的世界，能於圓照的心境中，成就「事物之在其自己」的真實價值理境，而非止於生滅變幻之現象界，是而道心玄覽之世界，正是主客觀為一的〔註72〕；即是，道心觀照所開顯的價值世界，應是超越主客二分的「玄冥之絕對」。實則，袁先生並未完全參照牟宗三此哲見，他反而另闢蹊徑地，參考海德格（M. Heidegger）「存有學的差異」（ontological difference），依著「以道觀道」的視野，拉開「道」與「道心」之間的距離，一方面證顯「道」雖必經由生命實踐，始得彰顯其豐盈意義，但冲虛玄德充其極，只能是「道」在此顯現的場域，「道」依然保有規範人我正位共生的客觀理序義〔註73〕；另一方面，更深層的意涵是，袁先生欲透露出，道心並非是一先驗主體，或擁有「智的直覺」的能力，只需致虛守靜，便能通達那超越時空洗練，摒棄生滅變化的物自身界。袁先生更強調著牟宗三先生所言：「道心必總在具體之因應中，因而成其為圓照」〔註74〕義，而身落於須具體因應的存在場域，「道」之含意就絕非只是藉由主體實踐，通達有價值意味的物自身，讓主體成為貞定

〔註72〕 牟宗三言：「而所謂有昇進有異趣的世界都屬於價值層的，屬於實踐方面之精神價值的；而若在此實踐方面的精神價值之最後歸趣總是定在自由自在，則有昇進有異趣的世界總歸是一，雖有昇進而亦有終極之定，雖有異趣而亦有同歸之同，而在此世界中的萬物即是『物之在其自己』之物，此則為終極地決定者，亦即是絕對的真實者或存在者，而不是那可使之有亦可使之無的現象。依此，普通所謂定者實是不定，而依上說的觀看或知見而來的普通視之為主觀而不定者，終極地言之，實是最定者，最客觀者，絕對的客觀者——亦是絕對的主觀者——主客觀是一者。」見氏著：《中國哲學十九講》（臺北：臺灣學生書局，2002 年 8 月），頁 131。

〔註73〕 袁保新：《老子哲學之詮釋與重建》（臺北：文津出版社，1997 年 12 月），頁 101。

〔註74〕 牟宗三：《智的直覺與中國哲學》（臺北：臺灣商務印書館股份有限公司，1987 年 6 月），頁 210。

一切現象紛紜的存有學基礎，成就觀照萬物眞如的審美理境而已。袁保新先生欲擺脫此康德式的思維模式〔註75〕，更欲揭露，領略道蘊便必身落於變動不居，又意義豐盈的生活世界中；在此無盡豐沛的意義世界，生命必隨際遇變嬗、人事興廢，於生命歷史之進程中，領納「道」所賦予之義蘊，生命亦在體化合變中洗滌眞清，成就本眞價值，開顯「道」之一隅。

是而，在袁保新先生的詮釋系統，「道」非爲一「先驗主體」之道心，反是類同於海德格的「存有」（Sein），屬於一飽含無盡意義的生活世界；而道心體證「道」的存有思維，亦非屬於依「超越主體性」，成爲存有論之基源，以規定客觀全體之意義（將虛靜道心視爲一「智的直覺」，能於心境中，呈現現象變化背後，那眞實的、有價值意味的「物自身」，進而臻成主客觀合一之思維），而是自始至終，生命本就落於「前主客二分」的存在場域中，道心能感應事務，體證自然造化義蘊，甚至「始制有名」，將形上之道化育爲人間倫常秩序。然則，在《老子哲學之詮釋與重建》一書，海德格「存有」（Sein）之概念，終只若隱若現地，流行在其重建「道」之形上義理中，此時表露於字裡行間的，依舊是他敦懇地秉承師教，從方東美先生洞見傳統中國哲學有著「存有論即價值論」之理趣〔註76〕，與順著牟先生「不生之生」的詮釋脈絡，逼顯「道」所照明的存在界，具有兩種特性，更深掘兩特性，以明「道」與萬物間的隸屬關係，證立「道」是萬物交感共構而成的有機整體，是維繫存在界和諧共生的客觀價值理序〔註77〕。

〔註75〕 吾人認爲，牟宗三「主觀境界型態」，依道心主體實踐而成之「知見」（vision），能呈現「物自身」之理境，臻成主客觀合一之定理，其基礎思路，依然秉持康德「認識論」思維，即以「先驗自我」作爲存有論之基石，而驗證經驗之所以有客觀性，乃因主體性之種種結構去規定對象之結果。

〔註76〕 袁保新言：「我們不妨從方東美先生『根據中國哲學的傳統，存有論也就是價值論，一切萬有存在都具有內在價值，在整個宇宙之中更沒有一物缺乏意義』的這種見解出發，首先了解存在界之所以能相續相生，是因爲存在界涵具著一種整體的、和諧的價值理序，在這秩序中每一事物都有其應具的本然地位、以及與其他事物的關係。換言之，整個存在界其實就是價值世界，而『道』也就是規範這一切事物的地位與關係的價值之理。」見氏著：《老子哲學之詮釋與重建》（臺北：文津出版社，1997年12月），頁102。

〔註77〕 袁保新言：「牟先生順王弼『不塞其源，則物自生……不禁其性，則物自濟……物自長足，不吾宰成……』，說明『道』對萬物的生化，乃是『不生之生』之時，早已透露出『道』所明照的存在界，具有兩個特性，即：1、每一存在物生育成長的動力，均內在於自己；2、這一內在動力只有在不禁、不塞、萬物各安其位的情況下，才可能實現。前者，透露出『道』與萬物的關係不是外在

　　實則，深掘方、牟兩先生之卓識，除了能藉「存有與價值之合一」，徹底融通「存有」與「應然」兩異質原理並存於「道」的疑難〔註78〕，更能重返於中國傳統「天人交感」（「前主客二分」）式的存有結構中，而此存有結構在袁先生日後，更藉由海德格「在世存有」的觀念鋪展開來〔註79〕；海德格認為遠在我們命外物為「客體」，而視自身為「主體」之前，我們早已與周遭世界有著千絲萬縷之聯繫，故生命存活於世界之場域，總是「前主客二分」的，而身落此「前主客二分」之存有結構的「此有」（Da-sein），是為「在世存有」（be-in-the-world）。人作為一「在世存有」，註定要在物我交織的關係世界中，

因果的關係，後者則涵蘊著存在物之間基本上是個有機的整體，而『道』也正是提供這整體世界秩序的根源。換言之，『不生之生』雖然是主觀修養的親證，但客觀地分析，這一理境必須預設著前述兩個存有學的命題方能成立。這也就是說，『道』固然不宜解作『實體』、『第一因』、『必然律則』，但這並不意謂著它就沒有客觀性。老子之『道』的客觀意義，靜態地說是實現一切人我、物我和諧共生的價值理序；動態地說，『秩序亦即一種動力』，它同時也就是使萬物得以相續相生的實現性原理（動力）。」見氏著：《老子哲學之詮釋與重建》（臺北：文津出版社，1997 年 12 月），頁 142、《從海德格、老子、孟子到當代新儒學》（臺北：臺灣學生書局有限公司，2008 年 10 月），頁 259。

〔註78〕　袁保新言：「所謂『道』也就是老子心目中，人類理解自己在存在界中的地位，決定自己與其他人、物、鬼、神、天地之間關係底意義基礎，或規範一切的價值理序。當一切人物順從這種價值理序的時候，則物正其位，人據其德，『莫之命而常自然』；苟若背離了這種秩序，則不免墜入『不道』早死的結局。」見氏著：《老子哲學之詮釋與重建》（臺北：文津出版社，1997 年 12 月），頁 102。於此得見，「道」雖並具「存有」與「應然」兩異質異層之原理，但在「天人交感」、「存在界即是便是價值世界」的思維裡，似乎不會構成困難。因在此思維脈絡底下，「道」總蘊藏在命行事變，此實然的存在歷程中，更透過此歷程，無息透顯出意義，供生命領納；而生命在各正其位，各安其命時，亦須順從「道」之規範，方能維繫存在整體之價值秩序。苟若違背，則「神歇谷竭、萬物息滅」，生命以至於存在界便因脫序而造成存在價值之崩壞，落入「不道早已」的困境中。此時，擔負存在原則之「道」，遂也透顯出引領生命行止之規範價值義，更化消了兩原理並存之困局。

〔註79〕　袁保新言：「如果我們願意參考海德格存有思維的洞見，瞭解到：存有作為一切存有物得以理解的基礎，早在主客對列的認知格局以前，它已是一切主體性或客體性成立的意義根據，那麼我們其實沒有必要因為實踐進路的強調，就率爾否定『道』的客觀性。……從『存有』不是『存有物』的觀點，『道』固然不可像『說故事』（telling a story）一樣，逕自詮解第一因，或無限實體；同樣地，它也不可以化約為『先驗根據』（transcendental ground），建構為某種『主體性』的概念。換言之，像牟先生將『道』理解為『沖虛玄德』的主觀心境，其實也是一種遺忘存有學差異的不究竟的作法。」見氏著：《從海德格、老子、孟子到當代新儒學》（臺北：臺灣學生書局有限公司，2008 年 10 月），頁 9～11。

不斷地理解以揭露世界與自我之意義；又此「前主客二分」的思維，正應和著中國「天人交感」的基本理路，亦更能彰顯牟先生所言：「當有無混一成了玄，在具體的生活上運用表現，乃是連著這個世界而說」〔註80〕之義。袁保新先生所重建的「存有學」理脈，便旨於揭示出，「道」並非是夐然絕待於時間之流外的「超越實體」或「先驗性主體」；「道」無時不寄寓在人我、物我交通的共命結構中，呈現為一動態的「意義事件」，而生命在涵養與應變中，亦無時不體悟「道」之「呼召」。

我們可再簡明地梳理袁保新先生之「道」論：它將生命存在的場域，視為一生機蓬勃的意義世界，而命行事變的種種遇合，無一不是「道」此意義根源之流露；唯有透過性命不斷體覺存在場域所生發之意義，方能開顯道蘊。而身落休戚相關的有機整體世界中，生命除了感悟，更能參贊造化流行的生機動力，共同維繫著存在界整體，織就一規範存在界和諧共生的價值理序。我們亦可將此「前主客二分」，生命恆處於意義世界的「天人交感」思維，定義為「即存有即價值」的詮釋系統。

事實上，袁先生從未涉及郭象玄學之研究，但他調適「主觀境界型態」，重新釋放消融於道心圓照中的「道」的客觀性，定義「道」為規範天、地、人、我間和諧共生的價值理序、藉由海德格「在世存有」之哲思，尋獲中國「天人交感」的存有結構，與洞視存在界本屬一交融共構的有機整體，實能幫助我們思索，「主觀境界型態」所詮釋的郭象「自然存有學」，能否有更進一步之闡釋：

（1）如藉助「天人交感」的思維模式，生命身落於豐盈之意義世界，無時不經由「意義事件」而感潤道蘊，體化合變，則郭象「自然」義中所富涵的「性」、「命」、「理」諸義，是否還有其更積極的存有學意義？

（2）對照郭象撤銷「道」、「無」此帶有形上實體意味之超越根據，復還於「自爾」、「自然」，是否意味著，郭象「自然」義終適應於「主觀境界型態」，無有一規範物我和諧的客觀價值理序義呢？

（3）若「道」與萬物之隸屬關係，屬「前主客二分」之格局，萬物在和諧共生中，構織為一有機性整體，而存在界本就是一蘊含豐盈生機的造化流行，是否我們能資藉此思緒，重新整飾「獨化」、「相因」以至「玄冥之境」之理脈？

〔註80〕牟宗三：《中國哲學十九講》（臺北：臺灣學生書局，2002 年 8 月），頁 106。

2、莊耀郎郭象詮釋之轉折

袁保新先生的詮釋體系，似乎能幫助我們重省，籠罩在「主觀境界」詮釋脈絡下，郭象「自然」、「獨化」與「玄冥」等存有學結構，但其餘牽涉郭象玄學，諸如「適性逍遙」與「自然名教」等重大議題，則在牟宗三另一弟子莊耀郎先生處，反省最多。莊先生《郭象玄學》一書，以「自然」此概念統攝郭象玄理，更融通著「逍遙」、「性分」、「有無」、「聖人」、「名教」與「獨化」諸觀念，臻成一全面性的郭象詮釋系統，其對郭象研究之貢獻，較之牟宗三只援藉郭學以證立自身道家理脈，無疑更大。只是，觀是書之「存有學」思路，依然秉承著「主觀境界型態」而開展；但近年來，莊先生撰〈郭象《莊子注》的性分論〉、〈郭象獨化論的再省思〉與〈魏晉「名教與自然」義理之溯源與開展〉三文，雖保持著他從思想概念遞嬗為進路的寫作策略，卻在「道化之治」的向度上，脫離了「主觀境界型態」。底下分別簡述三文：

〈郭象《莊子注》的性分論〉一文雖重複宣說著《郭象玄學》中，《莊子》重「心」而郭注重「性」的基本判斷〔註81〕，但與《郭象玄學》不同的是，莊先生更為鬆動當時繼承牟宗三「主觀境界型態」之理路〔註82〕，認可「郭象重性……則只能成全它，順任它，發展它，實現它，而表現為生命萬殊的姿態」〔註83〕；如此，雖依舊秉持《莊子》主道心超拔而郭象重適性順任，但「適性」須從「萬物皆得以自我充分實現」〔註84〕說之，無疑較「主觀境界型態」，更肯定著「適性」擁有一稱能盡極之修養義。再者，莊先生繼續發展《郭象玄學》裡，道家之功化亦含有一客觀實踐歷程的理脈，更依此區別《莊》、郭異同，持論郭注以「性分」關聯諸概念，通過萬物皆適性安分，成就「不齊之齊」的「齊物」理論，更讓「性分」絪縕著倫常制度與仁義實踐〔註85〕，從客觀層面，落實統體逍遙的道化之治，別異於須依傍沖

〔註81〕莊耀郎：《郭象玄學》（臺北：里仁書局，1998年3月），頁319～320。
〔註82〕《郭象玄學》承接「主觀境界型態」，認為聖人依無為虛靜之順任，保存萬物的特殊性，但萬物本身只是「適性安分」，甚至「承認了成心的權宜性」，卻無能從心上自覺；並且，道家重「順任」功治之缺失，在於其「對萬物無所提攜拔昇，只有觀照所起的審美欣趣而已。」同前註，頁63～69。
〔註83〕洪漢鼎編：《中國詮釋學・第五輯》（山東：山東人民出版社，2008年3月），頁164。
〔註84〕同前註，頁176。
〔註85〕同前註，頁179。

虛心靈境界之收攝，方能保證萬物逍遙──屬於「大齊之齊」〔註86〕的「主觀境界」型態。〔註87〕

　　〈郭象獨化論的再省思〉之作，則是將「獨化」作為首要概念，以統攝其它義理。「獨化」之義，表示著生命雖必依待其它事物或條件而生存，但此關係「並不構成必然性的因果依待」〔註88〕，更甚者，如能從依待條件中，依無心順應之工夫，勘破甚至駕馭種種依待條件，則可說為「無待」；換言之，莊耀郎就生命必定身落種種存在限制，且彼此因順、會聚或利用而言「相因」，但此「相因」之限制網，卻不必然聯繫著因果序鍊，再者，生命亦擁有著衝破此限制網的能力（「無待」），莊先生便在此意義上言郭象之「獨化」；故自體縱「獨化」，卻能與他物互濟相成，形成一和諧共生之理境，共構「相與於無相與」的存在界。〔註89〕於此，莊耀郎先生徹底解決「獨化」與「相因」互為矛盾的難題，而從「獨化」到「相因」，實指涉著統體（無論聖人與百姓）皆會於逍遙安適的「玄冥」境界。莊先生此文，融通遞進著「獨化」、「相因」與「玄冥」等主要概念，亦直指郭象意欲成就「獨化於玄冥之境」的道化之治。〔註90〕

　　〈魏晉「名教與自然」義蘊之溯源與開展〉此論，先生用力於追溯「名教」概念之變嬗。他認為，先秦儒道，皆因周文疲弊而興，故對如何改革禮教，甚至定義「名教」之義涵，本就有所不同；就《老》、《莊》而言，「名教不是生命賴以存在的最佳形式，而只是形而下的有形有名之應跡」〔註91〕，故名教終是以工具意義身份而存在的觀念。然而，魏晉玄學家雖仍以工具義

〔註86〕 莊耀郎言：「〈齊物論〉……究其大旨，則在於『翻成心為常心』，以齊平物論……莊子是以真心泯齊物論。且無論真心、成心，都由心上說，其重主體性可知。郭象論齊物，不是平齊物論，而是齊於性分之自足。」同前註，頁173～174。而「大齊之齊」之義，實為周雅清先生所提出，用以詮釋〈齊物論〉義理，大意應為生命須「翻成心為道心」，方能在道境中，如如觀照萬物一切價值，臻至「齊物」之真實。見氏著：《莊子哲學詮釋的轉折──從先秦到隋唐階段》（臺北：國立師範大學博士論文，2011年6月），頁103。

〔註87〕 洪漢鼎編：《中國詮釋學・第五輯》（山東：山東人民出版社，2008年3月），頁172。

〔註88〕 莊耀郎：〈郭象獨化論的再省思〉，《世新中文研究集刊》第8期（2012年7月），頁6。

〔註89〕 同前註。

〔註90〕 同前註，頁19。

〔註91〕 黃啓方編：《文學、思想與社會》（臺北：世新大學，2006年10月），頁36。

看待名教，卻也對名教多了份正面肯定。〔註92〕郭象依「性分」、「自然」兩概念，將仁義歸於「自然」之性情，復因此「自然之性情」，符應著「自然之理」，遂能開拓出屬於道家之名教體制；並且，「通過聖證的主觀境界，而將客觀制度收攝在主觀的修養中以保證萬物之自然與逍遙」〔註93〕，緊密聯繫著「名教」與「自然」之關係，豎立起「名教即自然」的道家詮釋系統；故莊先生認為，郭子玄依舊承道家理脈，構築「名教」之客觀制度，並非有儒道調和之舉。莊耀郎先生精微地依思想史脈絡，剖析從周代禮崩樂壞，至郭象依舊範圍於道家系統，解決「自然」與「名教」之衝突，實不同自湯用彤先生以降，認為玄學家皆致力於儒道會通之觀點。

三、郭象玄學的幾個重要詮釋模型

上節對各郭象詮釋系統之考察，並非全面性的，實因今日郭象研究之專著，不斷出新，筆者無力且毋須一一鋪陳。吾人之目的，只期在檢索方家之研究成果時，彰顯當代郭象研究之歷史進程，與歸類出蘊含在各詮解系統中的基本詮釋模型，復從諸模組中，依照本章導論所勾勒郭象玄學之三面向：「自然獨化」、「適性逍遙」與「自然名教」進行考察，希冀能尋獲一能契應邏輯一致性、概念系統性且對應《郭注》歷史境遇的詮釋理脈；更甚者，企圖在揚棄、衡定諸詮釋模式後，更調適上遂地重建出一符合系統性、一致性與適切於郭注所面臨的時代議題的詮釋體系。

觀視諸詮解系統，在「自然獨化」的存有學闡釋裡，吾人可歸類出三種模型，又諸「存有論」模式，亦牽聯著它們對「適性逍遙」的詮解脈絡，我們可一併討論之。

（一）「凡現實即合理」型態

此詮釋模型以馮友蘭先生與湯一介先生為代表，強調存在變化的客觀必然性，認為命行事變必然不斷遷化橫生，且無目的性。此「無目的性」的存有狀態，混雜著以「性分」為基底而展開的生命歷程，總有類似「性成命定」之必然性，遂得出「凡現實即合理」的延伸詮釋；於此，他們更縮合著魏晉強盛的門閥制度，認為郭象注莊，實是為維護階級制度而構作的哲學理論。

此詮釋模型之長處，在於能剖析性分、命變與勢行交織的存在狀態。然

〔註92〕同前註，頁37。
〔註93〕同前註，頁76。

則，它卻無法有效地建立郭象之「修養論」；實因它雖能正視氣稟的呈現與命變的無目的性，未及從命變事行中，提煉出存在境遇，是否亦賦予生命價值意義？徒留於此「無目的性」中，更可能推演出，「『玄冥』與『玄冥之境』都是爲了說明事物變化的終極因是不可認識和不可了解的，反映了郭象對人的認識能力的消極態度和認識論上的不可知論」〔註94〕，致使郭子玄存有學，被詮解爲知識論上的「蒙昧主義」。〔註95〕復且，如只概略地言及順應、適性，以接受造化之推移，卻似無法有效地建構「適性逍遙」論中，「有待」與「無待」深刻的修養義涵，更無能揭露含藏在「適性逍遙」背後，郭象綢繆著道化政治的可能性。更且，他們亦未能深探郭注所面臨的時代問題，遂只粗淺地視之爲擁護門閥的哲學理論。

（二）「主觀境界」型態

此模式自是以牟宗三先生、莊耀郎先生《郭象玄學》爲代表。他們強調於存在場域中，履踐虛靜修爲，臻成一沖靈境界，觀照萬物歸根復命，更依此「觀照境界」，爲萬物逍遙提供一實踐性的理論根據。他們並非不明客觀存在勢態之結構（如《郭象玄學》便清楚分析，郭象「自然」之存有論，混和著「無造物主之自然義」、「至理」、「命理」、「事理」、「性分」與「無爲」等六義），但終究將其收攝於主體觀照內。於此，便恐引發下列三點質疑：

1、將存在場域所露發之意義，收束於主觀境界，甚至必立基此境界，萬物方能貞定其存在意義，是否不免落入一「主體主義」的詮釋之中？

2、萬物之逍遙難道定須通過聖人觀照方能保住？

3、偏重於讓開、順應，甚至可衍生爲一超然物外之「冷智」〔註96〕的「觀

〔註94〕許抗生主編：《魏晉玄學史》（西安：陝西師範大學出版社，1989 年 7 月），頁 330。
〔註95〕同前註，頁 372。
〔註96〕如謝大寧便將「觀照」義，運用於詮釋王弼「忘象」義涵，認爲「忘象」應是「某種主觀上的『冷智』、『乾慧』……王弼所說的忘象以得意，正式意指著這種虛靜攸遊的冷智……」當然此「冷智」並非指「陰森險忍」，而是種撥離世情的沉靜，它亦可在沉靜時，洞燭機先地釋解塵世上的種種紛擾，故「冷智」不一定屬劣義。只是吾人需更窮究「觀照」義是否只是讓開？只是境隨心轉的工夫？只開展至「作用性地保存」？「觀照」是否還有些義蘊，是我們未闡揚的？如能掘顯之，或許便能徹底說明，「觀照」如何能引導眾生歸復真樸此一議題。關於謝大寧之論述，參見氏著：《歷史的嵇康與玄學的嵇康——從玄學史看嵇康思想的兩個側面》（臺北：文史哲出版社，1997 年 12 月），頁 252～253。

照」，如何能導引其它生命貞化歸樸？

如不能解決上述質疑，則運用「主觀境界型態」詮釋郭象玄學，似乎終只能將萬物逍遙冀求在聖人玄照之心境中，亦終只成就一靜觀意趣的「藝術境界」，無能揭露郭象獨杼道化政治的眞切義涵。

（三）「有機性整體」型態

此模組側重於闡明中國哲學以至郭象「神器獨化於玄冥之境」的本懷，在於通過萬物相依互濟，交織爲一和諧共生的整體存在界。我們可以湯用彤先生「體用一如」的至健秩序，爲此玄學「存有論」之濫觴，下開余敦康先生「整體性的和諧」與楊立華先生之詮釋，而袁保新先生的道家「存有學」與莊耀郎先生後期思維，皆可歸屬於此。此詮釋模組，多沿著融通「相因」、「獨化」脈絡而下，通澈「神器獨化於玄冥之境」所指涉的道化政治理想，但除了袁保新先生在重建《老子》形上學的工作中，引鑑海德格「存有論之差異」，明晰「道」（造化）與「道心」有所殊異，更與萬物有著相互隸屬的存有結構外，其餘學者似只能立其大本，未能充分顯露存在境遇所賦予生命之意義，亦不能完整地融通郭象「性分」、「命變」、「勢理」而至「玄冥」的存有論結構。

又袁保新先生的詮釋體系，實能幫助我們解決上述對「主觀境界型態」的第一點疑難，而關於第二點質疑，則在莊耀郎先生〈郭象《莊子注》的性分論〉一文中，獲得釐清。然則，我們對莊先生的論述，依然有些遲疑，但此遲疑並不在他詮釋的郭象「適性逍遙」系統，而在先生心懷學術傳承的慧命，接受其弟子周雅清先生的創見——判定《莊子·齊物論》爲「大齊之齊」〔註 97〕，不類《郭注》屬「不齊之齊」義理處。又無論「大齊之齊」或「不齊之齊」，莊先生在兩義理脈絡中，皆保留了「主觀境界」中，「觀照」與「順物」二義，卻未能有進一步之補充〔註 98〕，這便會牽涉到我們對「主觀境界」型態的第三點疑惑，此疑問不論莊耀郎先生或袁保新先生，甚至前述之諸位學者，似乎都不能給予我們適切的答覆，吾人應接力探索之。

〔註 97〕 見註 86。

〔註 98〕 莊耀郎言：「『順有待者使不失其所待，所待不失，則同於大通矣？』此中既涵有無待者之『一逍遙，一切逍遙』的主觀境界，亦必然地涵著『功成事遂，百姓皆謂我自然』的順物成全之客觀實踐的歷程。……故郭象言『同于大通』，應爲道心觀照下之『己無執，一切無執』之觀照境界，合主客而爲一。」見洪漢鼎編：《中國詮釋學·第五輯》（山東：山東人民出版社，2008 年 3 月），頁 172。

最後在「自然名教」議題中，學者多接受湯用彤的看法，唯莊耀郎與楊立華兩先生，認為郭象自依道家體系定義「名教」，不能將《莊子注》視為儒道調和之產物。莊、楊二先生之說，頗值得我們汲取、深思，但他們雖提點出郭象挹注「自然」與「性分」於仁義諸德，故不同於儒家，卻或受限於篇幅，未及詳盡闡釋道家「名教」之諸德與儒家有何差異？又莊耀郎先生認為「名教即自然」依然須通過聖證的主觀境界，方能在客觀制度中，保證萬物之自然與逍遙，似又重回吾人對「主觀境界型態」的第一點疑惑中。故而，能否有一更適切的詮釋，可重新牽聯起「名教」與「自然」之關係？這些細節，都有待我們於後章一一疏論。

四、前人研究所遺留之問題

通過前文對各方家研究之省察，我們發現，縱詮釋模型多端，但專家亦針對郭象玄學的共同議題，殫精竭慮地提供創見，亦先赴後繼地解決前賢所遺留之問題；而吾人透過此概括性之檢視，亦逐步逼顯出，當今郭象玄學研究，仍然有些未竟之業。此以待來者窮索的主要議題，可分列為三面向：

（一）「自然獨化」

前輩研究，多能剖析出「自然」義蘊含著性分、命變與勢理諸概念，但或如馮友蘭、湯一介兩先生，似只視之為命行事變等實然現象；又如牟宗三先生將之全幅統攝於主體觀照中，雖令「自然」不再停滯於實然結構，而超昇至生命體道之價值層，卻又恐懷以價值主體掩蓋存有原則之憾。是否我們能有一周全之詮釋，可充分融貫「存有」與「價值」二端，又不見減殺兩端之弊呢？進步言之，郭象「自然」既融攝著「性」、「命」與「理」三義，諸義是否亦蘊含著啓覺生命的價值意義？此經由「性」、「命」與「理」所織構的「自然」，與郭象撤銷「道」、「無」最終形上根源，又有何聯繫？吾人須奠基於前賢研究上，重新整全「自然」（以「性」、「命」、「理」為基，鑄成「獨化」、「相因」，臻至「玄冥之境」）的存有結構，嘗試為郭子玄「自然獨化」，提出更合宜的「存有論」說明。

（二）「適性逍遙」

今時學者對郭象「適性」說，依舊呈現一紛亂之詮釋局面。有如錢穆先

生〔註99〕、劉笑敢先生〔註100〕等人認爲「適性」爲因循足欲、滿足於現實；或如馮友蘭先生、湯一介先生只以「順任性分」說明之；又如牟宗三先生將之收束於「觀照境界」。諸詮釋似皆無能剖析出，「適性逍遙」完整的修養義涵，更未及詳論「有、無二待」兩生命型態與修養之異同。唯莊耀郎持論「適性」，蓄蘊「萬物皆能充分實現自我」義理，別異於諸家詮釋。我們可開拓莊耀郎先生之洞見，再次爲「適性逍遙」疏釋出一理路，一方面釐清「有待」、「無待」兩義涵之歧同，進而與《莊子》「逍遙」義對勘；一方面探索「適性逍遙」背後，是否含藏了「道化政治」思維？希冀經由此番探索，令「適性逍遙」說，能更適切地架接至郭象玄學體系中。

（三）「自然名教」

誠如前論，學界多數認定，郭象「自然即名教」屬「儒道調和」思維，唯莊耀郎先生與楊立華先生持不同看法，我們須復還原典，評議諸家詮釋適宜性。又莊、楊兩先生之論述，似未及詳言《莊》、《郭》二經典，關於道家「名教」之細部涵義，且待吾人深究。又是否我們能承繼莊、楊兩先生之哲思，另闢一詮釋脈絡，除了剖析道家「名教」義，重繫「自然」與「名教」之連結，更須探究「名教即自然」是否亦蘊含著改革社會的批判面向？

職是，奠基於前人研究的豐厚成果上，吾人力圖探索上述三向度含藏之重大議題，希冀以詮釋系統的省察工作爲始，復周通「自然獨化」、「適性逍遙」與「自然名教」三理論，企圖爲郭象玄學，衡定出一符合系統性、一致性與歷史性的詮釋體系。

〔註99〕 錢穆言：「郭象則把這些工夫與境界都抹殺了。此乃成爲一種極端的委天順運的悲觀命定論……莊子在人生消極處不得已處，（如死、惡疾之類）……一切委付於天於命，正要人在理想可能處積極處下工夫。若一切委付於自然。只要存在的，都是合理的，而且不可逃，如是則有自然，無人生；有遭遇，無理想；有放任，無工夫。決非莊子本意。」見氏著：《中國思想史》（臺北：蘭臺出版社，2001 年 2 月），頁 104。

〔註100〕 劉笑敢言：「郭象取消了超越之道的存在，其逍遙只是安於現實的精神滿足。莊子之逍遙實現的關鍵是不滿足於現實因而追求徹底忘卻現實，郭象之逍遙實現的關鍵則是滿足於個體及其存在於其中的一切現實。」見氏著：《詮釋與定向——中國哲學研究方法之研究》（北京：商務印書館，2009 年 3 月），頁 191。

肆、「性」、「命」、「理」玄合
——郭象「自然」義之重衡

一、問題之提出

　　「自然」一義一直是郭象玄學系統，對於道家共理——「道」的另一種詮釋。在《莊子注》中，不僅常以「自生」、「自爾」、「欻然」（忽然）、「塊然」等語形容之，更不時關聯至「性分」、「命」、「理」諸概念；這昭示著，郭注對「自然」之理解，總摻雜著更豐富之意涵，而研析郭象「自然」義，正能探索其「存有論」哲思。

　　當代研究能周延、詳盡地解析郭象「自然」諸義蘊者〔註1〕，首推莊耀郎

〔註1〕在筆者有限的閱讀中，能綱舉目張地剖析郭象「自然」義涵者，尚有湯一介先生《郭象》與戴璉璋先生〈郭象自生說與玄冥論〉。湯一介先生析解郭象「自然」含有一、天人所爲皆自然。二、自爲。三、任性。四、必然性及五、偶然性，此五面向。依湯先生詮解，郭象「自然」義之間的概念相互關連：「自然」雖可謂「天然」，但人爲亦是「自然」；然何以人爲可稱「自然」？因人爲並非隨意而爲，而是順任自身不可變易的「自性」而爲，故亦可稱「任性」；又「自性」既不可變易，非自我能措意其間，故順任性分而動，便是「無爲」之舉。然則，「自性」的存在根據爲何？又是「不知其所以然地自然如此生」的。於此，湯一介歸結出此不可更易之性、之自然屬「命」的必然性，而此必然而生的事物之最終根據也不容追問，因爲它的存在總無任何原因，就是這樣忽然而生。依此貫通之理路，湯先生提出郭象「忽爾自生」之「自然」，主要結構爲「表明事物的存在是必然性和偶然性的統一」的結論。
湯一介先生的詮釋平實且簡潔地依據原典，疏解郭象「自然」主要義蘊，是由「命」之必然性與偶然性貫穿其間。然也或許因其平實的闡釋，遂未能揭露出「自然」更深層的義蘊，反而讓讀者有著戛然而止、意猶未盡之感；如我們可進一步追問：如「自然」總是「不知其所以然而然」而無所目的，那

先生〔註2〕《郭象玄學》。莊先生詮解郭象「自然」主具六義涵；分別爲「無造物主之自然義」、「至理」、「命理」、「事理」、「性分」與「無爲」六義。〔註3〕

　　莊耀郎先生解析郭象「自然」包含、關連著六義，詳實地揭露出「自然」義蘊。然此「自然」，總依據著牟宗三先生創構的「主觀境界型態」（體道眞人於寂感冲虛的心境中，向外觀照眾生芸芸，成就「一逍遙一切逍遙」的遍覽玄照）而顯，再緊密縐合著「自然」的存有結構──即在解釋其「存有論」時，亦結合著修養工夫與境界觀照義進以申說。〔註4〕只是，如將郭象「自然」

　　　　麼郭象挹注「無目的論」於「自然」這一道家共理中，又有何深切涵義需要我們明晰的呢？難道只是爲魏晉門閥階級統治提供一合理化之哲學基礎？但當湯先生依據此「反目的論的自然義」、「必然性與偶然性統一的自然義」，更縮和當時門閥世族的階級統治制度，試圖證立郭象欲爲「門閥世族統治的社會勾畫出一幅合理的社會藍圖，這就是說他認爲『現實的就是合理的』。」復進以批判時，湯先生似也未提出充分史據證立此學說。最後，順承此「無目的論」的詮釋理路，學者李中華先生，亦衍生出「反映了郭象對人的認識能力的消極態度和認識論上的不可知論」，進而推極爲一「蒙昧主義」。故對湯先生的詮釋系統，吾人總不能無疑。

　　　　戴璉璋先生闡釋郭象「自然」義，詮解郭象「從天然這裡說自然，又從自然這裡說自生。他揭示了自然的『自動』性、『純素』性與『自足』性。相應於此，他在自生這裡也抉發出生之「無主」義、『獨化』義以及『無待』義。無主，是強調物之生成有其自動性，不容任何事物的支使與造作；獨化，是強調物之生成有其純素性，不容任何事物的損益與摻雜；無待，則是強調物之生成有其自足性，不容向外企盼與需求。通過這三種意義的闡述，郭氏自生說有了豐富的內涵，構成一種獨特的本體宇宙論思想。」戴先生的詮釋理路與莊耀郎先生大體有著異曲同工之妙，唯莊先生論述更有其細緻處，限於篇幅與撰文策略，故筆者茲舉莊耀郎先生的詮釋系統做爲研究進路與省察線索。而關於上述湯一介先生及戴璉璋先生的主要論述，可參閱湯一介：〈郭象的哲學體系上、下〉，《郭象》（臺北：東大圖書有限股份公司，1999 年 1 月）、戴璉璋：〈郭象自生說與玄冥論〉，《玄智、玄理與文化發展》（臺北：中央研究院中國文哲研究所，2003 年 6 月）。

〔註2〕需特別注意的是，莊先生近年的詮釋理路，似已脫離牟宗三「主觀境界型態」之系統，「認爲郭象欲所欲建立的是一理想的『道化政治』的哲學」，「神器獨化之境並非至德之人一人之獨化境界，而是聖王與百姓各皆獨化，會而共成一統體獨化的理境，因而此神器獨化之理境不能止是聖王主體的觀照的境界，而是各個皆實，各臻獨化的玄同之境。」見氏著：〈郭象獨化論的再省思〉（臺北：世新中文研究集刊第八期，2012 年 7 月），頁 21、19。而吾人對於莊先生的反省，亦只限於其舊著《郭象玄學》將「性」、「命」與「理」統攝於主觀境界型態之下的詮釋理路。

〔註3〕莊耀郎：《郭象玄學》（臺北：里仁書局，1998 年 3 月），頁 83～103。

〔註4〕莊耀郎言：「首先，郭象玄學中的『自然義』，其內容可以說幾乎全幅是精神

義收束於「主觀境界型態」之圓頓系統中，則關聯於「自然」而言說之諸義，是否難免因此圓頓，而被消融、化約了？並且，我們也不禁疑問，擁有上述豐富義涵之「自然」，是否終與「道心」有別，而非止於由主體實踐所化顯的「姿態」〔註5〕、「虛理」〔註6〕及境界？

事實或不盡是如此，因對應牟先生從思想生成背景，闡發道家提出「無」之目的在於反省「周文疲弊」，「無」只是道心「無爲」的提煉、普遍化，〔註7〕究實而論，此貌似超越於萬物之上，成爲一生化根據之「道體」，只是主體觀照而顯之境界，而「主觀境界」必經由生命歷程，無息地致虛守靜而證成。據此，莊耀郎先生解析郭象「自然」六義，謹守生命實踐必應世以體道的詮釋脈絡，誠然不失爲善解。

然而將「自然」收歸於至人主體觀照下，除了終究無能闡發萬物自貞自化的自主實踐義外，亦恐會導致袁保新先生對「主觀境界型態」的省思：

> 從實踐進路的觀點來看，主體的親證性確有其優先性，但價值世界的理序卻是「玄冥之絕對」，因此，主觀心境只能是「道」顯現的「場所」，並不就是「道」本身。換言之，我們認爲「道」與主觀心境的關係應是不即不離，不一不二的。用海德格的觀念來說，即是「道」與「主觀心境」，一方面因「存有學的差異」（ontological difference）二者不容混淆，但另一方面，「道」的豐盈意涵只有通過主觀心境的修養才能顯現。〔註8〕

袁先生指出，「主觀境界型態」雖確立主體親證的優位性，但世界的存在結構似必依待境界觀照方能證立，故在詮釋上，難免消泯了生命實踐與意義世界之場域──「道」兩間之距離。簡言之，「主觀境界型態」無法突顯「道心」與「道」之間的「存有論差異」。

性的，根於主體，出於生命之修證所體現如其自己的境界，而謂之『自然』，甚至道家義下的物理世界，也是這個精神境界的投射，因謂之「自然界」。所以道家義的「自然」是一至人或聖人修養充極之後所顯的精神境界。」同前註，頁102。

〔註5〕 牟宗三：《才性與玄理》（臺北：臺灣學生書局，2002年8月），頁178。

〔註6〕 同前註，頁123。

〔註7〕 牟宗三：《中國哲學十九講》（臺北：臺灣學生書局，2002年8月），頁89～91。

〔註8〕 袁保新：《老子哲學之詮釋與重建》（臺北：文津出版社，1997年12月），頁101。

　　然而郭象在論述模式上，的確捨棄了第一因或造物主的觀念，一切融化於生命「自爾自然」之中，是否便直指著其玄義依然適宜「主觀境界型態」的詮釋理路？這實是我們亟需探究之議題。

　　奠基於莊耀郎先生的研究成果與袁保新先生對「主觀境界型態」的省察上，本文的論述課題便爲：

　　1、嘗試疏通「自然」與「性分」、「命」、「理」三者之間的關係脈絡，重新豁顯「主觀境界型態」的眞意，在於命存於世，註定浸淫在「性」、「命」與「理」之限制與開顯中，方能通達於「道」，冥合自然。

　　2、試圖整全郭象「自然」義，並探論「主觀境界型態」是否眞能周延地詮釋郭象「自然」？

　　3、企圖立基於前人研究成果上，重建此含融諸義蘊之「自然」的「存有論」結構。

二、「性」、「命」、「理」之玄合

（一）「性」、「命」、「理」與「自然」概念之聯繫

　　筆者初觀郭象「自生」義時，總會理解爲：個體生命依虛靜順應的修養而自成自化。但深究其理卻不盡是如此；如〈齊物論〉：「子綦曰：『夫吹萬不同，而使其自己也，咸其自取，怒者其誰邪！』」句後注：

> ……無既無矣，則不能生有；有之未生，又不能爲生。然則生生者誰哉？塊然而自生耳。自生耳，非我生也。我既不能生物，物亦不能生我，則我自然矣。自己而然，則謂之天然。〔註9〕

莊耀郎先生所著之《郭象玄學》便已發現，上述注疏以論「自生」，似乎與依傍主觀虛靜修養而顯的「自生」、「自然」境界，存在著些許差異：

> 郭象的「自生」義則偏向於萬物存在之理而言，所以他說「自生耳，非我生也。我既不能生物，則我自然矣」，郭象之意顯然不把重點放在「能生」或「被生」的討論，而是就「存在」何以能「存在」的存有論意義上說，最終歸諸「自然」，何謂「自然」？他進一步闡述說「自己而然，謂之天然。」，此言「自己」非指上文的「我」，而是「生」之理，是「人之生也，理自生矣，直莫之爲而自任其自

〔註9〕（清）郭慶藩輯，王孝魚整理：《莊子集釋》（臺北：華正書局有限公司，2004年7月），頁50。

生。」所以他排除「我」的意識介入，也就是排除人爲的因素，因
此說「天然耳，非爲也。」〔註10〕

莊先生指出，郭象「自然」義，總是彰顯著「無爲」，也就是無心忘化，順應
命變，使「物之如其自己」之義。〔註11〕但除了虛靜忘化而任「自然」外，
郭象之「自生」義實有偏側於萬物存在之理而說──純然是自生自爾的境遇
無常變遷；其中剔除了人爲之措意，亦似與從觀照境界證顯「自然」的詮釋
理路有異。

從「自生」歸終於「自然」義，我們似乎嗅出，其蘊含著道心實踐、應
會於存在境域，有著主客共構玄合之意味；換言之，「自然」義亦似包含著主
觀實踐境界，與客觀事態自爾生成兩面向。我們需再次探索「自然」義中「性」、
「命」與「理」三義，並嘗試解析、融通二面向。

首先梳理郭象「自然」與「性」的關係：

人生而靜，天之性也；感物而動，性之欲也。物之感人無窮，
人之逐欲無節，則天理滅矣。……〔註12〕

物各有性，性各有極，皆如年知，豈跂尚之所及哉！自此已下
至於列子，歷舉年知之大小，各信其一方，未有足以相傾者也。……
〔註13〕

然情欲之所蕩，未嘗不賤少而貴多也，見夫可貴而矯以尚之，
則自多於本用而因其自然之性。……〔註14〕

以性自動，故稱爲耳；此乃眞爲，非有爲也。〔註15〕

並觀上引首、二兩注，郭象言「性」，是在肯認生命本然眞樸上（生命原初靜
樸，唯逐欲無節而不能順應自然），更偏於氣稟之特殊性而立言；「故經世之
宜，小大各有所適也」〔註16〕，無論鳩鵬聖人，皆秉於自然之賦，亦有其應

〔註10〕莊耀郎：《郭象玄學》（臺北：里仁書局，1998 年 3 月），頁 85。
〔註11〕莊耀郎言：「郭象所說的『自然』是『物之如其自己』之義，因此，由不得有
『私我』之措意，換言之，就是無爲的意思。」同前註，頁 93。
〔註12〕（清）郭慶藩輯，王孝魚整理：《莊子集釋》（臺北：華正書局有限公司，2004
年 7 月），頁 230。
〔註13〕同前註，頁 11。
〔註14〕同前註，頁 897。
〔註15〕同前註，頁 811。
〔註16〕同前註，頁 927。

世之道。從眾生言之，「各信其一方，未有足以相傾者也」，殊異之生命各稱其德，各有定分，如順性而動而「眞爲」，便是「和自然之分」〔註17〕；反之，如捨己求物，跂羡逐外生欲累，便會損傷自然之性。然而，此「自然之性分」，是否身落世塵便已註定而不可更易呢？略治郭象玄學者，皆悉郭象有「絕學去教」之說：

> 德不過於所得，故群德無不當。安用立所不逮於性分之表，使天下奔馳而不能自反哉！〔註18〕

> 絕學去教，而歸於自然之意也。〔註19〕

> 此皆絕聖棄知之意耳，無所稍嫌也。夫先王典禮，所以適時用也。時過而不棄，即爲民妖，所以興矯效之端也。〔註20〕

郭子玄總唯恐生命不能正視自身之殊異而各稱其德，反窮逐於性分之表，遂使天下皆摒棄眞樸而淪喪於矯效，故汲取《老子》「絕學」之說，更以「積習」〔註21〕代替「強學」，然其目的並非假「絕學」之名，限制物性擴盡其能；反之，其眞意實爲勸曉萬物須「適性」發展，「師夫天然而去其過分」〔註22〕——師法合宜適性之道，方得杜慕羡之心，去絕外之累，更抱眞樸而回歸自然之流中（「絕學去教，而歸於自然之意也」）。況且，郭象言「絕學」另一用意，實是見客觀典章禮法總因時過境遷，墨守反成流弊；「時過而不棄，即爲民妖」，故須摒除「意必固我」，隨時變化而不拘泥故舊制度中。

於此我們得見，原來「絕學」亦是要與時消息的，郭注言：

> 古不在今，今事已變，故絕學任性，與時變化而後至焉。〔註23〕

> 因物隨變，唯彼之從，故曰日出。日出，謂日新也，日新則盡其自然之分，自然之分盡則和也。〔註24〕

縱郭注裡有「言性各有分，故知者守知以待終，而愚者抱愚以至死，豈有能

〔註17〕郭注言：「和之以自然之分，任其無極之化，尋斯以往，則是非之境自泯，而性命之致自窮也。」同前註，頁109。
〔註18〕同前註，頁357。
〔註19〕同前註，頁758。
〔註20〕同前註，頁513。
〔註21〕郭注言：「夫自然之理，有積習而成者。」、「夫積習之功爲報，報其性，不報其爲也。然則學習之功，成性而已，豈爲之哉！」同前註，頁257、1043。
〔註22〕同前註，頁833。
〔註23〕同前註，頁492。
〔註24〕同前註，頁947。

中易其性者也！」〔註25〕一語，考其原意，實指萬品皆有其特殊性及分限，此自然之分終有其偏至，只能各守一隅，無能中易；然此「豈有能中易其性者」，指的是才性殊異之分限，並非表露出生命面對命行事變時，依舊一成不變地守故。郭象言：「人之生，必外有接物之命，非如瓦石，止於形質而已。」〔註26〕即是闡明著生命皆須擁抱自身殊異與限制，更投身境遇的變化紛紜中，應會適通之。因此，吾人認爲，所謂「自然之分」，非如亞里斯多德「潛能→實現」的本質定義；相反地，生命「絕學任性」，總須秉持自我特殊性，因應日新時異之事變，實現自我價值，方能應合自然流行。

是而郭象言「性」，雖偏側於生命特殊性、有限性以立言，但亦強調生命縱秉懷偏至、有限，更須因時而動，適應於屬我際遇中，方能盡「自然之分」全幅義蘊。

不窮守「性」之無可變易，更表露「自然之分」有著因時變化的時態性，只因郭象玄理中「性」、「命」兩觀念總緊密關聯著：

> 夫命行事變，不舍晝夜，推之不去，留之不停。故才全者，隨所遇而任之。〔註27〕

> 命非己制，故無所用其心也。夫安於命者，無往而非逍遙矣，故雖匡陳羑里，無異於紫極閒堂也。〔註28〕

> 和之以自然之分，任其無極之化，尋斯以往，則是非之境自泯，而性命之致自窮也。〔註29〕

郭注順承《莊子》義，將「命」理解爲無可奈何的遭遇與限制；因面對際遇變幻，欻然往逝，飄盪於造化流行的生命，本就不由自主，剖析此「不由自主」的義涵，更包含了實存生命的有限性——「性分」，此與無常不測之「命」，皆是生命「推之不去，留之不停」，無能決定、宰制的。郭象言「性」、「命」，旨要生命正視此「不由自主」的無奈，重新回歸自身的分限（「和之以自然之分」），並順應安適之（「任其無極之化」），方能體現「性命之致」。猶有進者，郭注更開展《莊子》「知其不可奈何而安之若命」〔註30〕、「乘物以遊心，託

〔註25〕 同前註，頁 59。
〔註26〕 同前註，頁 692。
〔註27〕 同前註，頁 213。
〔註28〕 同前註，頁 597。
〔註29〕 同前註，頁 109。
〔註30〕 同前註，頁 155。

不得已以養中」〔註31〕之「安命論」〔註32〕，以無心、忘化、隨遇等工夫詞彙超拔命限，臻成在無住之命變中，皆得順適安然，「無往而非逍遙」之理境。

吾人可在此作一小結，郭注無論言「性」言「命」，實突顯性命之限制性、殊異性與飄落於無常命變中，境遇之屬我性；而性命唯有本眞地應適自身獨有的存在脈絡，方能獨化於「自然」，周全「自然之分」理蘊。

其實，這各自懷抱其獨有生存脈絡的「性命」，郭象總一併鑄融至「物物有理，事事有宜」〔註33〕——「理」的範疇當中。

我們需進一步地詳論「理」的義涵。郭象使用「理」，多是指事變發生，有其實然發展的勢態條理，如解「羿工乎中微而拙乎使人無己譽」（〈庚桑處〉）句，其注言：「善中則善取譽矣，理常俱也。」〔註34〕后羿精功射，故令譽常隨，此便為實然勢態之理；然有時亦是指應然價值之理，如〈養生主〉篇名句後注：「夫生以養存，則養生者理之極也。」〔註35〕葆眞存生，才能極盡養生之理。至此吾人乍見，郭象玄思中「理」所指涉的範圍，似混合了「實然」的存在義與「應然」的價值義；這是否代表著他混淆了「存在」與「應然」之區分呢？我們借重唐君毅先生「義命合一」之論，便能消解此番疑慮。

通常學者理解孔孟「義命關係」時，多少坎陷於西方近代哲學確立「事實」與「價值」、「應然」與「實然」二分基調中，將「命」視為既定的客觀現實，有其必然性；「義」則是道德生命衝破現實限制，成仁顯義，有其應然性。唐先生卻力關此二分之圈囿，倡言「義命合一」論〔註36〕：生命歷程各

〔註31〕 同前註，頁 160。

〔註32〕 關於《莊子》「安命論」之定義，我們同意劉笑敢先生所言：「如果命運是前定的，那就需要假定命運的決定者是有意志和有目的的，或者假定事物是由一系列原因與結果的鏈條所決定的，這與莊子強調天和道無意志、無目的的整體思想不合，與他強調事物相待關係不可追究不合。……所以，不應該將莊子的思想看做是一般的命定論，我們姑且稱之為安命論，這裡的『命』字也是『若命』之『命』，有比喻之意，僅僅是強調安於既定的人生境遇，而不是一般命定論所講的前定論，不是神意所決定的不可改變的人生軌跡。（命定論作為對 fatalism 的翻譯實有前定論的含義。）」見氏著：《詮釋與定向——中國哲學研究方法之研究》（北京：商務印書館，2009 年 3 月），頁 908。

〔註33〕 （清）郭慶藩輯，王孝魚整理：《莊子集釋》（臺北：華正書局有限公司，2004 年 7 月），頁 84。

〔註34〕 同前註，頁 813。

〔註35〕 同前註，頁 115。

〔註36〕 唐君毅：《中國哲學原論·原道篇卷一》（香港：新亞研究所，1976 年 5 月），頁 110～124。

種遇合總橫逆臨前，形成種種限制，然而此限制並不能說是「命」，唐先生認為，唯在命運歷程面對種種遭遇，自身或榮辱，或夭壽；世道或清平，或混濁，皆能權衡得中，舉措得宜，才得稱「知命」，即在回應不同遭遇之不同限制時，用舍行藏皆與時俱進，出處進退更適道合義；此時，身落於命運遷化中的踐道性命，便能與天道相感通，「感其對吾人有一動態的命令呼召義」〔註 37〕，這正是孔子所謂「知天命」之義理；生命如能本真地應會命行事變，便能實感天命之存在，感通天道降命于我的諸存在意義——「義命合一」之旨遂於此彰顯開來。

而此「義命合一」的論調延續至《莊子》，唐先生言：「凡自然之事而合當然者，皆是義，亦皆可由之以見天命。」〔註 38〕《莊子》所重，是於無常之命變中，領受際遇賦予生命之存在意義，更順適應會之。故其較之孔孟即命見義的特出處，是道家如身處於最無奈、最慘澹之境遇，依然能致虛守靜，正視此愴傷悲涼而安之若素。我們可說，《莊子》「義命合一」之理脈，更突顯著「因順」之旨。〔註 39〕

唐君毅先生不將「命」推向生命價值之外，純然視為既定、無奈之限制；反將境遇遷化視為一「呼召」生命履道適義的開顯歷程，進而在「即命顯義」的具體實踐中「知天命」。而於命變中無息地生發意義，等待性命領會之「天命」或「天」，便如袁保新先生所闡釋的：「唐先生回到『命』這個字的古義『命令、呼召』，將『天』理解為一不斷通過人生遇合，對人有所召喚、等待人回應的『意義事件』或『意義生發之歷程』。」〔註 40〕

然則，郭象玄思是否亦含懷此「義命合一」之精神？〔註 41〕檢視郭注，

〔註 37〕 同前註，頁 116。
〔註 38〕 同前註，頁 118。
〔註 39〕 唐君毅：《中國哲學原論・導論篇》（北京：中國社會科學出版社，2005 年 10 月），頁 340。
〔註 40〕 袁保新：《從海德格、老子、孟子到當代新儒學》（臺北：臺灣學生書局有限公司，2008 年 10 月），頁 181。
〔註 41〕 唐君毅認為，《莊子》「安命論」發展至郭象，更因其持論「無心遣忘」之圓頓，直是忘化命限之艱困而「闇付自然」，更顯安時處順之逍遙義。但也因此圓頓，郭象遂在論述上，消融了面對命變之無可奈何相。唐先生便言：「郭象不知此命，乃不可解于心之命，即非遇；亦不知此『至當』，非所觀照之一『至當』，實乃出于內在之不得已。故其注文全不見莊子原文之鄭重義，與順此命義之事之艱難義，莊嚴義，只向輕靈順適邊說去。」此論述透露出唐先生認為郭象不解「義命合一」之艱難、莊嚴義，但不能徵顯出唐先生認為郭注未

他總將生命性分、命變偶然，與勢態必然發展俱稱爲「自然」：

凡所謂天，皆明不爲而自然。言自然則自然矣，人安能故有此自然哉？自然耳，故曰性。〔註42〕

欸然自生，非有本。欸然自死，非有根。〔註43〕

夫竭脣非以寒齒而齒寒，魯酒薄非以圍邯鄲而邯鄲圍，聖人生非以起大盜而大盜起。此自然相生，必至之勢也。〔註44〕

據此，湯一介先生遂將「自然」定義爲：「表明事物的存在是必然性和偶然性的統一」〔註45〕，更推演至「現實的就是合理的」〔註46〕結論。但觀郭象之「性分」，其言：「人之生也直，莫之蕩，則性命不過，欲惡不爽。」〔註47〕正表明性命天生暢直無礙，但若欲惡搖蕩，則有「動而過分，則性氣傷於內，金木訊於外也」〔註48〕之患，似無「現實的即合理的」意味。我們再從關連

含「義命合一」之旨，畢竟郭象只是以其圓頓而顯輕盈飄逸之情調。

徵諸郭注，其解「嗟乎！我悲人之自喪者，吾又悲夫悲人者，吾又悲夫悲人之悲者，其後而日遠矣。」（〈徐无鬼〉）時言：「子綦知夫爲之不足以救彼而適足以傷我，故以不悲悲之，則其悲稍去，而泊然無心，枯槁其形，所以爲日遠矣。」剖析子綦實知眾人捨己逐彼，疲困茶然之悲，但貿然振救，不僅徒勞無功，反因執困之人已深溺，不僅難聽勸諫，更執其所是，戕傷勸曉之人，故只能「泊然無心」，遣悲忘傷，付群才之自當或失據。即是，郭象並非不解生命之幽暗戚悲，但一方面他順〈人間世〉孔子規勸顏回「別妄想爲墮落幽闇之性命找到一攜拯之道術之保證」，依無心順任而寓於不得已；一方面此「無心無不順」——「即工夫即境界」之語調，總透顯空靈輕妙之圓融相，遂令此空靈輕妙，不顯《莊子》面對命變無奈之艱困義。然則，觀上引〈徐无鬼〉注語，我們也不能推導出，郭象玄理未涵「義命合一」之旨。故吾人認爲，郭象並非不解生命之悲愴，只是著重「忘化」之圓頓，遂亦減殺面對非遇之無奈感，但不代表其義理未涵「義命合一」之存在體驗。

又上述關於唐君毅評議郭象之論，可見氏著：《中國哲學原論·導論篇》（北京：中國社會科學出版社，2005年10月），頁340。《中國哲學原論·原道篇卷二》（香港：新亞研究院，1976年8月），頁398。

〔註42〕（清）郭慶藩輯，王孝魚整理：《莊子集釋》（臺北：華正書局有限公司，2004年7月），頁694。

〔註43〕同前註，頁800。

〔註44〕同前註，頁348～349。

〔註45〕湯一介：《郭象》（臺北：東大圖書股份有限公司，1999年1月），頁125。

〔註46〕同前註，頁151。

〔註47〕（清）郭慶藩輯，王孝魚整理：《莊子集釋》（臺北：華正書局有限公司，2004年7月），頁364。

〔註48〕同前註，頁1054。

著「自然」而說的勢態發展義──「理」分析之：

> 人之生也，理自生矣，直莫之爲而任其自生，斯重其身而知務
> 者也。〔註49〕

> 物物有理，事事有宜。〔註50〕

> 丘者，所以本也；以性言之，則性之本也。夫物各有足，足於
> 本也。付群德之自循，斯與有足者至於本也，本至而理盡矣。〔註51〕

> 故理有至分，物有定極，各足稱事，其濟一也。若乃失乎忘生
> 之（主）〔生〕而營生於至當之外，事不任力，動不稱情，則雖垂天
> 之翼不能無窮，決起之飛不能無困矣。〔註52〕

郭象常結合著「性分」言「理」，其曰：「人之生也，理自生矣」、「物物有理，事事有宜」、「理有至分，物有定極」，這些語句皆透露著身落命行事變的存有歷史中，生命所秉承的，不僅是與生俱來的才性而已，他還懷抱著其注定展開的存在境遇；換言之，「理」實是指身落於世塵，受氣稟、歷史與命變等限制的生命，總各自懷抱著殊異之生命歷程──我們可稱之爲生命「屬我之境遇」或「屬我的生命歷程」。而處在此屬我境遇中的生命，如能明晰自身命限，更於此限制中稱情任力，止於至當，便能「本至而理盡」，逍遙成濟。

而此「屬我的生命歷程」，自是涵攝了「命變」之義：

> 方言死生變化之不可逃，故先舉無逃之極，然後明之以必變之
> 符，將任化而無係也。〔註53〕

> 事有必至，理固常通，故任之則事濟，事濟而身不存者，未之
> 有也，又何用心於其身哉！〔註54〕

> 將周流六虛，旁通無外，蝡動之類，咸得盡其所懷，而窮理致
> 命，（因）〔固〕所以爲至人之道也。〔註55〕

生死命運的推移流盪，定似川流無息般不舍晝夜，而生命亦必隨著造化流行，健動常新，與時俱進；所以，生命存在的當下、身處的情境勢態，甚至是此

〔註49〕同前註，頁202。
〔註50〕同前註，頁84。
〔註51〕同前註，頁239。
〔註52〕同前註，頁7。
〔註53〕同前註，頁244。
〔註54〕同前註，頁156。
〔註55〕同前註，頁1035。

情境勢態所露發的存在意義（面對死生窮達，夭壽枯榮的遇合常變，我們自身如何輕靈地應對進退，施用舍藏，收遊於「命行事變」之中），皆等待著我們參贊於其中，應會著造化流行。郭象「然後明之以必變之符，將任化而無係也」句便透露出兩義旨：一是事務遷化，皆是生命無所逃於天地之間，變化日新的歷程。二是此「必變之符」的歷程既然「事有必至」，那定然是「理故常通」，其中總蘊含著在具體生命情境中，應變乘權，止於至當，方能逍遙自得的價值之「理」。總言兩義，則生命想要逍遙自適，便定須在存在境遇中，步履此「即命顯理」復而「窮理致命」的實踐歷程。

　　故此規定著生命自我侷限性以及朝著未來變遷而往的屬我歷程——「理」，郭注雖常表露為「實然的勢態發展」之義，但他並非純粹認為，如果大勢不可逆，遂順就物交物而引之地遷就流蕩；更有進者，「理」還是一意義的根源，是生命能守分適性、安命體化的開顯歷程。當生命面臨變幻之勢態時，仍須適會，方能順理盡極：

　　　　理無不通，故當任所遇而直前耳。若乃信道不篤而悅惡存懷，
　　不能與至當俱往而謀生慮死，吾未見能成其事者也。〔註56〕

　　　　任理之必然者，中庸之符全矣，斯接物之至者也。〔註57〕

　　　　付之天理。理至而應。〔註58〕

生命被投擲於世，總身陷於種種限制，亦定與命變俱往。當務來事臨，許多情況總無理應是如此、不應是如此，事變，就突如其來地橫互於眼前；此時，與其窮究事件發生的合理、應然，更不如順適著遇合交織的命運變化，因應化解之，一如庖丁解牛一般，「以無厚入有間」，依虛靜澄澈的道心觀照事態瞬變，更應合悠遊之。而生命面對屬我之境遇，如能順隨變化（「付之天理。理至而應」），便無窮困之道（「理無不通，故當任所遇而直前耳」），若應世時未能無心順隨，反因執欲而生窒礙，便不能「與至當俱往」。

　　體道之心靈正是在接事應務中因革損益，在通權達變中順物偕化，總之在變化的存在場域得時、得中，並仍懷保悠遊自得的心境。郭象便稱名此應事無礙的情實為「當」，諸如「直自全當而無過耳，非以得失經心者也」〔註59〕、「放

〔註56〕同前註，頁157。
〔註57〕同前註，頁163。
〔註58〕同前註，頁541。
〔註59〕同前註，頁227。

心自得之場，當於實而止」〔註60〕皆含有應命稱理而得當之義。

需特別說明的是，在郭象，是以「適性」與否作為「逍遙」之依據，更區分「有待逍遙」與「無待逍遙」二義。從各安天性，各靜其遇的生命狀態上言之，其「適性逍遙一也」〔註61〕，則「有待」不殊於「無待」；但於修養境界上觀之，卻有所不同，故同樣是「安命適變」，「無待」與「有待」就有「達大命」與「達小命」之別；〈列禦寇〉：「達大命者隨，達小命者遭」〔註62〕句後注：

　　　泯然與化俱也。每在節上住乃悟也。〔註63〕

如果從屬我境遇性——「理分」此面向言之，「無待」者雖身落於重重限制的境遇之中，卻能藉此開顯存在意義，更衝破此限制，無往而不適；反觀「有待」者，雖也能開顯屬我境遇性之意義，安命適性而臻自得，但亦遭此境遇性所限，限囿生命偏滯於慣性思維中，不能通會命變。總言之，「有待」與「無待」相同處，在於皆承領境遇所生發之意義，如適變安命，則逍遙一也；但「有待」者為「成心」〔註64〕所囿，只能安順於適宜自身性分、才情之境遇中，如時運不濟，或境遇遭受重大轉變，形成不相應其「性」之「理」時，「未能無可無不可」〔註65〕，生命遂困鬱滯結，無能逍遙。〔註66〕

〔註60〕同前註，頁148。

〔註61〕郭象言：「夫大鳥一去半歲，至天池而息；小鳥一飛半朝，搶榆枋而止。此比所能則有間矣，其於適性一也。」、「帝堯許由，各靜其所遇；此乃天下之至實也。各得其實，又何所為乎哉？自得而已矣。故堯許之行雖異，其於逍遙一也。」同前註，頁5、26。

〔註62〕同前註，頁1059。

〔註63〕同前註，頁1060。又此句可參考唐君毅先生的疏解：「依郭象意，人若不能直就若此者之自運，以與之俱往，而不免於有結滯，則不可言達命。……今郭注則以達大命為大達命或真達命，故能與化俱往；而達小命為小達命，或尚未能真達命者，故滯結於節上，必往而後悟。」見氏著：《中國哲學原論・導論篇》（北京：中國社會科學出版社，2005年10月），頁368。

〔註64〕郭象言：「夫心之足以制一身之用者，謂之成心。人自師其成心，則人各自有師矣。人各自有師，故付之而自當。」見（清）郭慶藩輯，王孝魚整理：《莊子集釋》（臺北：華正書局有限公司，2004年7月），頁61。

〔註65〕郭象言：「夫知者未能無可無不可，故必有待也。」同前註，頁226。

〔註66〕筆者關連「性」、「命」及「理」而欲整全「自然」義涵，其中牽涉到「適性逍遙」分列「有待逍遙」與「無待逍遙」之義理，本章亦只就「適性」生命皆能盡分體道，乘變應化的面向論之，故不能詳論「無待」之果境與「有待逍遙」之限制。現簡述之：「無待」者，秉懷「無心玄應」之修養，能徹底應會於命變，無所不周通，更因此周通，而擔負因順萬物，保存萬物的本真價值，輔導天下逍遙自適。而「有待者」，雖依然懷持「復靜守分」之修養，但「恣其天機，無所與爭，斯小不勝者也」，「有待」之所以「小不勝」處，在

但不論「有待」、「無待」，皆各具其「理分」，皆必須開顯「理分」所生發之意義，方能安命適性，各自得而臻逍遙。並且，無論蜩鳩、至人，皆能臻成「至理」：

> 至理盡於自得也。〔註67〕

> 夫忘年故玄同死生，忘義故彌貫是非。是非死生蕩而為一，斯至理也。至理暢於無極，故寄之者不得有窮也。〔註68〕

> 夫物有自然，理有至極。循而直往，則冥然自合，非所言也。

〔註69〕

觀上引前兩注文，似「至理」有兩義，一從萬物自適自得處言，二就聖人保存萬物本真價值，通達生死始終變化處言；隱含著「有待」、「無待」逍遙之區分。然此區分亦可統合於一；因無論「無待」、「有待」，只須各盡其分，各靜其遇，應會其存在脈絡而自得，皆可達臻「至理」，實因「至理」，本就是指涉生命「和於自然之分」而履踐之歷程，換言之，「至理」實為「自然」之同義語；然而，在郭象重視超克一切執定，復歸如如的玄學理論之中，此「至理」的概念在「無待」之聖人因順任化，無往不適境界中，亦消泯了「理則」的客觀性，冥合於主客交融的「自然」之中：

> 應不以心而理自玄符，與變化升降而以世為量，然後足為物主而順時無極，故非相者所測耳。此應帝王之大意也。〔註70〕

> 無往而不安，則所在皆適，死生無變於己，況溺熱之間哉！故至人之不嬰乎禍難，非避之也，推理直前而自然與吉會。〔註71〕

> 理與物皆不以存懷，而闇付自然，則無為而自化矣。〔註72〕

當生命以安適因順之修為承擔際遇，則性命與其本具、應行的屬我境遇——「理」，更是無別，直是玄合於造化；職是，順應變化的體道生命不僅能臻成

於其雖天機自張，卻止於「成心」之境，終究各行其是，不能應會於任一命變之中。而關於「適性逍遙」詳細議題，筆者將在下章申論之。

〔註67〕（清）郭慶藩輯，王孝魚整理：《莊子集釋》（臺北：華正書局有限公司，2004年7月），頁72。
〔註68〕同前註，頁110。
〔註69〕同前註，頁99。
〔註70〕同前註，頁299～300。
〔註71〕同前註，頁32。
〔註72〕同前註，頁390。

「至理」，更因泰然任之，而復歸自在從容的「自然」義中。而此安適因順，冥於「自然」之生命歷程，亦透發出兩義涵：一、如生命安適於屬我之境遇，則生命與境遇、主觀心境與客觀世界之間，遂因此「任化」，復重新融通無礙，臻極為「主客交融於一」的「自然」境界義。再者，當郭象言「理與物皆不以存懷，而闇付自然」時，亦表示著命行事變之「理」總在「自然流行」中呈現；換言之，「自然流行」便是貞定生命各盡其分，各安其命的意義生發之場，其義蘊實與「理」相同，在生命盡道歷程中，都屬於使性命歸根葆真的意義流行（只是「理」偏顯存在如何應會於命行事變的開顯義，而「自然」著重於「意義生發之場域義」與「獨化於玄冥之境」的境界義）。

（二）小結

經由前論藉助唐君毅先生「義命合一」說，梳理《莊子》、郭注之「安命論」，吾人發現，郭象承《莊子》意，著重「因順」，更以之與「適性說」合流，遂容易讓讀者有著「凡現實皆為合理」的誤解。然而，生命屬我之境遇——「理」，它雖表現為一勢態發展，但它更呈現為一「意義生發之歷程」義，等待著生命開顯應會；唯有充分地明晰生命於境遇中遭遇何種限制，復領會此限制賦予生命何種意義，方能因順命變，更從命限中豁盡性命屬我之價值，如此，始能稱「安命」、「適性」。

再者，從涵具性分與命變的「理」→「得當」於命行變化→臻成於「至理」→生命與「至理」泯化於「自然」之踐道歷程，使我們認識到：致虛守靜的修養與證成，本就緊密地應接於世，是不斷與大化流行交涉遷變的具體實踐，故「主觀境界」亦須無息地順應命行，履踐於動態的造化流行中，斷不能被誤解為空蹈之玄照而已。更有進者，「主觀境界型態」雖能在「至人用心若鏡」中俯照萬物，使之呈現一切如如的自然面目，更周通有待無待，讓適性逍遙獲得一理論上的保證，但吾人認為，郭象言眾品各守其分、各安其命、各盡其極，本就力求生命須本真地投身於造化之流，稱能得當而各臻逍遙；易言之，通過上述分析，萬物如須窮盡「自然之分」而適性逍遙，實必回歸於親身實踐，不能只單純地依聖人觀照境界而昇降。（吾人認為，聖人應承天理——存在界本就是一和諧共生的有機整體，具有自我調節之機制——施「因順」之化，萬物之逍遙亦不必繫於道心觀照底下。而此義理，筆者將於本書第五、六章詳論之）。

並且，我們亦試圖證立：「自然」一義總涵具著「性」、「命」、「理」玄合

的存有結構（「性」、「命」、「理」三者表示著萬物秉懷自身殊異、有限性，身落於命行事變中，懷抱著屬我之「理分」），復從此動態結構中守分安命，乘變應化，方能「和於自然之分」，冥合於「自然流行」。而在郭象玄義中，「命行事變」之「理」，便是「道」之生發處，是萌發生命意義的造化流行。然此番疏論，仍有些餘韻未能充分地彰顯，筆者須於後文進步闡發之。

三、「自然」形上性格之釐定

（一）「自然」之諦義

經由上述對於郭象玄學中「性」、「命」、「理」與「自然」關係之疏論，希冀能幫助我們對郭象理解道家的共法：「自然」，有一更周全的理解。再觀郭象順緣其「自生」、「自爾」之觀念，復而化消萬物形上根據義──「無」甚至是「道」，直賦予當下獨化，還於自己的「自然」意義：

> 誰得先物者乎哉？吾以陰陽為先物，而陰陽者即所謂物耳。誰又先陰陽者乎？吾以自然為先之，而自然即物之自爾耳。吾以至道為先之矣，而至道者乃至無也。既以無矣，又奚為先？然則先物者誰乎哉？而猶有物，無已，明物之自然，非有使然也。〔註73〕

傳統較為周延的詮釋途徑，是順著修養工夫與修養最終證成之果境，詮解郭象掃落「道」、「無」，旨於復歸生命自貞自正與沖靈境界之「自然」義；如牟宗三先生所言：

> （郭象）「天籟」義即自然義。明一切自生、自在、自己如此，並無「生之」者，並無「使之如此」者。然此並非唯物論，亦非順科學而來之自然主義。是以仍須先知此「自然」是一境界，由渾化一切依待而至者。此自然方是真正之自然，自己如此。絕對無待、圓滿具足、獨立而自化、逍遙而自在，是自然義。當體自足、如是如是，是自然義。〔註74〕

牟先生認為「道」只是一不塞不禁，暢開萬物「自生自濟」的沖虛玄德，是一種主觀沖虛的境界，而所謂「道」的實現性，充其極亦只是境界型態的實踐性，故「道」的實體義終究只是一「姿態」；當心靈以逍遙無待之姿玄覽天地，萬物也依其本來面目呈現，而有待掛碍之眾生，亦一俱渾化於無待道心

〔註73〕同前註，頁764。
〔註74〕牟宗三：《才性與玄理》（臺北：臺灣學生書局，2002年8月），頁195。

之內，此所臻極之「自然」境界，便是一片迹冥玄合，圓滿具足，無一不逍遙自適的修養理境。

將形上道體的意義收攝在實踐主體的沖虛心境裏，不僅令「主觀境界」成為萬物自然無待，逍遙自足的終極保證，亦因「道體」施化萬物的實現性、客觀規範性，全幅交付於聖人的覽照之中，消解了「道體」與「道心」之間的距離。

但此體「道」必經由自身實踐的詮釋進路，似乎只是證立主觀虛靜的「道心」能玄冥於自然大化，更且，僅將「道」的意涵全幅收攝在主體實踐的沖虛玄德下，亦恐會引發袁保新與周大興兩先生對「主觀境界型態」之省思：

> 將「道」的涵義只從思想發生程序來界定，完全收攝在「虛一而靜」的「主觀心境」之中，往往會令人誤解老子乃一封閉的「主觀主義者」。儘管牟教授曾為「境界」一詞詳加辨析，指出此一依實踐所達至的心靈狀態，是絕對的客觀、主客觀是一；但是，此一「境界」所代表的一種有關價值世界的知見（Vision）究竟是什麼？牟教授的說明始終不曾提供一種正面的、或超主客義的分析。因此，「主觀境界」的詮釋只能說凸顯了老子思想的實踐性格，透露出「以心觀道」的玄義，卻未能「以道觀道」，為老子形上思想的核心概念「道」，提供一項充分的正面分析。〔註75〕

> 我們很懷疑，如何通過「致虛守靜」的實踐修養，僅憑一洞見，便足以令萬物「自賓」、「自化」？這樣的一片空靈，充其量只是逍遙乎無何有之鄉的沖虛境界，對天地萬物發乎美感經驗的觀照。〔註76〕

上述兩位先生的質疑，我們可化約為三要點：一、重視親身實踐的修養進路，是否能一蹴可成地等同於「道體」？二、「致虛守靜」的實踐修養是否能提供一有效規範，引領萬物自貞自化？三、若不停留於「以心觀道」的詮釋進路架構道家存有論，更邁向「以道觀道」的理脈詮解之，其所建築的道家存有論，又有何殊異處？

〔註75〕 袁保新：《老子哲學之詮釋與重建》（臺北：文津出版社，1997 年 12 月），頁141。

〔註76〕 周大興：〈儒家大路道家棧——《老子哲學之詮釋與重建》評介〉，《中國文哲研究通訊》第 2 卷第 3 期（1992 年 9 月），頁80。

其實牟先生提出「主觀境界型態」與「不生之生」的義理脈絡，皆與郭象玄義有著很大的關聯，陳德和先生便指出，「牟先生的老學其實即是莊學，『以莊解老』是他方法論上的一個明顯特徵，而這種詮釋的結果是讓老子和莊子直接建立起血脈相承的關係……」〔註77〕然而，如熟讀牟先生《才性與玄理》一書的學者，便能輕易嗅察出，牟先生似乎不僅「以莊解老」，甚至依郭象義理為洞見，詮釋道家哲學的精微處。〔註78〕而郭象提出「夫唯與物冥而循大變者，為能無待而常通，豈獨自通而已哉！又順有待者，使不失其所待，所待不失，則同於大通矣。」〔註79〕——體道真人之觀照境界，不僅與物相冥，更是得以令萬物同證逍遙之論，還有層層消泯「無」與「道」形上根源意義的存有論述，正是「主觀境界型態」理論建構之關鍵。然而，經由上述我們對「性命」（生命總懷抱著殊異、限制性與屬我之境遇性）、「理」（生命勢態發展與從中開顯「道」蘊之歷程）與「自然」（意義生發的實踐場域、道我玄同之境界）義的解析，或能延伸出與「主觀境界型態」有別的詮釋理路。

因依吾人先前之疏論，則詮釋郭象「自生」、「自然」義時，便與「依生命虛靜無為而自貞自成」的解釋有些差異；郭象言「自生」，是「人之生，理自生也」：指生命秉其性分、命限，懷抱著承此諸分限之勢態而發展的屬我性境遇。郭子玄便是先從此「屬我性境遇」而言「自生」、言「理」；但「理」不只謂實然的發展勢態，它亦指生命面臨的殊異境遇，無時不顯發意義，亦無時不等待生命應會適通之——「推理直前而自然與吉會」——如通徹命行之理，便能復歸於自然流行中。故與其說「自然」是主觀證成的境界，毋寧說主體證成的境界只是澈底玄應於自然流行中。由此得見，「自然」與道心終有所別。

然此異別，是否透露出郭象還是將擔負萬物生化的最終根源，尋求一超

〔註77〕陳德和：〈先秦道家哲學的詮釋與發展——以二十世紀的台灣為例〉，《2006年台灣·日本·韓哲學國際學術會議》（臺北：淡江大學，2006年11月20～21日），頁9。

〔註78〕如牟宗三提出「不生之生」概念一詞，便是出自於〈大宗師〉中「神鬼神帝，生天生地」句後注：「無也，豈能生神哉？不神鬼帝而鬼帝自神，斯乃不神之神也；不生天地而天地自生，斯乃不生之生也。故夫神之果不足以神，而不神則神矣，功何足有，事何足恃哉！」見（清）郭慶藩輯，王孝魚整理：《莊子集釋》（臺北：華正書局有限公司，2004年7月），頁248。

〔註79〕同前註，頁20。

越之本體——「自然」作爲底據？亦或，郭象在思考模式上，實脫離了向後追索一超越根據的「本體」論述，而是在自生自爾的存在界中，建構一屬於道家式的存有論呢？

解決此問題的關鍵，或許先要明晰，郭象爲何徹底掃蕩「道」、「無」這般擔負萬物生化的形上根源義？此番舉動，是否依然直指著「道」規範萬物自生自化的客觀性總是一「姿態」，終須收歸於「主觀境界」之中？還是雖將「道」、「無」等義化歸於「自爾」、「自然」，但終究無法脫離「本體論」的思考模式（如此，「自然」依舊有著諸如「第一因」或「超越實體」的形上性格）？如果以上皆非，那麼此復返「自然」的「存有論」到底是何型態？

陳榮灼先生〈道家之「自然」與海德格之「Er-eignis」〉一文中對於海德格「Er-eignis」義的探尋，啓發我們明晰郭子玄勘破「道」、「無」，直是復歸「自然」之深蘊：

> 在提出「Was ist das Ereignis？（什麼是 Ereignis）」一問題後，海德格所作出之最終答案是「das Ereignis ereignet（Ereignis 自身如此）」表面看來，他的回答是一種「空話」……從消極之角度來看，他必須這樣回答，是因爲要表明我們根本不可能將 Ereignis 說成是「什麼」。換言之，對於 Ereignis 我們根本不能進問「它是什麼？」因爲底子裡任何「問什麼之問題」（what-question）都對之派不上用場。考其用心，海德格這樣古怪之答案正是想超出「追問什麼」（what-ness）這一向度。因爲只有這樣我們才能瞭解 Ereignis 之本性……只有當能從「如何」（Wieheit）之角度去進問 Ereignis 爲何時，我們方可得出諦解。相反地，若果仍困圍於「追問它是什麼」之立場，那末便永與瞭解 Ereignis 之「本性」無緣了。〔註80〕

我們不能順著充足理由律的理解方式，將「Ereignis」視爲「存有物」，更無法以「What」的提問方式，探索「Ereignis」究竟爲何物；相反的，「只有當能從「如何」（Wieheit）之角度去進問 Ereignis 爲何時，我們方可得出諦解。」對應郭象「自然」義，亦由「忽然而自爾」、「不知其所以然而然」等語義，截斷一切有一形上實體或「第一因」做爲「道體」保證萬物自貞自成的思考進路；甚且，它更積極、正面地顯示道心實踐必與命行事變相順應，方能開

〔註80〕陳榮灼：〈道家之「自然」與海德格之「Er-eignis」〉，《清華學報》新三十四卷第 2 期（新竹：清華大學，2004 年 12 月），頁 254。

顯「道」之義蘊；如郭注言：

> 若遊有，則不能周遍咸也。故同合而論之，然後知道之無不在，知道之無不在，然後能曠然無懷而遊彼無窮也。〔註81〕

> 此言久聞道，知天籟之自然，將忽然自忘，則穢累日去以至於盡耳。〔註82〕

> 物之變化，無時非生，生則所在皆本也。〔註83〕

「道之無不在」，「道」此無盡意義的顯現，總是隨著命變，不斷地露發出來（「物之變化，無時非生，生則所在皆本也」），而生命便在因順任化時，悠遊於「道」之遠通周遍中。郭象便是充分體認著「道」，此無盡的意義根源的展現方式，唯有生命應會命變、順隨大化，方能揭露之（「久聞道，知天籟之自然，將忽然自忘」），並沒有一超越根據做為一準式規模萬物；故所謂「道」也只是一假名，郭注遂言：「道故不能使有，而有者常自然也。物所由而行，故假名之曰道。」〔註84〕

　　解消任何超越實體做為萬物生長毒養的根據，純以「天籟自然」命之，便與《老子》：「天下萬物生於有，有生於無」〔註85〕、王弼：「天下之物，皆以有為生。有之所始，以無為本」〔註86〕這些似為萬物生化追尋一超越根本之道論，分道揚鑣；一如陳榮灼先生所言：

> 此外，道家中之「生」義，還應該按照「自然」來說明。換言之，道家所謂之「生」，不外就是「自然而然」之意。既然一切都是「自然而然」、「掘然自生」，則根本無所謂「我生」或「他生」。若果（像王弼那樣）堅持「從無生有」，那末便落入「他生」之偏失；這樣一來，便喪失了「自然」之諦義了！〔註87〕

〔註81〕（清）郭慶藩輯，王孝魚整理：《莊子集釋》（臺北：華正書局有限公司，2004年7月），頁752。
〔註82〕同前註，頁957。
〔註83〕同前註，頁807。
〔註84〕同前註，頁919。
〔註85〕（魏）王弼撰，樓宇烈校釋：《王弼集校釋》（臺北：華正書局有限公司，2006年8月），頁110。
〔註86〕同前註，頁110。
〔註87〕陳榮灼：〈王弼與郭象玄學思想之異同〉，《東海學報》第33卷（台中：東海大學，1992年6月），頁127。但須注意的是，陳榮灼雖認為郭象提出「無故」，對治著王弼之「反本」（為萬物尋求一超越根據），但「順著老子『道法自然』

原來，並無一超離於萬物以外的根源而言生化，純粹就是「自然而然」——
「將存在的根據問題還於存在本身」〔註88〕，始能得「自然」之諦義；而此
種「將存在的根據問題還於存在」的思考模式，當然異於向後窮索最後根據
的「本體論」思維。然而，「將存在的根據問題還於存在」的「自然諦義」其
理為何？這仍需還原於郭注原典中，揭櫫此義理。

我們發現，郭象總運用「自生」、「自爾」等語豐富著「自然」之意涵；
但如細微地耙梳郭子玄所言「天機自爾」〔註89〕、「塊然而自生」〔註90〕、「欻
然自生」〔註91〕這些等同於「自然」的概念時，吾人認為諸語至少還應具四
方面之意義：

1、擺落諸如第一因、造物主、超越實體以創生萬物，或作為萬物存在的
最終依據，故言：「無既無矣，則不能生有；有之未生，又不能為生。然則生
生者誰哉？塊然而自生耳。」

2、突顯境遇嬗變遷化，命運各種不測、偶然，總倏忽橫生於其間，非己
能措意主導，故言：「突然自生，制不由我，我不能禁」〔註92〕、「忽然自死，
吾不能違」〔註93〕。

3、認為生命各自面臨其屬我境遇，自有一通適應對之理脈，並非有一專
獨的準式可以模立之，體道真人應秉沖虛無為，順任萬物自成、天機自張，
故言：「凡物云云，皆自爾耳，非相為使也，故任之而理自至矣。」〔註94〕、

的基調，王弼很能夠將『自然』定位于『道』之『本性』上」，輔嗣依然掌握
「自然」精奧，只是郭象逕自將「作為道家核心概念之『無』」只化約到『沒
有』或『不存在』（non-being）……這種將老、莊之『無』義等同於『無物』
的之做法，乃是一種誤解！故陳榮灼認為郭象恐犯有「稻草人之攻擊的謬
誤」（straw-man-attack-fallacy）之嫌。實則，郭象與王弼皆掌握住「道法自然」
之諦義，但郭象「正面地闡明道家義『自然』之本性；這一『破構性』（destructive）
貢獻，無疑可奠定郭象作為整個魏晉玄學之完成者的地位。」同見此文，頁
131、130、133。

〔註88〕 莊耀郎先生語，見氏著：《郭象玄學》（臺北：里仁書局，1998 年 3 月），頁
87。

〔註89〕 （清）郭慶藩輯，王孝魚整理：《莊子集釋》（臺北：華正書局有限公司，2004
年 7 月），頁 111。

〔註90〕 同前註，頁 50。

〔註91〕 同前註，頁 800。

〔註92〕 同前註，頁 918。

〔註93〕 同前註，頁 918。

〔註94〕 同前註，頁 56。

「聖人付當於塵垢之外，而玄合乎視聽之表，照之以天而不逆計，放之自爾而不推明也。」〔註95〕

4、透露無論性分或是處於屬我之境遇，生命與其歷程皆擁有其真實無妄的價值，而自身亦必須「持靜守分」地安於性分，適變任化地順應種種遇合，方能契應此「無妄之理」〔註96〕；如此，生命種種遇合之「自然」遂成為一無時不召呼生命守真體道的價值根源，故言：「……夫任自然而忘是非者，其體中獨任天真而已，又何所有哉！」〔註97〕、「任自然而覆載，則天機玄應，而名利之節皆為棄物也。」〔註98〕、「夫物未嘗有謝生於自然者，而必欣賴於針石，故理至則跡滅矣。今順而不助，與至理為一，故無功。」〔註99〕

如此，郭象「自然」實涵俱著三面向：一、關連於性分、命變與理分而言，在生命歷程中充斥著勢態必行與偶然不測的自爾生發義。二、在此勢行與不測交織的生命歷程中，引領生命實現其本真價值的意義根源義。三、道心玄應命變、理分，而窮理致命的體道境界義。

如上所述，「自生」、「自爾」諸語義交織著「自然」之義，我們亦可將此三面向通貫而論：郭象將存有論根據定義為「無本無根，忽爾自然」〔註100〕，藉以消解對「生化根源」之窮索，因其認為，如何能體道之源，便須從命行事變以至於大化流行中體悟之；其語：「夫有不得變而為無，故一受成形，則化盡無期也。」〔註101〕便旨於強調生命總是存落於循環往復，變化無窮的存在場域。生命飄落世塵，便注定面臨無常不測之流變，但「道」之義蘊，卻也必須通過命變彰顯，故言：「知與變化俱，則無往而不冥」〔註102〕；原來唯有順任流行，在命變中體察事理而盡分得當，才能開顯「道」之義蘊，「道」無不在，「道」便在每個生命存落之流行中，命變無窮的存在場域無一不是「道」的生發絪縕

〔註95〕同前註，頁100。

〔註96〕郭象言：「既稟之自然，其理已足。則雖沈思以免難，或明戒以避禍，物無妄然，皆天地之會，至理所趣。」同前註，頁219。

〔註97〕同前註，頁44。

〔註98〕同前註，頁301。

〔註99〕同前註，頁22。

〔註100〕郭注言：「無根無門，忽爾自然，故莫見也。唯無其生亡其出者，為能睹其門而測其根也。」成玄英疏：「隨變而生，生無根原；任化而出，出無門户。既曰無根無門，故知無生無出。生出無門，理其如此，何年歲之可像乎！」同前註，頁906。

〔註101〕同前註，頁708。

〔註102〕同前註，頁196。

處，而生命懷抱屬我境遇，所步履之自性道，亦無一不是大化流行之「自然」。

故「自然」，不只是主觀心境所證立之境界，它亦指涉著不斷生發意義的造化流行，然而整全「自然」意義，應歸結於主客交融式的——萬物在此存在流行中承秉其「自性道」意義，並在各安其命，各盡其性中復歸自然流行。

（二）從「自爾獨化」到「相因俱生」的整體性和諧

從前述我們得知，擔負存在之意義根源的「道」，被郭象收化在生命「窮理致命」的實踐歷程中，必經由道心玄合於命變，方能充分開顯，更由此彰示出一主客交融——「玄冥之絕對」的理境。

只是此超越主客二分，一切冥化於自然流行的體「道」歷程，雖是合同著致虛守靜的淳厚修養而呈現；但經由前論，吾人亦梳理出「自然」亦為一自然流行，是意義生發的實踐場域。底下，本文欲試圖論證，郭象玄義裡，生命原初存落之場域，本就是一「前主客二分」（pre-predicative）的整體世界，此整體世界共同負擔著「自然流行」的存有結構，亦呈現著貞定物我彼此相因，卻也自爾獨化的價值理序。

熟悉郭象研究者，皆知其玄理內涵一「整體性的和諧」，學界對此也早有闡發，但或受限於援引之概念語言，遂不能清楚解釋萬物（獨化）與自然（玄冥之境）的關係。〔註103〕我們可藉助袁保新先生順承牟先生「不生之生」義蘊，復朗現道家為一「整體論的」（holistic）、「機體論的」（organic）的世界觀

〔註103〕如余敦康先生於《中國哲學發展史》詮解「況乎卓爾獨化，至於玄冥之境」句時言：「因為就在各個具體事物的自為中，自然而然地產生了相為的作用，這種『相與於無相與，相為於無相為』的關係就把整個世界組成為一個普遍聯繫的有機整體……玄冥之境不在獨化之外，而就在獨化之中，整體的和諧是以個體和諧為前提的。但是由於它們之間的自為而相因的協同作用，最後終於結成了『道通為一』的整體網絡。這就是原始的和諧。」參見任繼愈主編：《中國哲學發展史·魏晉南北朝》（北京：人民出版社，1998年5月），頁228、229。然而此書雖持論郭象「玄冥之境」是一「有機和諧之整體」，但其認為郭象「自生」、「自有」類似萊布尼茲「單子論」的思維，「每個個體都是一個自身封閉和諧的小系統」，雖藉此解釋了「自生自爾」不依待外物創發的獨立性，卻也因此「單子論」，而將個體的發展本質化、固定化了。如此，則像機械零件般，規律運作的諸個體，若不藉助上帝之統率，何能達至「相與於無相與，相為於無相為」的和諧有機整體？又萊布尼茲「前定和諧論」，總預設著「單子」有一其欲達成之目的性，但郭象「獨化」總領受造化推移，有著「無目的性」，則兩者有何異同？此書實未明解。對於將郭象「獨化論」類比萊布尼茲「單子論」和「前定和諧論」之舉，莊耀郎先生有一簡潔之反省，見氏著：《郭象玄學》（臺北：里仁書局，1998年3月），頁324～325。

論述，進而與郭注並觀；除了重新明澈郭象「整體性和諧」之義理外，更能進一步解決上段之疑難：

> 存在界基本是一個有機整體，具有互依共命的結構，而「道」就是規範這個整體世界的秩序根源。這也就是說，當萬物均能持守這一理序之時，各安其位，各正性命，「莫之命而常自然」；但違反此理序時，則事物之間的對立、衝突，就會導致存在界的扭曲與瓦解。因此，道家心靈通過「道」所照明的存在界，一開始就不像希臘人一樣，是一個多元論的、原子論的世界觀，而「道」與萬物的關係，也不是像西方因果思想所設想的，一物與另一物外在的因果關係。道家的世界觀，自始就是「整體論的」（holistic）、「機體論的」（organic）的。而「道」與萬物的關係，靜態地說，「道」是保證一切人我、物我和諧共生的價值秩序；動態地說，「秩序亦即一種動力」，它也就是使萬物得以相續相生的實現性原理。〔註104〕

又郭象言：

> 故彼我相因，形景俱生，雖復玄合，而非待也。明斯理也，將使萬物各反所宗於體中而不待乎外，外無所謝而內無所衿，是以誘然皆生而不知所以生，同焉皆得而不知所以得也。〔註105〕

> 夫體天地，冥變化者，雖手足異任，五藏殊官，**未嘗相與而百節同和，斯相與於無相與也；未嘗相為而表裏俱濟，斯相為於無相為也**。若乃役其心志以卹手足，運其股肱以營五藏，則相營愈篤而外內愈困矣。故以天下為一體者，無愛為於其間也。〔註106〕

> 天下莫不相與為彼我，而彼我皆欲自為，斯東西之相反也。然彼我相與為唇齒，唇齒者未嘗相為，而唇亡則齒寒。**故彼之自為，濟我之功弘矣，斯相反而不可以相無者也。故因其自為而無其功，則天下之功莫不皆無矣；因其不可相無而有其功，則天下之功莫不皆有矣**。〔註107〕

〔註104〕 袁保新：《從海德格、老子、孟子到當代新儒學》（臺北：臺灣學生書局有限公司，2008 年 10 月），頁 284～285。
〔註105〕 （清）郭慶藩輯，王孝魚整理：《莊子集釋》（臺北：華正書局有限公司，2004年 7 月），頁 111～112。
〔註106〕 同前註，頁 265。
〔註107〕 同前註，頁 579。

個體生命在殊異命變中各具其理，任之遂自爾獨化，無待外物的資贍憑藉，然而此無恃於外物資藉，唯是順隨命理自爾的生命，並非彼此絕斷；相反地，萬物彼此組成一「相因」的共生關係。「因」即「因順」；萬物相依俱生的方式並非相濡以沫，頻頻向外資索，而是在彼此順任無傷中，交織互構爲一「相與於無相與」、「相爲於無相爲也」的有機性整體，此有機性整體，因百節相和，調理俱濟，正是萬物和諧共生的大化流行。只是，如生命順隨情欲，流盪遷轉，或執著於相營依傍的情識纏繞中，便會產生「相營愈篤而外內愈困」、「惠之愈勤而僞薄滋甚」〔註108〕的情形，此時，「信道不篤而悅惡存懷」的生命，不能應適於命理變遷，遂偏離了此造化流行的周通遍潤，而落入「不反守其分內，則其死不久」〔註109〕的命運之中；易言之，整個「雖變化相代，原其氣則一」〔註110〕的自然造化，本身便是一動態的有機性整體，而此有機性整體本身便具備調節、損益之機制。如此，造化流行亦顯現一客觀的價值理序義，規範著萬物必須維持一和諧共生的相因關係，如營生於至當之外，便影響存在界的和諧，失卻生命的攸游自得，終陷落於物欲橫流的悲累中，無能領略造化之意義，遂從「自然」──此和諧共生之綸序中脫離，不道早已。

故此「相與於無相與」、「相爲於無相爲也」的有機性整體，如靜態而顯，便爲一客觀的價值理序；但動態而論，『秩序亦即一種動力』，它也就是使萬物得以相續相生的實現性原理。」再對應於郭象玄理，其言：「天地者，萬物之總名也。天地以萬物爲體，而萬物必以自然爲正」〔註111〕，存在界殊散成萬物，總持爲天地；萬竅怒號，共構爲一天籟流行。而此流行整體始終是萬物和諧共生的動力根源，更是開顯「道」蘊之場域；誠如賴錫三先生所言：

> 道家式的存有論本身，乃是即存有即開顯的歷程，換言之，存有即展現爲存有物的豐盈，而這個存有物的豐盈歷程，即是存有的大用流行自身。用道家的話說，道是物之物化的豐盈，而這個物之物化的豐盈，其實就是道家的氣化流行，就是通天下一氣耳。道之開顯實即氣化流行本身，不可在氣化的大用流行之外，別立一個道

〔註108〕同前註，頁579。
〔註109〕同前註，頁799。
〔註110〕同前註，頁951。
〔註111〕同前註，頁20。

體來做為氣化開顯的根據。〔註112〕

藉賴先生的話語言之，則殊散而說，「自然」便展現為一「存有物的豐盈」，它是生命開顯「道」之義蘊的流行場域；又總持而論，萬物皆歸根復命於「自然大化」，它「即是存有的大用流行自身」。如此，自然流行本為萬物相因俱生的有機整體，總是「物之物化的豐盈」，亦是「即存有即開顯的歷程」；更且，萬物互依共命的整體，本就孕育著一客觀的價值理序，可為萬物和諧共生提供一規範性基礎，而實現此和諧共生的動力，便由萬物互依共命中，萌生且規範著生命自貞自化，著實毋須別立一「道體」做為萬物長養毒亭的「本體論」依據。

如上述無誤，那麼我們終可揭露出「獨化於玄冥之境」的義理脈絡：

> 天地者，萬物之總名也。天地以萬物為體，而萬物必以自然為正，自然者，不為而自然者也。〔註113〕

> 雖變化無常，而常深根冥極也。〔註114〕

> 深根寧極，然後反一無欲也。〔註115〕

> 人皆以天為父，故畫夜之變，寒暑之節，猶不敢惡，隨天安之。
> 況乎卓爾獨化，至於玄冥之境。〔註116〕

天地全幅之體性為萬物，無萬物之外更別立之天地，眾品交融為一自然流行，郭注言：「萬物必以自然為正，自然者，不為而自然者也。」旨於表示眾生各稟其性，各懷其命，各據其理，唯順隨無為，「窮理致命」方能「合於自然之分」，玄應於大化之流中。而含著「命、理」而言的「自然」，亦彰顯出生命屬我之境遇便是「自然流行」（意義根源）的生發場域。又郭象言：「雖變化無常，而常深根冥極也」，又言：「深根寧極，然後反一無欲也。」實指摘著，唯有無息地承領命行事變的存在意義，順時應會，始能「無欲」而反於「道一」（冥極、自然）。故所謂「獨化」，實謂生命稱理得當著「自性道」的實踐歷程；而「至於玄冥之境」，則是生命如本真地履踐其「自性道」，便能復歸相因共生的造化之流中，參贊共構存在界的整體和諧。

〔註112〕賴錫三：《當代新道家——多音複調與視域融合》（臺灣：國立臺灣大學出版中心，2011 年 8 月），頁 70。

〔註113〕（清）郭慶藩輯，王孝魚整理：《莊子集釋》（臺北：華正書局有限公司，2004年 7 月），頁 20。

〔註114〕同前註，頁 304。

〔註115〕同前註，頁 229。

〔註116〕同前註，頁 241。

綜合前論，我們終於明晰郭象蘊含諸義於「自然」的存有結構：郭子玄之「自然」總透顯一「即命顯理」復「窮理致命」的體道歷程；當生命應變通理於屬我之境遇，便是體化合道，玄冥於自然。於此，便透露出兩面向：一方面「道無不在」，但「道」並非虛靜玄應之「道心」，「道」實是命行事變的開顯歷程，是「自然」之造化流行；二方面「自然」（道）之義蘊唯有通過萬物「窮理致命」，在命變中不斷順隨任化，方能諦聽、開顯此造化之源；質言之，「自然」與道心相互隸屬（「自然」必經由道心實踐方能開顯其義蘊），但終有所差異（「自然」並非道心，而是萬物相因俱生的大化流行，亦是無息引領生命在理分、命變中貞定其自身意義的造化之機）。

四、結論

自牟宗三先生開闢「主觀境界型態」，並以此貫通《老》、《莊》與王、郭二注後，先生一些後學亦秉持繼承復超越的研究精神，試圖鬆動此迹冥俱圓之系統；如陳榮灼先生融匯海德格後期思想（諸如：「離據」（Ab-grund）、「自然」（Er-eignis）……等義）於郭象，開拓「自然」之「雙重結構」。〔註 117〕袁保新先生亦如履薄冰地從牟先生掘發王弼「不生之生」義涵裡，更逼顯出兩存有論之預設。〔註 118〕實則，二位先生之用心處，皆是援引海德格「『此有』

〔註 117〕陳榮灼言：「總括而言，郭象『自然』義中亦有一『雙重結構』：（一）從『自爾』、『自生』、『自得』和『獨化』以明『自然而然』；（二）從『率性』、『無為』和『任物』以明『順其自然』。」賴錫三更將之與牟宗三詮釋系統對勘，評議出「據陳榮灼的洞察，牟先生遺落了『自然而然』一層面所顯示的道家存有論一面向，且因此在詮釋道家文獻時有詮釋化約之嫌，他只強調『順其自然』的精神層面（即從主體心境的不禁不塞、讓開一步而為言），更以主觀境界稱之。」參見陳榮灼：〈王弼與郭象玄學思想之異同〉，《東海學報》第33卷（台中：東海大學，1992年6月），頁132。賴錫三：《當代新道家——多音複調與視域融合》（臺灣：國立臺灣大學出版中心，2011年8月），頁165。

〔註 118〕袁保新言：「其實，牟先生順王弼『不塞其源，則物自生……不禁其性，則物自濟……物自長足，不吾宰成……』，說明『道』對萬物的生化，乃是『不生之生』之時，早已透露出『道』所照明的存在界，具有兩個特性，即：1.每一個存在物生育成長的動力，均內在於自己。2.這一內在動力只有在不禁、不塞、萬物各安其位的情況下，才有可能實現。換言之：1.『道』與萬物的關係不是在外因果的關係，即『道』不是以『第一因』的身份，高高再上產生了萬物；相反的，『道』是內在於萬物之中，通過萬物的自我實現，來呈現它無邊的造化神力。2.存在界基本是一個有機整體，具有互依共命的結構，而『道』就是規範這個整體世界的秩序根源。這也就是說，當萬物均能持守這一理序之時，各安其位，各正性命，『莫之命而常自然』；但違反此理序時，

與『存有』相互隸屬，復有所差異」之哲思，重新活絡性命與「道」的交通關係。本文身處前賢豐厚的研究成果之中〔註 119〕，嘗試解析郭象「自然」義中的存有結構，重新梳理、貫通「自然」與諸義涵之關聯，推演出的結論，亦有些心得：

一、「性命」（生命總懷抱著殊異、限制性與屬我之境遇性）與「理」（勢態發生與意義生發的開顯歷程）三者玄合，成就「自然」義蘊。而此義蘊涵攝著三面向：（一）結合著性分、命變與勢行之理，展開著勢行與偶然交織的生命歷程，此為欻爾生發的「自然」義。（二）然而，當生命各擁抱屬我境遇，在命行事變中「即命顯理」，進而「窮理致命」，便能玄冥於「自然」；於此，生命實踐與存在境遇玄合，證立「主客交融於一」的「自然」境界義。（三）並且，命行事變之「理」與造化流行之「自然」，兩者實一（只是「理」偏顯存在如何應會於命行事變的開顯義，而「自然」著重於「意義生發之場域義」與「獨化於玄冥之境」的境界義），皆是「即存有即開顯」，使生命各守其分，各安其命的意義根源。

二、郭象消泯「道」、「無」此形上根據，復歸於「自然大化」，實呈顯出兩義涵：一方面他深切地掌握「道法自然」——唯有通過生命致虛守靜，方能開顯「自然」；再者，郭象玄理中，「自然流行」便是眾品共俱成天，萬竅怒號的有機性整體，萬物在此有機世界中互依共命，更各秉「自性道」，自貞化而歸玄冥，實毋須另立「道體」做為萬物化生之形上根據。

三、而此有機和諧的「自然流行」，本就是一「前主客二分」的存有結構。在「自然流行」中，物物皆有其應具地位，各物安分貞極，織構為一和諧共生的整體存在界；大化流行實為「存有物之豐盈」，亦是意義生發之場域，呈現著「即存有即開顯」道蘊的實踐歷程。如此，存在界便是個價值世界，規範著萬物必須維持一「相因俱生」的和諧關係，顯見「自然流行」亦賦含著客觀價值理序之義。

則事物之間的對立、衝突，就會導致存在界的扭曲與瓦解。……」見氏著：《從海德格、老子、孟子到當代新儒學》，頁 283～284。

〔註 119〕 有關當代學界對於道家形上義理的紛爭與解決，可參閱賴錫三：〈後牟宗三時代對《老子》形上學詮釋的評論與重塑——朝向存有論、美學、神話學、冥契主義的四重道路〉，《當代新道家——多音複調與視域融合》（臺灣：國立臺灣大學出版中心，2011 年 8 月）。

伍、從「適性逍遙」到「無爲而治」
──郭象逍遙義之重衡

一、問題之提出

　　遠從東晉支道林以降，至近代西方詮釋學支援中國哲學，再掀學界檢視經、注兩者關係之風潮，古今治《莊》者，對郭象注究竟是不違逆莊周義理，而更深掘發明之；抑或郭象玄思貫落在詮解經文上，已是悖逆了《南華經》旨奧──歷經千年，依舊爭擾不休。獨標新理於眾家之表的郭注，面臨後世的反省時，毀譽不僅參半，更是令人驚異的兩極。〔註1〕造成此榮辱兩參的原因似乎有三，一爲以「適性逍遙」的論調齊泯「小大之辨」，卻也令讀者疑慮，其是否刊落了致虛守靜的眞誠修養，純然委順性分，更至墮落。二是提出「迹冥」之論，崇堯抑許由、四子，意圖周全「名教即自然」之旨，卻不合《莊

〔註1〕 賞譽郭注妙解《莊子》者，如唐・陸德明《經典釋文序錄》：「惟子玄所注特會莊生之旨，故爲世所貴。」明・焦竑認爲向郭「旨味淵玄、花爛映發、自可與莊書並響而馳，非獨注書之冠也。」至近代牟宗三先生更藉郭注證立道家迹本圓融之圓境。而質疑郭注曲解者，如唐・文如海：「郭象注放乎自然而絕學習，失莊生之旨。」清・宣穎《莊子南華經解》：「愚謂聖賢經籍雖以意義爲重，然未有文理不能曉暢意義得明者。此愚所以不敢阿郭注也。」清・無著妙總禪師言：「曾見郭象注《莊子》，識者云：『卻是《莊子》注郭象。』」而近代錢穆先生亦言郭注：「有自然，無人生；有遭遇，無理想；有放任，無工夫。決非莊子本意。」古今對郭象注《莊》諸多評議，限於篇幅，不能一一列舉，然楊穎詩教授《郭象《莊子注》的詮釋向度》一書，有著集中且詳細的考察，讀者可參閱之。見氏著：《郭象《莊子注》的詮釋向度》（桃園：國立中央大學，2012 年 6 月），頁 1～21。又本章理脈，得益於楊教授此作實多，特此致謝。

子》文義。三則是擺落「道」、「無」等道家重要概念，消融於「自生」、「自然」義中。而學界在上述二、三點之爭議，也多似基源於對第一點的質疑而衍伸出的詮釋理脈，甚且，如依「體用一如」之頓教脈絡詮解，後兩點還可推論出郭注圓成道家玄慧之令譽。實則，讓讀者難安、批判的最關鍵處，還是在郭象「適性逍遙」之論。

廖明活先生〈莊子、郭象與支遁之逍遙觀試析〉一文，便披露出歷代爭論郭象「適性逍遙」紛紜之癥結：

> 所謂「適性」，即是安於本然的「至分」、「定極」，小既不羨大，大亦不自貴於小，各自足其所足。這固然可視爲同於上章所述四重義的第四重，是指超越主體經過收拾精神階段後的無往而不可。但亦可看爲教人各守其形質性分，不設任何理想，一切委諸自然。[註2]

> 郭象以自然釋「天地」，以爲「乘天地之正」，即是「順萬物」不爲而自能的性分……不過「順應」、「因循」在不同義理背景下，又可以有不同意義：(1)、在莊子的四重義理裡，「順應」和「因循」是靈府在解除一切事象層面牽繫後無執無著的應迹。(2)、在順性之教裡，「順應」和「因循」是完全與物事認同，跟隨著事象的變化而推移。[註3]

略治郭象者，皆知郭子玄評判「逍遙」的標準，在於能否「適性」，後分「無待」之聖人與「有待」之萬物[註4]；聖人體玄極妙，懷涵虛靜修養自不待言，然而「有待」之萬物，無論蜩鳩列子，只需「物任其性，事稱其能，各當其分」[註5]便得「逍遙」。廖先生即指出，所謂「適性逍遙」，究竟是委頓天性，

[註2] 廖明活：〈莊子、郭象與支遁之逍遙觀試析〉，《鵝湖月刊》第九卷第5期（1983年11月），頁10。

[註3] 同前註，頁11。

[註4] 如湯用彤言：「蓋向、郭謂萬物大小雖差，而各安其性，則同爲逍遙。然向、郭均言逍遙雖同，而分有待與無待。」見氏著：《魏晉玄學論稿》（臺北：里仁書局，1995年8月），頁56。又如莊耀郎言：「郭象判定能否逍遙的條件不在於有待或無待，而在於是否『各安其性』，也就是適性與否。因此，若將莊子的逍遙稱之爲『無待的逍遙』，則郭象的逍遙可以名之爲『適性的逍遙』。」見氏著：《郭象玄學》（臺北：里仁書局，1998年3月），頁61。

[註5] （清）郭慶藩輯，王孝魚整理：《莊子集釋》（臺北：華正書局有限公司，2004年7月），頁1。

無有作爲？亦或是精神境界觀照下之應跡，而無往不適？再者，郭象總言「順應」，而此「順應」究竟是因循苟且？亦或是「無心玄應」？這便有著很大的詮釋空間，亦是導致郭注毀譽兩端的關鍵。

廖明活先生的分判，似乎形一慧劍，將詮解《莊》、郭逍遙論異同之爭議，劃分爲兩基本型態：一爲不安郭象「適性逍遙」，認爲「適性」實扭曲《莊子》「小大之辨」，不解鯤鵬厚積飛騰，在於生命境界的超拔飛昇，而非只是順適性分；持此詮釋理脈者爲數甚夥，在筆者有限的閱讀中，發現從東晉首先發難的支道林起，到當代學者如錢穆〔註6〕、王邦雄〔註7〕、李澤厚〔註8〕、唐端正〔註9〕、劉笑敢〔註10〕諸先生皆持此立場。而獨立於諸家的詮釋，便屬牟宗三「主觀境界型態」系統；牟先生順郭注：「夫唯與物冥而循大變者，爲能無待而常通，豈〔獨〕自通而已哉！又順有待者，使不失其所待，所待不失，則同於大通矣。」〔註11〕詮解，認爲萬物雖不能自覺地作工夫，但聖人觀照

〔註6〕 錢穆言：「郭象則把這些工夫與境界都抹殺了。此乃成爲一種極端的委天順運的悲觀命定論……莊子在人生消極處不得已處，（如死、惡疾之類）……一切委付於天於命，正要人在理想可能處積極處下工夫。若一切委付於自然。只要存在的，都是合理的，而且不可逃，如是則有自然，無人生；有遭遇，無理想；有放任，無工夫。決非莊子本意。」見氏著：《中國思想史》（臺北：蘭臺出版社，2001 年 2 月），頁 104。

〔註7〕 王邦雄言：「故僅是才性氣性之自足，而不是心性德性之至足，故『小大雖殊，其逍遙一也』之說，不是通過修養工夫所開顯之生命最高理境的逍遙。」見氏著：《莊子内七篇・外秋水・雜天下的現代解讀》（臺北：遠流出版事業股份有限公司，2013 年 5 月），頁 32。

〔註8〕 李澤厚言：「所謂『順有』『順萬物之性』，說穿了，也就是『順』社會統治秩序所規定的『萬物之性』，所以這是極爲片面地發展了莊學中最庸俗虛僞的一面，完全失去了莊學中抨擊現實揭露黑暗的批判精神……」見氏著：《中國古代思想史論》（臺北：漢京文化事業有限公司，1987 年 2 月），頁 189。

〔註9〕 唐端正言：「今郭象不明所遇者皆一氣之化，徒言性分之適，乃謂無往不可，只是自足於其性，使莊子與化同遊之精神境界，陷而爲化中之一物，且以性分之適爲逍遙之極致，失之遠矣。」見氏著：《先秦諸子論叢》（臺北：東大圖書有限公司，1995 年 11 月），頁 132。

〔註10〕 劉笑敢言：「郭象取消了超越之道的存在，其逍遙只是安於現實的精神滿足。莊子之逍遙實現的關鍵是不滿足於現實因而追求徹底忘卻現實，郭象之逍遙實現的關鍵則是滿足於個體及其存在於其中的一切現實。」見氏著：《詮釋與定向——中國哲學研究方法之研究》（北京：商務印書館，2009 年 3 月），頁 191。

〔註11〕 （清）郭慶藩輯，王孝魚整理：《莊子集釋》（臺北：華正書局有限公司，2004年 7 月），頁 20。

功化，萬物便在「至人用心若鏡」之玄覽中，還歸本來面目，隨聖人玄應境界共歸逍遙。〔註12〕然而，「就萬物而言，此是一藝術境界，並非一修養境界。凡藝術境界皆繫屬於主體之觀照，隨主體之超昇而超昇，隨主體之逍遙而逍遙」〔註13〕，牟先生開創「主體觀照境界」，融通「有待」、「無待」之殊異，全幅收歸於主體虛靜觀照下，爲眾生逍遙提出一周延的系統性論述。

然究其實，牟先生「一逍遙一切逍遙」的詮釋系統，依舊與多數詮解脈絡一樣，同視芸芸眾生充其量只是「守其性分」，而非自持道心，遂不能自證「逍遙」之果境。如此，便會產生如周大興先生之疑慮：

> 我們很懷疑，如何通過「致虛守靜」的實踐修養，僅憑一洞見，便足以令萬物「自賓」、「自化」？這樣的一片空靈，充其量只是逍遙乎無何有之鄉的沖虛境界，對天地萬物發乎美感經驗的觀照。〔註14〕

對應郭象「適性逍遙」論，如「適性」終究只是「順任物性，委頓其命」，毋須修持，縱然「無待而常通」的聖人可以順應有待者，使其不失其所待，同歸自然大化，終是不能規避掉生命定須自覺自證方能衝破執礙，逍遙自在的疑問。那麼，「適性逍遙」之論亦終告落空。

於是，問題似乎又回到原初的癥結：詮釋者對於生命「適性」、「順應」的解釋向度上。

我們須復還原典，重新檢視郭注義理，爲「適性」、「順應」尋求合宜的詮解，於此，亦衍伸出爲解決「適性逍遙」如何可能，而產生的問題意識：

一、郭象對於「適性」的定義究竟爲何？其內涵難道只是因循氣稟而無任何修養意味嗎？並且，在詮釋歷程上，我們是否不經意地混淆了「適性逍遙」與「有待／無待逍遙」兩層次？

二、郭象縱然持論「有待逍遙」，但既曰「逍遙」，則「有待」之人是否

〔註12〕牟宗三言：「故『放於自得之場，逍遙一也』，此一普遍陳述，若就萬物言，則實是一觀照之境界。即以至人之心爲根據而來之觀照，程明道所謂『萬物靜觀皆自得』者是也。」「芸芸眾生，雖不能自覺地作工夫，然以至人之去礙，而使之各適其性，天機自張，則亦即『使不失其所待』，而同登逍遙之域矣。」，見氏著：《才性與玄理》（臺北：臺灣學生書局，2002 年 8 月），頁 184、182。

〔註13〕同前註，頁 182。

〔註14〕周大興：〈儒家大路道家棧──《老子哲學之詮釋與重建》評介〉，《中國文哲研究通訊》第二卷第 3 期（1992 年 9 月），頁 80。

毋須任何修持，便能順隨「無待」聖人齊歸大通？如對照《莊子》「無爲逍遙」之義，郭子玄區分逍遙二義，又延伸出何種創造性發揮與詮釋之困境呢？

三、郭子玄刻意扭轉《莊子》必歷經「心齋」、「坐忘」方能臻成生命自在的「逍遙」，分列成「有待」、「無待」之逍遙觀，更倡言《莊》書爲一「涉俗蓋世」、「經國體致」之作，究竟有何深意？

如能解決上述疑惑，梳理出郭象構作「適性逍遙」蘊含之終極目的，或許便能脫離歷代詮解「適性逍遙」之紛擾，更替郭子玄別異於《莊子》之「逍遙觀」，尋獲一合適的義理定位。

二、「適性逍遙」之價值與工夫義

掌握「適性逍遙」的意涵的首要工作，便是明「性分」之理，筆者於〈「性」、「命」、「理」玄合──郭象「自然」義之重衡〉一文中，已解析郭象之「性分」，是從「肯認生命本然眞樸，更偏於氣稟之特殊性而立言」，並且闡明郭象「絕學去教」之說，其眞意是「勸曉萬物須『適性』發展，『師夫天然而去其過分』──師法合宜適性之道，方得杜慕羨之心，去絕外之累，更抱純樸而回歸自然流行中（『絕學去教，而歸於自然之意也』）。」順此「絕學去教」之說，明析著郭象雖言「各守其分」，但非孤守於個體殊異性，無所作爲；相反的，「生命皆須秉持自我特殊性，因應日新時異之事變，實現自我價值。」然而，郭象反覆強調「性分」，究竟有何深意？其「適性」之論是否能應合《莊子》之旨？如依循傅偉勳先生「創造性詮釋學」方法〔註15〕視察〈內篇〉文義，則就「實謂」、「意謂」兩層次上，似無「安適於殊異性分」之義涵，然雜篇〈庚桑楚〉曰：

> 道通，其分也。其成也毀也。所惡乎分者，其分也以備；所以惡乎備者，其有以備。故出而不反，見其鬼；出而得，是謂得死。〔註16〕

郭象句後注言：

> 不守其分而求備爲，所以惡分也。本分不備而有以求備，所以惡備也。若其本分素備，豈惡之哉！不反守其分内，則其死不

〔註15〕 傅偉勳：《從創造的詮釋學到大乘佛學》（臺北：東大圖書股份有限公司，1990年7月），頁1～46。
〔註16〕 （清）郭慶藩輯，王孝魚整理：《莊子集釋》（臺北：華正書局有限公司，2004年7月），頁798。

久。〔註17〕

自然流行總是「通天下之一氣」，郭象言：「雖變化相代，原其氣則一」〔註18〕，生命「氣聚而生」〔註19〕、「氣散而死」〔註20〕，無論殊異偏能，皆源於造化之流；故存在界中無有一物不具價值，皆為「道」之分殊，身落世塵，性命遂有其「素分」。〈庚桑楚〉便揭露著，性命總有其殊異與分限，但多端之分限，正表述著大道周徧之義涵，故生命天生總已真樸「充備」；而慾望流蕩之惡，便在於不解「素分」已備卻仍向外跂求，於此郭注遂言：「不反守其分內，則其死不久」，一旦棄「分」逐外，使心神外馳，則恐離死不遠。然為何「不反守其分內」便會身陷死地呢？郭象真見使生命困頓的主要原因有二：

> 德之所以流蕩者，矜名故也；知之所以橫出者，爭善故也。雖復桀跖，其所矜惜，無非名善也。〔註21〕

> 然知以無涯傷性，心以欲惡蕩真。〔註22〕

> 知不過於所知，故群性無不適；德不過於所得，故群德無不當。

> 安用立所不逮於性分之表，使天下奔馳而不能自反哉！〔註23〕

此兩因，一為窮索過分之知，「知則離道以善也」〔註24〕，跂求無極之知，慕全效備卻也困於知識之駁雜淆亂，偏離性命原初軌跡；二為冀求離性之欲，「欲則離性以飾也」〔註25〕，嗜欲爭名，卻不明外飾、空名總虛假，終流蕩於欲望奔馳，遺忘自身美善。故郭象認為，只須「知不過於所知」、「德不過於所得」，便能適當其性，悠遊自在。而窮知執欲，誠為心神悲愴之源：

> 苟知其極，則毫分不可相跂，天下又何所悲乎哉！夫物未嘗以大欲小，而必以小羨大，故舉小大之殊各有定分，非羨欲所及，則羨欲之累可以絕矣。夫悲生於累，累絕則悲去，悲去而性命不安者，未之有也。〔註26〕

〔註17〕 同前註，頁 798～799。
〔註18〕 同前註，頁 951。
〔註19〕 同前註，頁 739。
〔註20〕 同前註。
〔註21〕 同前註，頁 135。
〔註22〕 同前註，頁 184。
〔註23〕 同前註，頁 357。
〔註24〕 同前註，頁 337。
〔註25〕 同前註，頁 337。
〔註26〕 同前註，頁 13。

如肯定自身殊異之價值，瞭解自體極限，則性命眞樸已備，何來戚傷？生命種種悲淒總根源於求之不得之羨欲，此羨欲讓各稱其德，各具美善之眾有，遺忘自身質華，卻徒增內困外馳之負累、輾轉反側之疲累。更甚者，那使性命紛紛產生羨欲慕彼的外在原因，總根源於社會崇舉的價值標準，而此標準往往是由上位者所推擢的：

> 君莫之失，則民自得矣。君莫之枉，則民自正。夫物之形性何爲而失哉？皆由人君撓之以至斯患耳，故自責。〔註27〕

> 聖知仁義者，遠於罪之跡也。跡遠罪則民斯尚之，尚之則矯詐生焉，矯詐生而禦姦之器不具者，未之有也。故棄所尚則矯詐不作，矯詐不作則桁楊桎梏廢矣，何鑿枘椄槢之爲哉！〔註28〕

> 夫曾史性長於仁耳，而性不長者橫復慕之，慕之而仁，仁已僞矣。天下未嘗慕桀跖而必慕曾史，則曾史之簧鼓天下，使失其眞性，甚於桀跖也。〔註29〕

聖知仁義，自可誠身處宜，甚至遠罪避禍。也許道家以至於郭象不能通澈仁義之眞諦，但他們並非不明仁義之價值，其所針砭者，更偏於「崇舉」仁義之流弊；因過度標舉仁義，卻也建構出一價值評斷，進以戕害仁義之外的美善，遂使「仁義不眞而禮樂離性」〔註30〕。並且，崇舉讓人民靡尚，僞飾矯詐之作遂也層出不窮。故郭象看似大逆不道地非議曾參、史鰌等聖賢罪過桀跖，實是從偏執仁義，使人民崇尚以致虛僞，失落原初眞樸之面向上立言。而郭注亦承〈大宗師〉：「與其譽堯而非桀也，不如兩忘而化其道」〔註31〕之旨，認爲唯有消泯專獨的價值評斷，順任眾生之德，讓生命雖各稟分限，亦能正視自身封限中，那殊異於他物的美好，不陷落爭善外慕的無盡負累。〔註32〕質言之，郭象之「適性」，實是眞見「知欲橫蕩遂致心靈悲困」，而提出的治療處方。

然則郭象「適性」說，卻也因其注〈逍遙遊〉時，敘寫「苟足於其性，

〔註27〕同前註，頁903。
〔註28〕同前註，頁378。
〔註29〕同前註，頁315。
〔註30〕同前註，頁337。
〔註31〕同前註，頁242。
〔註32〕郭注言：「夫堯雖在宥天下，其跡則治也。治亂雖殊，其於失後世之恬愉，使物爭尚畏鄙而不自得則同耳。故譽堯而非桀，不如兩忘也。」同前註，頁365。

則雖大鵬無以自貴於小鳥，小鳥無羨於天池，而榮願有餘矣。故小大雖殊，逍遙一也。」〔註33〕而讓閱讀者得以詮解爲，其無視「小大之辨」，不解鯤鵬寓意著心靈境界的超拔飛昇，而非蜩鳩委頓苟且的淺薄情態；從此衍生出「適性」究竟是秉懷自性，適順道理，亦或只是因循物欲，志得意滿之疑難。直接點說，後代學者疑問處有二，一是「適性」究竟有無工夫義蘊？二是縱使「適性」亦需工夫，但是否不夠圓滿，無法臻同《莊子》「心齋」、「坐忘」而無往不適之「無待逍遙」義呢？在此，我們可先回答第一個問題，而第二個問題，筆者擬置於本章第四節處理。

依前論，我們明晰郭象承〈庚桑楚〉義旨，認爲生命皆爲自然流行之化，無一物不具價值，進而肯定生命本然眞純。而郭子玄浸淫於魏晉講究「才性」的時代氛圍中，亦在肯認「眞性」上，偏側於氣稟之特殊性以言之。只是此「眞性」，究其實，只是一原初的本眞，歷經世塵磨洗、欲望牽引，依然有欠餒之可能，郭象也不認爲此眞樸不須修持亦不會退轉：

> 人生而靜，天之性也；感物而動，性之欲也。物之感人無窮，
> 人之逐欲無節，則天理滅矣。……〔註34〕

> 動而過分，則性氣傷於內，金木訊於外也。〔註35〕

> 人之生也直，莫之蕩，則性命不過，欲惡不爽。〔註36〕

> 恬靜而後知不蕩，知不蕩而性不失也。〔註37〕

郭象認爲，生命本有原初靜樸，然在生命歷程中，知欲亦無時不受外物牽扯動蕩，若順隨物欲橫流，不僅心神困於內，更有桎梏禍於外。故郭象言：「恬靜而後知不蕩，知不蕩而性不失也。」生命應持守眞靜，莫爲傾盪，否則「嗜欲好惡，內外無可」〔註38〕，性命便無能止定於適當節分中，如此，「事不任力，動不稱情」〔註39〕，終陷疲弊困頓。於此我們得見，所謂「適性」，總需有一懷持虛靜，守分節度的基本工夫，並非如支道林之言般〔註40〕，徒留於

〔註33〕 同前註，頁 9。
〔註34〕 同前註，頁 230。
〔註35〕 同前註，頁 1054。
〔註36〕 同前註，頁 364。
〔註37〕 同前註，頁 548。
〔註38〕 同前註，頁 819。
〔註39〕 同前註，頁 7。
〔註40〕 支道林言：「有欲當其所足，足於所足，快然有似天眞，猶飢者一飽，渴者一盈，豈忘蒸嘗於糗糧，絕觴爵於醪醴哉！」同前註，頁 1。

慾望的滿足而已。

　　經上述詮釋，雖獲致了萬物必須修懷復靜守分之工夫，方能安適於屬我境遇的論斷，但當我們面臨郭注屢稱：「自然者，不為而自然者也」〔註41〕、「不為而自能，所以為正也」〔註42〕——可從鵬鴳、木菌等生物形軀自動性以詮解「不為而自然」時，則是否上述吾人疏證「適性」有著守靜安分之修養論時，依舊無能規避，郭象主張無知的順性態度，更導致「有遭遇，無理想。有放任，無工夫」之詮釋呢？

　　其實郭象言「不為而自然」之義，總蘊含著命變無常不測，非己能措意其間，事變便「自然而然」地發生了。故言「不為」，實是指勢態發展自成，或氣稟與生俱來，生命須順任而為；換言之，所謂「不為」或「不識不知而順帝之則也」〔註43〕，嚴謹的詮釋，應該是「不以自身意識、執念，措意於事情，純然順造化而為」。然則，《莊子》和郭注，亦有將「無為」解為「隨形軀自動而為」處；如〈庚桑楚〉「唯蟲能蟲，唯蟲能天。」句後注：

　　　　能還守蟲，即是能天。〔註44〕

又郭象言：

　　　　不慮而知，開天也；知而後感，開人也。……。任其天性而動，
　　則人理亦自全矣。民之所患，偽之所生，常在於知用，不在於性動也。

　　〔註45〕

為何《莊子》與郭注皆肯定純任自動的鳥獸能順通天地呢？因道家總肯認生命原初素樸，如剔除物欲橫流，鳥獸的無識無知實能輕易地應合自然流行（「開天者，性之動也」）。只是須特別注意的是，郭象也不認為動物始終能保持這「不慮而知」、「都不知而任之」〔註46〕的原初真性，其言：「目能睹，翼能逝，此鳥之真性也，今見利，故忘之。相為利者，恆相為累。」〔註47〕原初真性依然會因外物引誘而生過分欲求。進一步言之，「不慮而知」之自動，亦須不斷接受生命歷程之洗煉，方能持續地保如赤子，純動真性。更且，郭象言：「民之所患，

〔註41〕同前註，頁20。
〔註42〕同前註。
〔註43〕同前註，頁691。
〔註44〕同前註，頁813。
〔註45〕同前註，頁638～639。
〔註46〕同前註，頁814。
〔註47〕同前註，頁1048。

偽之所生，常在於知用，不在於性動也。」他總認爲生命價值的異化，在於過分之知欲，而不在涵具氣稟的真性之動。當我們質疑「言性各有分，故知者守知以待終，而愚者抱愚以至死，豈有能中易其性者也！」〔註48〕——性分無可改易，痴愚者遂無體道超昇之幾時，是否已陷溺於智用通達而愚心頓拙的思考脈絡中，而不明只須開顯生命的原初真樸，無論賢愚皆可適性逍遙呢？

經由上述得見，縱然郭注之「不爲」，隱含著順任形軀自動的解釋空間，但此「不爲」，依然是肯認著生命擁有真樸原初而立言，它仍須交付生命歷程的無息守持，方能永保純真；易言之，無論「不爲」的義涵是屬於「冲虛無執」還是「順隨形軀自動而爲」，它們都與「欲惡蕩真」之「足欲順性」思維有所差異。而郭子玄提出「適性」、「性分」，亦旨於以真性連言著有限氣稟，對治著知欲流蕩，似乎不能將「不爲」、「適性」徒視爲滿足欲望的順性主張。

三、「有待逍遙」與「無待逍遙」

（一）「有待逍遙」之境界與限制

在《郭象玄學》一書中，莊耀郎先生判別郭象與《莊子》「無待之逍遙」不同，郭子玄是以「適性」作爲逍遙與否之依據。〔註49〕但如果「適性」便得以逍遙，那麼當郭象區分「有待」與「無待」逍遙二者時，在修養境界上，兩者又有何異同？如與《莊子》「無待逍遙」義對勘，郭子玄區分逍遙二義，又延伸出何種創造性發揮與詮釋之困境呢？這些提問，都有待我們於後文中一一釋疑。

首先梳理「有待逍遙」之義蘊。

細察郭象「有待」之涵意，「有待」從來沒有「順欲縱性」的意思：

> 唯能自是耳，未能無所不可也。〔註50〕

> 非風則不得行，斯必有待也，唯無所不乘者無待耳。〔註51〕

> 各以得性爲至，自盡爲極也。向言二蟲殊翼，故所至不同，或翱翔天池，或畢志榆枋，直各稱體而足，不知所以然也。今言小大

〔註48〕同前註，頁 59。
〔註49〕莊耀郎：《郭象玄學》（臺北：里仁書局，1998 年 3 月），頁 61。
〔註50〕（清）郭慶藩輯，王孝魚整理：《莊子集釋》（臺北：華正書局有限公司，2004年 7 月），頁 19。
〔註51〕同前註，頁 20。

之辯，各有自然之素，既非跂慕之所及，亦各安其天性，不悲所以異，故再出之。〔註52〕

引文一是言宋榮子只能棲守於自身無榮辱之境，卻溺在偏滯，未能應物而不累於物，終究自行其是，未能以無待之心立逍遙之趣。引文二言列子須待風而行，亦未能無所不乘，終非無待。引文三則言鵬鷃二鳥適性盡能，不跂彼慕外，各安天性，便得逍遙。於此我們得見，所謂「有待」，並非指生命向外追索窮馳，讓外物成爲性命過度仰賴、乞求之依傍，而應是如廖明活先生之定義：從「生活在重量有形無形的條件網裡，是不自由的」〔註53〕之處言「有待」；換言之，「有待」生命依然懷持著「恬靜守分」之修養，然欲臻「逍遙」，卻有其限制。此限制籠統地說，是一「實然的限制網」，但如細分著說，亦可從兩方面論之：一方面物各有其才情氣稟，然殊異才性終爲一「偏至」，須待時而動，方能各稱其能；一方面生命屬我之「理分」，亦是囿限生命不能周通的原因：

> 故理有至分，物有定極，各足稱事，其濟一也。若乃失乎忘生之（主）〔生〕而營生於至當之外，事不任力，動不稱情，則雖垂天之翼不能無窮，決起之飛不能無因矣。〔註54〕

> 非冥海不足以運其身，非九萬里不足以負其翼。此豈好奇哉？直以大物必自生於大處，大處亦必自生此大物，理固自然，不患其失，又何厝心於其間哉。〔註55〕

> 各然其所然，各可其所可，則理雖萬殊而性同得，故曰道通爲一也。〔註56〕

「理有至分，物有定極」、「物物有理，事事有宜」〔註57〕，郭象言「理分」、「物理」，透露著身落命行事變的存有歷史中，生命所秉承的，不僅是與生俱來的才性而已，他還懷抱著其注定展開的存在境遇，如「大物必自生於大處，

〔註52〕同前註，頁 16。

〔註53〕廖明活：〈莊子、郭象與支遁之逍遙觀試析〉，《鵝湖月刊》第九卷第 5 期（1983 年 11 月），頁 8。

〔註54〕（清）郭慶藩輯，王孝魚整理：《莊子集釋》（臺北：華正書局有限公司，2004 年 7 月），頁 7。

〔註55〕同前註，頁 4。

〔註56〕同前註，頁 71。

〔註57〕同前註，頁 84。

大處亦必自生此大物,理固自然」,「理分」——這屬我的存在境遇,總自然
而然地伴隨各具殊異的生命而展顯。而此屬我之境遇,不僅薰陶著生命成就
自身,卻也形成一限制,圈圍著個體養成一慣性的思考、行為模式;生命受
屬我性境遇的陶養與封限,雖各稱其能,卻也各是所是。然而「理雖萬殊而
性同得」,縱使眾品萬殊,亦能窮理盡極地臻成「道」之一隅。故所謂「有待」,
它總表露著生命被拋擲於塵世,背負著氣稟性分與屬我境遇之理分,這些限
制都是生命必須承擔的現實性;但只須正視此限制,於屬我理分之中豁顯自
身價值,有待依然擁抱著自在逍遙的可能性。人生,總在限制、沈淪、超拔
三者交織互滲中,展開屬於自己的生命歷程。

　　總而言之,「有待」雖各具美善,但受限於慣性的思考、行為模式,遂不
能通徹命變,便恐有「蔽於一曲」之失,未能盡顯「道」蘊。郭象便在肯定
「成心」上,突顯出「有待」生命各行其是,使「道」隱於小成之義:

　　　　夫心之足以制一身之用者,謂之成心。人自師其成心,則人各
　　自有師矣。人各自有師,故付之而自當。〔註58〕

　　　　各適一時之用,不能靡所不可,則有時而失,有時而失,故有
　　時而悲矣。解,去也。〔註59〕

　　　　此數子者,所好不同,恣其所好,各之其方,亦所以為逍遙也。
　　然此僅各自得,焉能靡所不樹哉!若夫使萬物各得其分而不自失
　　者,故當付之無所執為也。〔註60〕

　　　　若夫逍遙而繫於有方,則雖放之使遊而有所窮矣,未能無待
　　也。〔註61〕

懷持「成心」,秉承其性,各盡其極,安適應會於屬我境遇中,則生命殊異的
思考、行為模式,無不體當於適合自己的性命歷程,遂登逍遙,但也因「成
心」之執定,只能「各適一時之用,不能靡所不可」,逢環境變異,或遭時勢
之限,各據其德之「有待」亦時過被棄,無能伸展其才,遂有時窮之悲;換
言之,「有待」的生命境界,如山谷、平世、朝廷、江海、導引等士,懷持「恬
靜守分」之工夫,於屬我性命歷程中,實現自身價值,亦能使自己的生命境

〔註58〕同前註,頁 61。
〔註59〕同前註,頁 869。
〔註60〕同前註,頁 536。
〔註61〕同前註,頁 11。

界臻至逍遙；然而此境界終究止於「成心」之境，只能據一方之德，適一時之用，成一隅之道，未能臻成「應世變而時動」〔註62〕的「無待逍遙」果境。

我們須再度點明的是，郭象雖肯認「有待」逍遙如稱能盡極，便能伙遊於適宜自身的性命歷程之中──郭子玄即在此意義底下言有待之「逍遙」，而別異於《莊子》將「逍遙」歸屬於聖人的生命境界。細言之，郭象區分「有待」與「無待」兩逍遙，卻不認爲「有待逍遙」是爲眞逍遙，「有待」雖能適性自得，但執懷「成心」終隱於小成；「無待逍遙」方能顯聖人的生命義蘊，契應《莊子》「乘天地之正，而御六氣之辯」──順任造化，唯變所適，無往不冥的「逍遙」義。而他之所以有此區分，只是充分意識到生命各稟殊異與分限的事實；要齊同此萬端殊異，唯有「守其朴而朴各有所能則平。率其眞知而知各有所長則均」〔註63〕，即是從「各適其性，各安其分」中實現此「不齊之齊」，然則「有待逍遙」終非「逍遙」之極境。或許郭象之失，在於既區分「有待」、「無待」，又俱稱「逍遙」，遂讓後代學人混淆，以致批評郭象「適性逍遙」是「滿足現實的逍遙」〔註64〕或是「且以性分之適爲逍

〔註62〕 同前註，頁 305。

〔註63〕 同前註，頁 829。

〔註64〕 如劉笑敢認爲郭象屬「滿足現實的逍遙」，與《莊子》「超越現實的逍遙」有別。劉先生持論理路大致爲：郭象取消「道」和「天」作爲萬物生化之根據，主張萬物獨化，所以命運變化決定因素全在獨化之個體；如此，則郭象「攝命入性」，將外在命運遷化全幅收攝於自有之性中，故各足其性便是各安其命；只要適性，便能達臻莊子「知其莫可奈何而安之若素」的境界；易言之，適性安命便是生命得以逍遙的基礎。然而，劉先生認爲郭象視「凡存在皆是合理的」，則「安命」即是「安於現實」，故析論郭象抹殺了《莊子》對現實的批評與超越，而只是滿足於現實罷了。見氏著：《詮釋與定向──中國哲學研究方法之研究》（北京：商務印書館，2009 年），頁 182～192。
然吾人認爲，郭象撤銷「道」、「無」作爲萬物生化之依據，實是認爲「道無不在」，「道」之義蘊唯有通過生命窮理致命方能開顯，當生命順自爾自成的屬我理分，而安適順應之，方能「和於自然之分」，故「自然」與「道心」依然有著存有論上的差異。此是吾人別異於劉先生「獨化論」的詮釋。又郭象雖常將「性」、「命」、「理」關連而論，但並非「攝命入性」，因他雖認爲生老病死，「四者雖變，未始非我，我奚惜哉！」卻也言「突然自生，制不由我，我不能禁」；兩相觀之，其旨在說明生死變化都屬於自身之遷化（此即是《莊子》「物化」之義），但此「物化」主要非自身決定，而是無常不測的造化之流自爾自成，由此可證郭象似乎也未「攝命入性」。再者，劉先生肯認郭象以「適性」作爲逍遙之根據，但卻不詳細區分「有待」與「無待」逍遙之異同與工夫義，似未能詮釋出「適性逍遙」的整全意義。最後，劉先生在詮解郭象「安命」時，依〈齊物論〉「其臣妾不足以相治乎」句後注，論證郭象視「凡

遙之極致」〔註65〕。這些詮釋或似忽視郭象早已明言「有待逍遙」有其限制，「無待逍遙」方爲諦義，故未能詳細地區別「有待」、「無待」間的差異，逕自混同論之，似也不能周延地詮解出「適性逍遙」之義涵。

　　既然「有待逍遙」有所限制，這是否表示其臻達的境界亦無所價值呢？事實正好相反，郭象肯認「有待逍遙」的意義在於，縱然萬物有其偏溺，守隅一方，但適性之生命如各據其德，自行其是，又彼此因順不傷，便能織構成一和諧共生的整體世界：

>　　天地萬物各當其分，同於自得，而無是無非也。〔註66〕

>　　凡得眞性，用其自爲者，雖復皁隸，猶不顧毀譽而自安其業。

>　故知與不知，皆自若也。若乃開希幸之路，以下冒上，物喪其眞，

>人忘其本，則毀譽之間，俯仰失錯也。〔註67〕

在郭象玄義中，存在界本爲一相因俱生的有機性整體，無有一物不具價值。而唯有萬物各當其分，率其眞性，於屬我境遇中稱德盡情，逍遙自若，沒有一存在價值會毀傷、排擠任何存在意義，始能維持倫常，具體實踐出存在界的和諧共生。更且，如天下萬物自得其正，自盡其極，則聖人治化亦只是不攖性命之情而已，故郭象言：「人各自正，則無羨於大聖而趣之」〔註68〕。

　　然則，生命之異化總輕易如斯，守節持中亦顯艱難，當生命據守一方價

存在皆是合理的」，「安命」即是「安於現實」，得出郭象逍遙是「滿足現實的逍遙」之結論。郭象究竟有無承認「現實就是合理的」，自有很大的討論空間，但細察此注原意，似旨於說明生命各當其分，各有其存在之價值，只要適當於本分、職任，不以下冒上，物喪其眞，便能維持存在界之倫常。如將「凡存在皆是合理的」視爲郭象「滿足現實的逍遙」的重要線索，卻又無更有力的持論依據，似乎不免在詮解上有所偏失。

〔註65〕唐端正言：「今郭象不明所遇者皆一氣之化，徒言性分之適，乃謂無往不可，只是自足於其性，使莊子與化同遊之精神境界，陷而爲化中之一物，且以性分之適爲逍遙之極致，失之遠矣。」見氏著：《先秦諸子論叢》（臺北：東大圖書有限公司，1995 年 11 月），頁 132。

吾人認爲，「適性逍遙」在郭象玄義中，自是生命得以逍遙的依據，然而有待之自足與無待之境界，亦有其差異，如將「有待逍遙」視爲「適性逍遙」的全幅義涵，則郭注必然失之遠矣，唐端正先生似乎也未曾細察，故有此論述。

〔註66〕（清）郭慶藩輯，王孝魚整理：《莊子集釋》（臺北：華正書局有限公司，2004年 7 月），頁 807。

〔註67〕同前註，頁 59。

〔註68〕同前註，頁 194。

值時，往往自尊妄行，「各信其偏見而恣其所行，莫能自反。」〔註69〕更有進者，社會逐漸凝聚一些專獨的價值標準，亦會「開希幸之路，以下冒上，物喪其眞，人忘其本」。總之，「有待逍遙」，總因其分別成心，遂恐異化爲恣意妄行，是我非彼，而導致相刃相靡之患。

此時，便需要一周通遍潤之聖人，輔導眾生，助其冥合彼我，俱歸道化。

（二）「無待逍遙」之內聖與外王

在郭象，「無待逍遙」是聖王的生命型態，它關涉著修養境界之圓善與涵懷調適客觀制度的能力；易言之，欲疏解「無待逍遙」此生命型態，便須觸及到內聖境界之極成與外王制度之建成兩議題。而這二議題於郭象玄學中，所產生的問題亦有多端：從內聖面向探討之，則一、聖人需懷持何種修養？通過此修養而凝成的生命型態，具備了何種施化天下的能力？二、涵攝於「適性逍遙」之下的「有待」、「無待」之工夫論，與《莊子》修養論有何異同？三、「有待」生命能夠超拔至「無待」之境嗎？又從外王面向論之，則當郭象以「安分適性」的詮釋理脈，貫通整部《莊子》時，又如何地建構其「無爲而治」理論？

我們須先疏論「無待逍遙」的工夫論，以全幅整合「適性逍遙」之修養義蘊。

前面，吾人已說明「有待」的實存生命，處於重重限制網裡，可盡殊性於極，但卻也限於「偏至」，蔽於一曲。而「無待」至人之所以殊勝「有待」者，在於其雖也身處此層層限制網內，但卻能周通無礙地悠遊於任何命行事變之中。如〈徐無鬼〉：「不可以有崖，而不可以無崖」句後注：

> 應物宜而無方。各以其分。〔註70〕

又〈列禦寇〉：「達大命者隨，達小命者遭」句後注：

> 泯然與化俱也。每在節上住乃悟也。〔註71〕

上述注文，皆透露出郭象對舉「無待」與「有待」之差異。「無待」者「應物宜而無方」、「泯然與化俱也」；「有待」者「各以其分」、「每在節上住乃悟也」〔註72〕。

〔註69〕同前註，頁 60。
〔註70〕同前註，頁 874。
〔註71〕同前註，頁 1060。
〔註72〕此句我們可參照唐君毅先生的詮解，其言：「依郭象意，人若不能直就若此者之自運，以與之俱往，而不免於有結滯，則不可言達命。……今郭注則以達大命爲大達命或眞達命，故能與化俱往；而達小命爲小達命，或尚未能眞達命者，故滯結於節上，必往而後悟。」見氏著：《中國哲學原論‧導論篇》（北京：中國社會科學出版社，2005 年 10 月），頁 368。

故就修養層次論之,「虛靜守分」的工夫,在文字上〔註73〕,還不足以完整說明「無待逍遙」,甚至窮盡「適性逍遙」修養論義蘊。

　　「無待逍遙」所強調的,是生命需投入命行事變之流行中,應會順適;即無論窮通順逆,生命出處進退皆能「冥中」、「至當」,方能真稱逍遙:

> 以化爲命,而無乖迕。不離至當之極。〔註74〕

> 苟得中而冥度,則事事無不可也。〔註75〕

然此視無常遷化爲命,更依輕靈順適之心應會,以中節無過之行冥合的境界,誠需要一「無心玄應」之修養:

> 夫與物冥者,故群物之所不能離也。是以無心玄應,唯感是從。汎乎若不繫之舟,東西之非己也。〔註76〕

> 偶,對也。彼是相對,而聖人兩順之。故無心者與物冥,而未嘗有對於天下也。此居其樞要而會其玄極,以應夫無方也。〔註77〕

> 變化頹靡,世事波流,無往而不因也。夫至人一耳,然應世變而時動,故相者無所措其目,自失而走。此明應帝王者無方也。〔註78〕

> 然則體玄而極妙者,其所以會通萬物之性,而陶鑄天下之化,以成堯舜之名者,常以不爲爲之耳。孰弊弊焉勞神苦思,以事爲事,然後能乎!〔註79〕

所謂「無心玄應」,即是以虛己任物之心應世,如投身命變之流,遂以「晏然

〔註73〕需注意的是,吾人殊別「守靜安分」與「無心玄應」,只是以分別說的方式,以便解析「適性逍遙」修養義蘊。冥外遊內之聖人,依然奠基於「守靜安分」工夫上,更無往不順地安適命變。郭象言:「庖人尸祝,各安其所司;鳥獸萬物,各足於所受;帝堯許由,各靜其所遇;此乃天下之至實也。各得其實,又何所爲乎哉?自得而已矣。故堯許之行雖異,其於逍遙一也。」堯之所以殊異於俗,在於其能無心順物,相冥爲一。然而堯終究也只是自得其遇,自盡其性地行此「無心」。也就是說,「無心玄應」依然須先以「守靜安分」的工夫作爲基礎,兩者實有貫通關係。上引郭注,見(清)郭慶藩輯,王孝魚整理:《莊子集釋》(臺北:華正書局有限公司,2004年7月),頁26。
〔註74〕同前註,頁190。
〔註75〕同前註,頁117。
〔註76〕同前註,頁24。
〔註77〕同前註,頁96。
〔註78〕同前註,頁305。
〔註79〕同前註,頁31～32。

無矜」〔註80〕之飄逸，而「體與變俱也」〔註81〕；也就是說，持懷「無心」，便能衝破性分限制，順應著無息事變，「應物而不累於物」地臻至「無待逍遙」之果境。並且，「無心而順物化」〔註82〕，生命通過忘化遣蕩是非，保存所有事物的殊異價值，使群物不離，更進而順任性分，玄同物我，引導眾品相冥並生。總言之，此內懷沖虛，外暢物情之玄應，不僅能「應事變而時動」，無往而不自得，更能「會通萬物之性，而陶鑄天下之化」，調適天下，使生命皆能處於相因俱生的生機狀態中，共同維持存在界之和諧。

　　然則，我們亦可問，爲何聖人無心順任萬物，就能使萬物歸向，棄絕欲惡，含懷眞性而各臻逍遙呢？對此，牟宗三先生的詮釋，實成一典範。他藉由疏論郭象「夫唯與物冥而循大變者，爲能無待而常通，豈〔獨〕自通而已哉！又順有待者，使不失其所待，所待不失，則同於大通矣」義理，試圖通過內聖境界，開展出屬於道家的功化之治：

> 而道家之功化則爲道化之治，道化之治重視消極意義之「去礙」……芸芸眾生，雖不能自覺地作工夫，然以至人之去碍，而使之各適其性，天機自張，則亦即「使不失其所待」，而同登逍遙之域矣。此即所謂「不失，則同於大通矣」。「同於大通」者，無論聖人之無待與芸芸者之有待，皆渾化於道術之中也。此即謂聖人之功化。功化與觀照一也。在「去礙」之下，功化即是觀照，觀照即是功化。觀照開藝術境界，功化顯渾化之道術。在去礙之下，一切浮動皆止息矣。浮動息，則依待之限制網裂矣。〔註83〕

初看牟先生此言，則道化之治似有兩義，一爲「去礙」，二爲「觀照」。「去礙」的涵義，符應牟先生「不生之生」的理路，「由不操縱把持、不禁其性、不塞其源、讓開一步來說明，如此則所謂生，乃實是經由讓開一步，萬物自會自己生長，自己完成……」〔註84〕我們用道家詞彙來理解，即是「因順」之義。然而此「因順去礙」，牟先生又繫之於「觀照」義底下〔註85〕：當主體致虛守靜，則道心覽照萬物皆復自如，生命各安其位，各適其性，各盡其極。此「主

〔註80〕同前註，頁 695。
〔註81〕同前註。
〔註82〕同前註，頁 305。
〔註83〕牟宗三：《才性與玄理》（臺北：臺灣學生書局，2002 年 8 月），頁 183〜184。
〔註84〕牟宗三：《中國哲學十九講》（臺北：臺灣學生書局，2002 年 8 月），頁 112。
〔註85〕牟宗三言：「從讓開一步講當然是主觀的，『道生』是個境界，道就寄託于這個主觀實踐所呈現的境界；由此講生，就是消極意義的不生之生。」同前註。

觀境界型態」，就聖人而言，自是臻成遊外冥內的逍遙果境；而就萬物言，亦藉由主體之觀照，開拓出因靜觀而顯美善的「藝術境界」。換言之，牟先生「境界型態」的詮釋理路，不僅顯豁著致虛守靜於極，便能視萬動紛紜於一切如如，而悠遊於命變事行中，臻至無往而不逍遙的內聖境界；並且，亦可經由「觀照」義，展開屬於外王面向的功化之治。

然此「觀照」之功化，究其實，亦只成就萬物逍遙的「藝術境界」而非「修養境界」，其對外王功治之實現而言，畢竟是消極的──它引發學者之疑慮有二：

一、單憑「觀照」，如何能啟覺、周通萬物，真切地安頓性命之情，甚至俱臻逍遙之境？是否，我們未能掘發「觀照」其餘意義？

二、「主觀境界型態」似不能全幅地詮釋出，道家「無為而治」之所以可能的形上基礎，諸如禮法制度生成之說明、萬物各安其位之存有論。

本章擬先探究第一個問題，而關於道家禮法制度之建構與其所關連的「存有論」基礎，則留待下章解析之。

現在讓我們再重新提問一次，為何聖人無心順任萬物，就能使萬物歸嚮，更去欲惡，反道一，含懷真性而各臻逍遙？吾人以為，實因「無心玄應」之「因順去礙」，蘊含「感應」之修為；一如郭象所言：「無心玄應，唯感是從。汎乎若不繫之舟」，我們再舉郭注數例，如「因以喻體道者物感而後應也」〔註86〕、「感應旁通為四達」〔註87〕、「……若有纖芥之慮，豈得寂然不動，應感無窮，以輔萬物之自然也！」〔註88〕郭象之「感應」義，自是源於《莊子・德充符》：「悶然而後應，汎而若辭」〔註89〕、〈刻意〉「感而後應，迫而後動，不得已而後起。」〔註90〕林明照先生便統計《莊》、郭二者使用「應」之次數〔註91〕，並細膩地闡發郭象「感應」義涵，明晰聖人為何總「因順」

〔註86〕　（清）郭慶藩輯，王孝魚整理：《莊子集釋》（臺北：華正書局有限公司，2004年7月），頁411。

〔註87〕　同前註，頁692。

〔註88〕　同前註，頁887。

〔註89〕　同前註，頁206。

〔註90〕　同前註，頁539。

〔註91〕　林明照言：「《莊子》哲學本即重視『應』，根據統計，《莊子》中『應』出現44次；然而在《莊子注》中則出現了91次，是《莊子》中的兩倍多。雖然出現次數不能全然彰顯一概念的重要性，但這間接說明，郭象在注《莊》中，屢屢闡發『應』的意涵。」見氏著：〈外內玄合與聖王之道：郭象哲學中「應」的意涵〉，《哲學與文化》，第40卷第12期（2013年12月），頁56。

物情，卻無有眾物流蕩情識，慾動無節之困結：

> 聖人之感包含與眾人之間雙向的互爲感通。眾人從聖人感受到
> 的，是一種敞開與牽引的處境感及力量。這不是來自聖人直接的帶領
> 與牽引，而是源於眾人自身實現自性的欲求，以及適性過程的生命活
> 力在敞開感中源源不絕的生發。在此，眾人得自聖人的敞開境遇感，
> 既是其情性、欲求實現的根源，也是眾人的嚮往與歸趨。〔註92〕

原來，「無心玄應」之義，並非孤冷死寂之無情，亦非只是一沖靈的玄覽而已，
它實是「聖應其內，當事而發」〔註93〕，基於眾人殊異性情與處境，而施與
殊別之牽導，曉喻眾生棄惡返眞，甚且，道家眞人亦非如儒法之士般，「道之
以德，齊之以禮」，直接施善教化；道家雖同於儒家「誠信著於天地」〔註94〕，
依眞情實感，體貼眾情，讓生命漸漸卸除防備與陰鬱識心，進而與聖人相互感
通，但迥異於儒家處，是道家「虛心以應物」〔註95〕、「不爭暢於萬物」〔註96〕，
聖人不施宰割，只引領生命綻現自體眞實，活出逍遙自適的自己；此時，怡
然暢情的生命，遂因聖人疏導，逐漸摒退濁惡，貞定自身眞樸，更紛紛歸順
王德，重新回歸相因無傷的和諧之場，但又因其卓爾自立，各自彰著，反不
覺聖人有所施化，故郭象言明王「功在無爲而還任天下。天下皆得自任，故
似非明王之功」〔註97〕也。

　　通過前文演繹，則在郭象玄學，縱然生命受氣稟、成見所限圍，未能無
往不冥，達聖稱至，但如萬物葆眞守分，稱能盡極、聖人當時應務，經綸兼
濟；兩者感應交通，遂得俱歸大化。而此玄義，實跳脫《莊子》首肯定須「無
待逍遙」，方能轉識成眞的內聖理脈，開出「適性逍遙」——萬物自適而相因
無傷，聖人周通而調理萬物的外王系統。

　　但縱然已貫通聖人與萬物之連結，在郭象道化之治的建構上，終只停留
於一雛型，筆者尚未疏理郭象諸如「有君論」、「賢愚襲情而貴賤履位，君臣
上下，莫匪爾極」〔註98〕的社會秩序，以至建構此倫常秩序的形上基礎。無

〔註92〕　同前註，頁 67。
〔註93〕　（清）郭慶藩輯，王孝魚整理：《莊子集釋》（臺北：華正書局有限公司，2004
　　　　　年 7 月），頁 936。
〔註94〕　同前註，頁 136。
〔註95〕　同前註，頁 136。
〔註96〕　同前註，頁 136。
〔註97〕　同前註，頁 136。
〔註98〕　同前註，頁 377。

能備全郭象歸本於《莊》的「外王道」系統，皆有待下章補充之。

四、《莊子》與郭象逍遙義之比較

經由前述，我們區別出郭象玄義中三種不同的生命型態：一爲欲惡蕩眞的虛妄生命。二爲盡分稱能，卻受「成心」所囿的「有待」生命。三爲同樣「適性」，更能無往不冥，順通天下之「無待」聖人。又詮析出「適性逍遙」中兩修養義涵：「守靜安分」與「無心玄應」。於此，我們可進一步追問的是，此「守靜安分」與「無心玄應」的工夫修養是否別異於《莊子》呢？吾人認爲，郭象提出「適性逍遙」的理脈，雖似爲〈逍遙遊〉中「無用之用」義理之延伸，只是，若依傅偉勳「創造性的詮釋學」檢視，純就「意謂」層次而論，它誠非內七篇義理所有，但外篇之〈駢拇〉、〈秋水〉皆大篇幅地表達「適性」義理，甚至〈秋水〉所言：「以其至小求窮其至大之域，是故迷亂而不能自得也」〔註 99〕、「北海若曰：『以道觀之，物無貴賤；以物觀之，自貴而相賤；以俗觀之，貴賤不在己。以差觀之，因其所大而大之，則萬物莫不大；因其所小而小之，則萬物莫不小……』」〔註 100〕這些依道觀之，物無貴賤，各有所受，小大不應相跂的觀念，都可視爲郭子玄構作「適性論」之理據。並且，此統攝「有待」、「無待」兩概念的「適性逍遙」論，依然旨於勸喻生命在「限制網」中，不忮羨外物而盡力實現屬我價值。（此中似也無「滿足現實的逍遙」的思想），依舊契應著《莊子》「安命論」的修養微旨。而所謂「無心玄應」之工夫，實精要地收攝《莊子》有如「朝徹」、「見獨」直至「攖寧」這一層層開展的工夫相，一切簡約於「忘化」之義中；縱然此收攝，總會讓讀者感到郭象漠視莊周艱難莊嚴之修爲，「只向輕靈順適邊說去」〔註 101〕，但《莊子》「心齋」、「坐忘」以至於逍遙遊的工夫歷程，其要義無非是遣蕩種種虛妄欲求，無執成心以因順萬有；那麼，郭子玄「無心玄應」之修爲，正符應著莊周旨意。只是，郭象倡言「有待逍遙」，「承認『成心』的權宜性」〔註 102〕，如對照學界普遍認爲《莊子》以「道心」對治「成心」的詮釋脈絡，縱使郭象亦以「無心玄應」的修養論，針砭「成心」之封限，但他似乎又總將此「無

〔註 99〕 同前註，頁 568。
〔註 100〕 同前註，頁 577。
〔註 101〕 唐君毅：《中國哲學原論・原道篇卷二》（香港：新亞研究院，1976 年 8 月），頁 398。
〔註 102〕 莊耀郎：《郭象玄學》（臺北：里仁書局，1998 年 3 月），頁 69。

心玄應」的修爲歸付聖人，凡俗若無其質則難學成；如此，則郭子玄之肯認「成心」，便似爲其玄學系統遺留下一個問題：如「有待」者總圈囿於氣稟、環境、時勢等限制之中，那麼「有待」又否能超拔至「無待逍遙」，進以貫通、整全其「成聖」系統呢？

究竟氣稟殊異之凡俗，能否成就聖道？郭象言：

> 故世之所謂知者，豈欲知而知哉？所謂見者，豈爲見而見哉？若夫知見可以欲（而）爲〔而〕得者，則欲賢可以得賢，爲聖可以得聖乎？固不可矣。……故見目而求離朱之明，見耳而責師曠之聰，故心神奔馳於内，耳目竭喪於外，處身不適而與物不冥矣。〔註103〕

> 心中無受道之質，則雖聞道而過去也。中無主，則外物亦無正己者（也），故未嘗通也。由中出者，聖人之道也，外有能受之者乃出耳。由外入者，假學以成性者也。雖性可學成，然要當內有其質，若無主於中，則無以藏聖道也。〔註104〕

在引文一中，郭象認爲秉性不可更易，如強求聖成賢，更會落於「心神奔馳於內，耳目竭喪於外」──羨欲外馳，支離眞性之弊病中；而引文二則透露著，郭象亦不否定藉由學習可諦聽聖道，唯「當內有其質」。兩相觀之，則吾人認爲，郭象並非絕斷凡俗成聖之可能性，但此可能性卻非普遍的，須內有成聖之氣稟，始能藉由學習而超凡入聖。我們復還「有待」能否超昇至「無待」逍遙的問題，則吾人以爲，「有待」雖受性分、時勢所限，但如內有其質，不陷溺於慣性思維中，復乘權達變，具備經綸天下之能，則「有待」性命亦能超昇至「無待」之生命型態。

「適性逍遙」備受質疑的原因之一，便是郭象總揉合氣稟於「性」。受限性分，生命遂無精神超拔提升之可能，「人類生命之價值自覺與向上發展之幾因而斲傷」〔註105〕。郭子玄籠罩於盛言氣稟才性的魏晉之世，無論成賢成聖，都須視氣稟而定；故郭象言：「則欲賢可以得賢，爲聖可以得聖乎？固不可矣。」但或許正因此故，郭象才提出「有待逍遙」之說──有待之「逍遙」只能自行其是，不能任變常通，而其義理亦不能保證每個生命皆有聖賢之稟性，然

〔註103〕（清）郭慶藩輯，王孝魚整理：《莊子集釋》（臺北：華正書局有限公司，2004年7月），頁152。

〔註104〕同前註，頁518。

〔註105〕林聰舜：《向郭莊學之研究》（臺北：文史哲出版社，1981年12月），頁76。

則，無論貴賤賢愚，只須安適其命，順任其性，無不能盡「道」之一殊，而放於自得自在；換言之，郭象提出「有待逍遙」論，亦可視之爲在風尙氣稟的魏晉時代，替生命價值之提升，尋獲一通口的發聲。只是單就郭象哲學系統而言，性總是「實存」之性，生命價值自可超拔飛昇，但須內有氣稟。更甚者，郭象亦因太重氣稟限制，滿足於安分守素，各盡其極，展現屬我價值之「逍遙」，卻未能領悟《莊子》之「逍遙」，是消解我執，泯除造作，其中清靜，更是超越氣稟限制，肯認生命，皆能擁有通觀彼我差異與價值的普遍道心。在郭象，此無心玄應、兩忘雙遣之道心，只屬聖人擁有，而郭象標點出聖人「無待而常通」之能力，除了接契《莊子》「心齋」、「坐忘」的工夫與境界，其特殊用心，更在賦予聖王周濟天下的能力與責任。只是，在郭注，因氣稟故，「有待」超拔至「無待」遂不能普遍地言之，而郭象亦不爲成聖開出一普遍性，因郭象玄義之聖人並非只是內聖，他還須懷具成就外王之稟性（需擔負周通天下，調節成濟之大任）。

　　我們自可同情地理解郭象；考其區分「有待」、「無待」兩逍遙，並以「適性」、「安分」爲工夫基礎的歷史機緣，實是名教崩壞，成爲執政者算計、殺伐的工具，而政治幽闇，縱曠達名士，蜉蝣生命依然朝不保夕的魏晉時代，郭象之「適性」，實是爲這大道閉隱的亂世，尋獲一守分、安命的保身之道；甚至透過各安其位，各稱其能，於紛亂的世道，重構和諧共生的安康社會。再者，我們可再省思的是，在思考成聖的路徑時，是否只專注爲生命開創出人皆可爲聖賢的普遍價值？這自然可爲人之所以爲人的尊嚴，開拓出一可大可久的價值光輝，但如對應《論語》：「子貢曰：『如有博施於民而能濟眾，何如？可謂仁乎？』子曰：『何事於仁，必也聖乎！堯舜其猶病諸！』」〔註106〕則孔子亦明確說著博施濟眾始可稱聖。而正視氣稟偏能的郭象哲思，便啓發著我們進一步提問：博施濟眾難道毋須個人特質或時勢造就嗎？郭子玄總正視著性分之限制，此限制或顯無奈，但卻眞眞切切地表現在現實之中。再觀其言：「小夫之知，而欲兼濟導物，經虛涉遠，志大神敝，形爲之累，則迷惑而失致也。」〔註107〕如生命質性適宜獨善其身，卻總欲兼濟導物，不正患了妄自尊大之病，更招敝神勞形之累，連眞性都一併喪失了？肯認聖王之人格

〔註106〕（宋）朱熹：《四書章句集注》（北京：中華書局，2006年11月），頁91～92。
〔註107〕（清）郭慶藩輯，王孝魚整理：《莊子集釋》（臺北：華正書局有限公司，2004年7月），頁1048。

特質總須具備「當時應務」、「隨時因物」此通權達變之玄慧，與周通遍潤，使萬物歸順服納之王德，不冀望蔽於一曲或豪狂狷介等士治善天下，不正是一誠實的思維模式嗎？省察郭子玄的問題意識，他實不以成聖爲出發點，而是由治世面向建構其玄理，故其所以肯認「成心」之用意便在此──不責備求全人人皆須無心玄應，甚至具備兼濟導物之才，而只須稱能盡職，充分地實現自己，便能擁有一分維繫天下和諧的能力。此較之著意於充盡內聖，方能涉足外王的思維，倒顯得便利多了。

只是，便利不代表周全，甚至有其流弊；郭象創發「適性守分」之工夫義，畢竟受氣稟限制太深，間接截斷「有待」超拔至「無待」之途徑，未能轉「成心」爲「道心」，生命雖可稱能盡極，卻不能依致虛守靜，遣蕩是非，玄覽達觀，臻成「無入而不自得」之「逍遙」，終究殊別於《莊子》，亦令郭象構作外王之政治哲學時，在內聖處有所虛歉，以致不能眞正契應《莊子》內聖外王之道。

五、結論

經由前論，吾人可得具體結論如下：

一、郭象提出「適性」逍遙的價值，在於對治「知欲流蕩，無盡外逐，遂使心靈疲困傷絕」，而生命「適性」，亦須懷持一復靜守分之工夫，安適於命行事變之中。

二、吾人企圖游離出牟宗三「一逍遙一切逍遙」〔註108〕的「觀照」理路外，認爲「有待」者，秉持復靜守分之修爲，正視自身屬我理分之限制，便能悠遊於屬我境遇，自臻「逍遙」；然而「恣其天機，無所與爭，斯小不勝者也」〔註109〕，「有待」之所以「小不勝」處，在於他們止於固守「成心」，雖能自行其是，自適逍遙，終受限於慣性思維中，不能體變合化，無往不通。更甚者，「有待」者如偏執其知，恐會因過度膨脹「成心」而異化，信其偏見而恣其所行，遂往而不反，因此戕傷其它生命價值。

三、「無待」逍遙殊勝於有待處，在於較之「有待」，其更強調「無心玄應」之修養，能應物而不累於物地常通無窮，更因此應會萬物而調適天下，

〔註108〕 牟宗三：《中國哲學十九講》（臺北：臺灣學生書局，2002 年 8 月），頁 426。
〔註109〕 （清）郭慶藩輯，王孝魚整理：《莊子集釋》（臺北：華正書局有限公司，2004年 7 月），頁 594。

成就疏通萬有的外王之道；故郭象言：「乘萬物御群材之所爲，使群材各自得，萬物各自爲，則天下莫不逍遙矣，此乃聖人所以爲大勝也。」〔註110〕

四、在融通「有待」與「無待」之關係後，我們發現，郭象之所以創造性地詮釋《莊子》，開展自己的「適性」學說，又屢稱《莊子》爲一「涉俗蓋世」、「經國體致」之書，實是認爲聖人擔負「因順」、「感應」之任，不僅存護生命本眞免於異化之幾，更輔導萬物能各盡其極，彼此相因無傷，共歸和諧之場。如此，則郭子玄脫離《莊子》「無待逍遙」理路，構作「適性逍遙」論，實是爲建立一諸品列位，殊職稱能的道家外王學。

然在此篇，作者卻未將郭子玄「適性逍遙」中蘊涵的社會結構、實現此社會結構的形上基礎與治世道術鋪陳開來，故未能全幅撐開郭象「帝王道」系統。這些問題，都須待我們於下章繼續探尋。

〔註110〕同前註。

陸、道體儒用？道化之治？
——郭象「名教即自然」義之重衡

一、問題之提出

　　湯用彤先生判言魏晉玄學家戮力於「名教」如何融通於「自然」，實是「儒道會通」之應用〔註1〕，在學界幾成定論。學者多順此基調補充之，但些微可見與湯先生不同處，如陳寅恪先生詮證「周孔名教之義」時，徵引《老子》：「樸散則爲器，聖人用之則爲官長」、「始制有名」與王弼注解，將魏晉人之「名教」釋爲「以名爲教，即以官長君臣之義爲教」〔註2〕，陳先生還認爲，魏晉諸名士對名教與自然的主張互異，是源於自身政治立場不同，對立於「入世求仕」與「避世不仕」間，遂有「崇名教」與「宗自然」兩派衝突，直至東晉袁宏，「名教與自然」才確切呈現一體用之關係。〔註3〕陳寅恪此說，在余英時先生那得到反省與補述：一方面其認爲「自然與名教」之爭，圈限於政治立場的選擇以定義「崇名教」或「尚自然」，似也太過狹隘〔註4〕；另一方面，余先生以爲，「魏晉時代的『禮教』或『禮法』主要是

〔註1〕湯用彤言：「所謂『聖人者』，以『自然』爲體，與『道』同極，『無爲而無不爲。』這種『聖人』的觀念，從意義上講，便是以老莊（自然）爲體，儒學（名教）爲用。道家（老莊）因此風行天下，魏晉『新學』（玄學）隨著長成了。」見氏著：《魏晉玄學論稿》，里仁書局編：《魏晉思想》乙編三種（臺北：里仁書局，1995年8月），頁132。

〔註2〕陳寅恪：《金明館叢稿初編》（臺北：里仁書局，1982年3月），頁183。

〔註3〕同前註，頁182~192。

〔註4〕余英時：《中國知識階層史論》（臺北：聯經出版事業股份有限公司，2006年11月），頁331。

指在家族倫理的基礎上所發展出來的一套繁文縟節。雖然在很多情形下,『禮教』或『禮法』也可以視為『名教』的同義語,但是前者的政治涵義較輕而社會涵義則較重。」﹝註5﹞故其開展陳寅恪「官長君臣之義為教」的詮釋,更廣義地認為「魏晉所謂『名教』乃泛指整個人倫秩序而言,其中君臣與父子兩倫更被看做全部秩序的基礎。」﹝註6﹞余文更持論,漢末以至於嵇康以降,在政治壓迫與禮節桎梏而身亡的氛圍下,「不但君臣之倫要打破,其他一切人倫關係的價值也都不能不重新估定了」﹝註7﹞,於此,余英時重新省視魏晉禮教價值,在於解決情禮間的衝突;其中,他亦舉郭象注:「夫知禮意者必遊外以經內,守母以存子,稱情而直往也。……」作為調和情禮的哲學根據。﹝註8﹞

　　從陳、余二文中,我們得見,他們略微疏淡湯用彤的論調,即不將「名教」視為儒家專屬之仁義禮法,而較廣泛地定義為「官長君臣之義」、「人倫秩序」,但兩先生依舊立基在「儒道會通」的意識上言「自然」與「名教」之關係;畢竟,儒道兼綜本是魏晉士人涵養之基底,而司馬氏假禮法迫害士人,進而引發名士塑構「自然」與「名教」之關係亦是史實。只是,如概略地視「自然」從道家,「名教」屬儒家,復進行調和,以此圈定「儒道會通」義,卻在我們深入檢視玄學家建構人倫秩序的義理根據時,面臨一困惑:如玄學家依據「道家」的禮義思想創建「名教」體系,我們還能說其是「道體儒用」嗎?以王弼為例,他認為人間秩序的建立,是「始制則為樸散始為官長之時也。始制官長,不可不立名分,定尊卑,故始制有名也。」﹝註9﹞──視「道」為規範倫常的價值理序,而人倫遂秉此價值理序而本真地建立,進以訂立官制名分。此依「道樸」殊散成器用的哲學理論,自是本《老》,而非從屬「攝禮歸仁義」(通過仁義價值,建成禮樂制度)的儒家。

　　以上粗略地鬆動湯用彤先生「儒道會通」的論調,實是從哲學史觀的檢視,轉向至玄學內部義理建構之省察。最近學界亦有從此方向,質疑「儒道會通」縱是魏晉時風議題,但是否真能概括至所有玄學體系的研究成果;如

﹝註5﹞　同前註,頁338。
﹝註6﹞　同前註,頁332。
﹝註7﹞　同前註,頁338。
﹝註8﹞　同前註,頁355。
﹝註9﹞　(魏)王弼撰,樓宇烈校釋:《王弼集校釋》(臺北:華正書局有限公司,2006年8月),頁82。

莊耀郎先生〈魏晉「自然與名教」義蘊之溯源與開展〉〔註10〕一文與楊立華先生《郭象《莊子注》研究》〔註11〕一書，皆所見略同地指出郭象《莊子注》在建立名教制度時，實是繼承老莊的理論，不應被視爲儒道調和主義下的產物，而應視爲道家思想的發展。

　　只是，如就義理體系省視郭象《莊子注》，能否跳脫「儒道會通」的基調，純以道家哲思建構不同於儒家之仁義禮法，便須對牟宗三先生以「作用層的保存」構築「儒道會通」的哲學基礎有所回應；因牟先生認爲，魏晉玄學得以調和儒道的可能性，不在於玄學家能豎立一仁體流行於性命、禮法的宗骨，層層擴築隸屬於道德價值之「名教」，而在於他們只是把握老莊思維，依無爲順任，泊然無繫之虛靈以應跡。〔註12〕職是，其雖不能挺立一好善惡惡的道德意識，只呈顯屬觀照型態的一「光板之心之主體」〔註13〕，亦能以通透之道家義理，存護儒家之仁義；故在眞切確立儒道兩家價值上，魏晉玄學自「不眞能會通儒道」〔註14〕，但先生亦認爲，正是道家行此觀照之存護，能無礙於儒家仁體之呈現，從而爲魏晉「儒道融合」奠定一哲學基礎。〔註15〕然則，如依牟宗三「作用地保存」義，那麼道家反省儒家仁義流弊，進而保存仁義的本眞性，其所彰顯的「仁義」是否徒留於「保存」？此雖能使「聖功全」、

〔註10〕莊耀郎此文，別異於前期繼承湯用彤「儒道會通」與牟宗三「作用地保存」之義理；他精微地疏論從先秦至郭象對於「名教」各自賦予不同的意義，得出「『名教』原來即屬於西周以來，而爲諸子百家所共同繼承的大傳統，非儒家所能專有。老莊的理論架構下，自有『名教』的分位，與儒家分轍殊軌，非從儒家借用。玄學家其實是繼承先秦老、莊的理論。……因此要重新安頓名教、正視名教，令其歸屬於自然，而展開名教與自然三階段的論述。積極肯定名教，爲名教尋一可安立的理論基礎。」之結論。見黃啓方編：《文學、思想與社會》（臺北：世新大學，2006 年 10 月），頁 29～80。

〔註11〕楊立華言：「以自然和名教的關係來理解郭象的政治哲學，認爲郭象的政治哲學的目標是自然與名教的統一，進而認爲郭象要在儒道之間進行折衷的調和，這是一直以來魏晉玄學研究的根本誤區。……郭象的政治哲學不應被視爲任何意義上的調和主義的產物，而應被看作在現實歷史處境當中，道家思想的某種自我發展和調整。」見氏著：《郭象《莊子注》研究》（北京：北京大學出版社，2010 年 2 月），頁 189～190。

〔註12〕牟宗三：《才性與玄理》（臺北：臺灣學生書局，2002 年 8 月），頁 123～124。

〔註13〕同前註，頁 375。

〔註14〕同前註，頁 124。

〔註15〕同前註，頁 375～377。先生又言：「王、何、向、郭雖欲融會老、莊與周、孔，然其玄學名理實不能擔當此工作。」見是書，頁 66。顯示牟先生依然在「融通儒道」的意識裡看郭象注，只是認爲其體系不成功罷了。

「仁德厚」之論，藉一超越反省，曲折地肯認周文與儒家的禮義價值，卻是否無能進一步開展，屬於道家自身的仁義禮法呢？本文的問題意識，即是探索《莊子》有無建構出一別異於儒家的禮義制度？再檢視郭注是否紹承著道家的「名教」義？如有，便能肯認郭子玄純依《莊》解《莊》，進而成就道家「神器獨化於玄冥之境」的「道化之治」；否則，郭象終只是應跡地存護儒家仁義禮法，始終難離「道體儒用」的範圍。

二、《莊子》的道化之治

（一）仁義禮制之批判與重建

在探究《莊子》倫常制度前，吾人需略微疏解儒家人文化成之諸德，以資勘照。牟宗三先生點出「健」、「覺」二義，真能透顯儒家「仁」的特質：生命總有一怵惻之感以潤覺萬物，遍及人我，臻與天地同體，故先生言：「仁以感通為體，以潤物為用」〔註16〕。而「仁」體感通潤覺，發用於出處進退的境遇中，行合宜之判斷舉措，遂形成儒家之「義」，更由此「敬以直內，義以方外」的道德判斷意識，延伸至客觀的倫常制度，構成「禮法」，建設、調理著社會秩序。此通過「仁」之怵惻感潤、好善惡惡之道德意識，成為建立禮義制度的動力根源，自也可用勞思光先生「攝禮歸義」、「攝禮歸仁」表述之。〔註17〕

然在道家如《莊子》，似總不解儒家仁體能感通潤覺，義行須權衡時中，禮制當因革損益的真義，但《莊子》卻也因此誤解，反突顯出儒家崇仁舉義之流弊：1、使天下競從，矯效偽飾紛起。〔註18〕2、汲汲仁義，不知仁義自屬生命真性之一，反連連標舉，偽生惑性，直使源於真性之仁義亦一併喪卻。〔註19〕3、道德意識形成之價值判斷，因執定著是非好惡，遂產生理想與現

〔註16〕牟宗三：《中國哲學的特質》（臺北：臺灣學生書局，1994年8月），頁43～44。

〔註17〕勞思光：《中國哲學史·第一卷》（香港：香港中文大學崇基書院，1980年11月），頁41～52。

〔註18〕〈駢拇〉：「夫小惑易方，大惑易性。何以知其然邪？自虞氏招仁義以撓天下也，天下莫不奔命於仁義，是非以仁義易其性與？自三代以下者，天下莫不以物易其性矣。」又〈外物〉：「演門有親死者，以善毀爵為官師，其黨人毀而死者半。」直見矯仁鬻名之扭曲不堪。見（清）郭慶藩輯，王孝魚整理：《莊子集釋》（臺北：華正書局有限公司，2004年7月），頁323、943。

〔註19〕〈駢拇〉：「故性長非所斷，性短非所續，無所去憂也。意仁義其非人情乎！彼仁人何其多憂也？」同前註，頁317。

實之衝突，不能隨遇而安。〔註 20〕4、又此價值判斷如執著異化，更自以爲是，專任獨斷，壓迫其它價值美善。〔註 21〕5、掌握權力者藉仁義行陰邪奸宄。〔註 22〕6、希冀以仁義規勸他人，反激起他人內心之陰暗面。〔註 23〕我們亦可用〈田子方〉中「吾聞中國之君子，明乎禮義而陋於知人心」〔註 24〕一語，收束《莊子》對儒家衿仁尙義之反省；因在《莊子》看來，儒家標擢仁義，其「陋於知人心」處，一爲不明萬物映發，各秉其眞樸，而連連仁義，反不能安其性命之情；二爲「以仁義攖人之心」，卻引發矯效異化之扭曲，與不肖、反菑等種種心理陰沉的反動。

　　然則，《莊子》雖屢屢抨擊儒家仁義，卻亦有將「仁義」賦予道家玄理，復重新定義處，如：

　　　　孔子曰：「中心物愷，兼愛無私，此仁義之情也。」〔註 25〕
　　〈天道〉

　　　　……遠而不可不居者，義也；親而不可不廣者，仁也；節而不可不積者，禮也；中而不可不高者，德也；一而不可不易者，道也；神而不可不爲者，天也。〔註 26〕〈在宥〉

　　　　無爲爲之之謂天，無爲言之之謂德，愛人利物之謂仁……〔註 27〕
　　〈天地〉

　　　　莊子曰：「至仁無親。」〔註 28〕〈天運〉

上引〈天道〉一語，《莊子》藉孔子之口，定言仁義爲「兼愛無私」，雖隨後便遭老聃質疑：「……夫兼愛，不亦迂乎！无私焉，乃私也。……夫子亦放德

〔註 20〕　〈大宗師〉：「許由曰：『而奚來爲軹？夫堯既已黥汝以仁義，而劓汝以是非矣，汝將何以遊夫遙蕩恣睢轉徙之塗乎？』」同前註，頁 279。
〔註 21〕　〈齊物論〉：「道隱於小成，言隱於榮華。故有儒墨之是非，以是其所非，而非其所是。」同前註，頁 63。
〔註 22〕　〈胠篋〉：「彼竊鉤者誅，竊國者爲諸侯，諸侯之門而仁義存焉，則是非竊仁義聖知邪？」同前註，頁 350。
〔註 23〕　〈人間世〉：「而強以仁義繩墨之言術暴人之前者，是以人惡有其美也，命之曰菑人。菑人者，人必反菑之……」又「剋核大至，則必有不肖之心應之，而不知其然也。」同前註，頁 136、160。
〔註 24〕　同前註，頁 704。
〔註 25〕　同前註，頁 479。
〔註 26〕　同前註，頁 398。
〔註 27〕　同前註，頁 406～407。
〔註 28〕　同前註，頁 498。

而行。循道而趨，已至矣；又何偈偈乎揭仁義，若擊鼓而求亡子焉？意，夫子亂人之性也！」〔註29〕在此，老聃指摘出儒家揭負仁義，強行於世，卻攖亂人性，看似反對「兼愛無私」意，然〈在宥〉、〈天地〉篇卻言，「親而不可不廣者，仁也」、「愛人利物之謂仁」，又似為「兼愛」之轉語；〈天運〉以莊周口吻說著：「至人無親」，亦與「無私」同義。我們可藉郭注、成疏梳理此番弔詭；「夫兼愛，不亦迂乎！无私焉，乃私也。」句後釋言：

> 夫至仁者，無愛而直前也。世所謂無私者，釋己而愛人。夫愛
> 人者，欲人之愛己，此乃甚私，非忘公而公也。〔註30〕

> 夫兼愛於人，欲人之愛己也，此乃甚私，何公之有邪！〔註31〕

又郭象於上引「愛人利物之謂仁」後注「此任其性命之情也」。〔註32〕郭、成二人皆秉承〈大宗師〉中「常因自然而不益生」的「無情」論調，反省儒家力求愛人，卻意欲使人反過來愛己，實為自私；而道家卻認為愛人即出於自然之情，屬性情之本然，其中無異化執著，更須遣蕩愛人而帶給他人的壓迫感，直使他人自得適性，忘卻被人所愛的親密與負荷。於此我們得見，《莊子》並非反對「兼愛」，亦非如墨家忽略親親之差而泛愛眾人。《莊子》所謂「兼愛」，是須以坐忘之工夫，養存心靈通達無礙，使生命身落待人接物的境遇時，汰謝私愛偏執，呈現如郭注所言，「事至而愛，當義而止」〔註33〕之靈妙；以清虛感通，應他人之悲痛，輔導他人能夠回歸真樸，還自身性命之情，而體道靈臺心在感應後旋即又歸於虛靜，無執無累。如此應跡之愛，實能使他人從執溺被愛，遂深陷依賴中解脫出來，挺拔為獨立自適的成熟人格；易言之，道家並非棄絕「兼愛」，反倒是通過應跡任化以成就「兼愛」，「忘愛釋私」〔註34〕與「愛人利物」，實為一「作用地保存」而非「本質的否定」，兩者實可成為一體用關係。並且，我們得見，《莊子》以至郭象，雖與儒家相同，「仁德」皆擁有一感通應潤之覺，但不同於儒家，知是非、辨善惡的道德意識作為根基，而是以忘化去累，無私應物的工夫作為仁德之質。

　　上論著重於疏解道家仁德與儒家之別，而《莊子》對於「義」之概念，

〔註29〕 同前註，頁 479。
〔註30〕 同前註。
〔註31〕 同前註。
〔註32〕 同前註，頁 407。
〔註33〕 同前註，頁 480。
〔註34〕 同前註，頁 76。

亦有異於儒家者：

> 故先聖不一其能，不同其事。名止於實，義設於適，是之謂條
> 達而福持。〔註35〕〈至樂〉

> 當其時，順其俗者，謂之義〔之〕徒。〔註36〕〈秋水〉

> 古之治道者，以恬養知；知生而無以知爲也，謂之以知養恬。
> 知與恬交相養，而和理出其性。夫德，和也；道，理也。德無不容，
> 仁也；道無不理，義也；義明而物親，忠也；中純實而反乎情，樂
> 也；信行容體而順乎文，禮也。禮樂遍行，則天下亂矣。彼正而蒙
> 己德，德則不冒，冒則物必失其性也。〔註37〕〈繕性〉

「義設於適」句，成玄英疏可謂善解：「而義者宜也，隨宜施設，適性而已，不用捨己效人。如是之道，可謂條理通達而福德扶持者矣。」〔註38〕此可連帶解釋「當時順俗謂義」與「道無不理，義也」含蘊；乍看成疏，雖與《中庸‧十九章》相同，皆以「宜」解「義」〔註39〕，合「義」字古訓，然成疏與《莊子》，亦非依道德意識作爲舉措合宜的標準，而是體貼殊異生命，與當時情境習俗，復建立各適其用之儀則；再者，「道無不理，義也」透露著，唯有各性命應會著屬己境遇，充分因應命變，隨遇合宜，更從中領會「道」在境遇中生發之義蘊，方能稱「義」。郭象於〈天道〉：「道德已明而仁義次之」後注：「物得其道而和，理自適也。」〔註40〕又言：「義者，成物之功」〔註41〕，亦表明生命適宜其自性道，成濟屬我生命，更因自爾自成，不傾軋物我，和諧共存，以順應天理而稱「義」；突顯道家之「義」，泯化人爲制訂的是非標準，純依循天道，體察事變而行宜。

　　上引〈繕性〉篇之章句，亦論述著《莊子》重建「禮」的義涵，還呈現出從「道」降至禮的遞嬗過程中，禮樂產生之異化。首先，心知以恬靜存養，能和諧無礙地處世適道，便可謂「德」，其能領悟大道之無不在，順應接納造

〔註35〕 同前註，頁 621～622。
〔註36〕 同前註，頁 580。
〔註37〕 同前註，頁 548。
〔註38〕 同前註，頁 623。
〔註39〕 （宋）朱熹：《四書章句集注》（北京：中華書局，2006 年 11 月），頁 28。
〔註40〕 （清）郭慶藩輯，王孝魚整理：《莊子集釋》（臺北：華正書局有限公司，2004 年 7 月），頁 471。
〔註41〕 同前註，頁 283。

化之理。依據此德，以無心兼容眾物曰「仁」；體道而隨宜於世，無往不順而曰「義」。如此，持和順納物之心懷接世，則能使物親而忠貞曰「忠」；眾物親則機心泯，遂能各秉純實，暢懷盡情而曰「樂」；又顯此暢懷之情，進以順適自然之節文，始得以稱「禮」。然如不明禮樂的意義根源在於恬靜之心與和諧之道，直以失卻涵藏「道」蘊的禮樂治世，則天下亂矣。

　　從〈繕性〉篇由「道」遞降至「禮」的過程中，我們可見，須以清通寧靜之誠，流露真情實感方知「禮」意，但若只是真誠暢懷，那麼，豈非直付情之所鍾，以哀樂應物？我們再觀下列文獻：

　　　　故禮義法度者，應時而變者也。〔註42〕〈天運〉

　　　　徵之以天，行之以禮義，建之以大清。〔註43〕〈天運〉

　　　　至禮有不人，至義不物，至知不謀，至仁無親，至信辟金。
　　〔註44〕〈庚桑楚〉

於此得見，《莊子》之禮意實不停於哀樂實感，其甚至持「至禮有不人」、「哭泣無涕，中心不戚，居喪不哀」〔註45〕（〈大宗師〉語）的「無情」論，化消激情而傷性之流弊，因他不僅依絕假純真對治俗禮的矯揉造作，剝解相敬如賓的虛偽防備，重新交通彼我真情，此由真情為基的禮制，便須體貼物情，應時而變，甚至忘化人我之分，「徵之以天，行之以禮義」，直入造化之流；而生命如懷虛守靜，無息地接納命變推移，順應遷化時，愛憎本應不棲於情。故此真淳盡暢之情，自非是橫流蕩欲，也不停留在感於哀樂中，而須如郭注所言：「信行容體而順乎自然之節文者，其迹則禮也」〔註46〕——符應自然造化之節制。我們可從〈大宗師〉中，子貢往侍子桑戶喪禮的故事，明乎此順應自然節文之禮意：

　　　　……或編曲，或鼓琴，相和而歌曰：「嗟來桑戶乎！嗟來桑戶乎！而已反其真，而我猶為人猗！」子貢趨而進曰：「敢問臨尸而歌，禮乎？」二人相視而笑曰：「是惡知禮意！」……孔子曰：「彼，遊方之外者也；而丘，遊方之內者也。……彼方且與造物者為人，而

〔註42〕同前註，頁515。
〔註43〕同前註，頁502。
〔註44〕同前註，頁808。
〔註45〕同前註，頁274。
〔註46〕同前註，頁550。

遊乎天地之一氣。彼以生爲附贅縣疣，以死爲決肬潰癰，夫若然者，
又惡知死生先後之所在！」〔註47〕

子貢之所以對「臨尸而歌」感到驚訝，實因孔門皆屬方內之人，視規矩儀節爲
「禮」，但孟子反與子張琴二人之「禮」意，是聽任造化推移，視死生爲一貫而
隨與物化的「自然之禮」，一如林明照先生所言：「這是由哲學的洞視，來爲人
生難以釋懷的死生大事找到終極的安頓。……這種洞視應該同時是虛靈之心提
高到天地一氣之高度後的洞視，也就是必須『有眞人而後有眞知』。」〔註48〕

如上論無誤，則《莊子》所謂「仁」，是以忘化臻成兼愛；「義」，是以隨
宜通達命變；而「禮」則是以眞誠和諧物我，順應自然造化。甚至在〈天道〉
篇中，更提出「以天地爲宗，以道德爲主，以無爲爲常」〔註49〕，定義「天
地」爲「禮法度數」〔註50〕施用的價值依歸，如「五末」能依無爲（「精神之
運，心術之動」〔註51〕）而順任自然，便能開顯其本眞意義；在此，〈天道〉
揭櫫了「自然」與「名教」（政教倫常）爲一本末體用關係，遂建構出不同於
儒家的「仁義禮制」。然而，須承認的是，正面地重構「仁義」諸德，在《莊
子》文獻中並不多見，原因之一，自是其多著意於批判儒家仁義，二是《莊
子》「仁義」與「禮」並非首出之概念；「仁、義、禮」三者，都需以無心忘
化、順應自然作爲源頭活水。或因於此，《莊子》才不多著墨於仁義禮法的重
建，以免停滯於仁義，而遺忘諸德之所以能活絡的本眞意義，但如統整散落
於《莊子》中，正面論述仁德禮義之章句，是能得出此既反省諸德弊端，復
接契道原，重賦新意之義理脈絡的。

只是，如仁義禮法須以無心玄應，存護本眞價值，那麼其不正全幅朗現
「作用地保存」義涵嗎？吾人認爲，「作用地保存」確實點撥出，必通過生命
自覺自證，方能清虛體道，甚至調理萬物——它確立了生命實踐的優位性，
更顯明道家批判仁義，實爲貞定仁義本眞意義之面向。筆者上論《莊子》對
仁義禮制義蘊之重建，亦是立基於牟先生作用保存理論上，進一步申說的；

〔註47〕 同前註，頁 266～268。
〔註48〕 林明照：《先秦道家的禮樂觀》（臺北：五南圖書出版股份有限公司，2007 年
9 月），頁 137～138。
〔註49〕 （清）郭慶藩輯，王孝魚整理：《莊子集釋》（臺北：華正書局有限公司，2004
年 7 月），頁 465。
〔註50〕 同前註，頁 468。
〔註51〕 同前註，頁 469。

唯徒停留於此意義之存護，亦有兩點可省思之處：一、如只依「作用層」保存儒家「實有層」之諸德，終似藉由形式地護存，成為儒家仁義的「實現原理」〔註52〕，則上述道家殊異於儒家仁義的意涵，遂蘊而不出，未能開展。二、道家諸德最終的價值根源，亦非徒停留於無心順化的主觀實踐上，它們還須回歸自然造化此一價值理序中；易言之，沖虛無為之生命終須浸入自然造化之流，則道家之禮制倫常，雖不以道德意識作為價值判準，卻是以自然理序作為依歸，甚至模格自然造化的整體秩序，構作人世間的倫常體制：

> 夫尊卑先後，天地之行也，故聖人取象焉。天尊，地卑，神明之位也；春夏先，秋冬後，四時之序也。萬物化作，萌區有狀；盛衰之殺，變化之流也。夫天地至神，而有尊卑先後之序，而況人道乎！〔註53〕〈天道〉

> 四時殊氣，天不賜，故歲成；五官殊職，君不私，故國治……〔註54〕〈則陽〉

> 心與心識知而不足以定天下，然後附之以文，益之以博。文滅質，博溺心，然後民始惑亂，無以反其性情而復其初。由是觀之，世喪道矣，道喪世矣。世與道交相喪也，道之人何由興乎世，世亦何由興乎道哉！道無以興乎世，世無以興乎道，雖聖人不在山林之中，其德隱矣。〔註55〕〈繕性〉

> 人倫雖難，所以相齒。聖人遭之而不違，過之而不守。調而應之，德也；偶而應之，道也；帝之所興，王之所起也。〔註56〕〈知北遊〉

在道家，禮教倫常之建立，首先模擬天地流行，此流行成顯為四時調順，盛衰生殺，落實為禮法政教，使五官殊職，百工斯備；我們可說，天地造化便表現為引領萬物和諧共生的價值理序，更下貫為倫常制度的形上基礎。然此價值理序，實須通過萬物互依共存的有機整體予以維繫，甚至此理序，亦是構築於整體存在界自我調節機制之上，如文博澆浮，深植世道，人民不再懷

〔註52〕 牟宗三：《才性與玄理》（臺北：臺灣學生書局，2002年8月），頁340。

〔註53〕 （清）郭慶藩輯，王孝魚整理：《莊子集釋》（臺北：華正書局有限公司，2004年7月），頁469。

〔註54〕 同前註，頁909。

〔註55〕 同前註，頁552～554。

〔註56〕 同前註，頁745。

持真樸，反競逐心識，使總體價值崩壞，則此保合太和的理則逐告隱退。《莊子》正洞澈此「世與道交相喪也」的危機，故一方面藉批判禮樂儀文的異化，呼籲生命須還復原初真樸，一方面又瞭解機心易動，須防微杜漸；更有進者，洞察識心之成，不僅是當下邪念之萌現，更透露著惡者積藏已久之習氣，須藉機化癒，但在勸化屬惡時，又要有一存身葆真之道。

（二）道治曲成

有見於上述諸因，則《莊》書聖人調理綱常之則，就與儒家建構禮法衡定天下，進以嘉善抑惡的直取進路不同；他必須以感而後應，順而不傷的方式，疏導萬物歸根復命，復還性命之情：

> 自事其心者，哀樂不易施乎前，知其不可奈何而安之若命，德之至也。〔註57〕〈人間世〉

> 聖人之生也天行，其死也物化；靜而與陰同德，動而與陽同波；不為福先，不為禍始；感而後應，迫而後動，不得已而後起。去知與故，循天之理。故無天災，無物累，無人非，無鬼責。〔註58〕〈刻意〉

> 出為無為，則為出於無為矣。欲靜則平氣，欲神則順心，有為也。欲當則緣於不得已，不得已之類，聖人之道。〔註59〕〈庚桑楚〉

> 吾與之乘天地之誠，而不以物與之相攖，吾與之一委蛇而不與之為事之所宜。〔註60〕〈徐无鬼〉

從上引諸文可見，聖人「感而後應，迫而後動，不得已而後起」甚至「安之若命」──都旨於突顯須依無心玄應，任勢變而後起，進而依循天理，與物同宜。《莊子》之所以重視此「不得已」、「不可奈何」之情態，實有多義涵藏其中；對此，唐君毅先生有一番精微闡釋，現摘要之：首先，知義命之所在不可移，須直下承擔〔註61〕；再則，能體察勢態，感而後應，是為天之所使，順造化真理應世，故所為皆真而無偽；最後，此不得已之應世，須以心齋為工夫，更以此款接天地物我，故心之虛室虛舍，便同時與萬化同在，以為萬

〔註57〕同前註，頁 155。
〔註58〕同前註，頁 539。
〔註59〕同前註，頁 815。
〔註60〕同前註，頁 858。
〔註61〕唐君毅：《中國哲學原論・原道篇卷二》（香港：新亞研究院，1976 年 8 月），頁 398。

化之樞紐。〔註62〕於此，我們又可順唐先生之意，進一步探究此「不得已」之義蘊：

一、至人「虛緣而葆眞」〔註63〕（〈田子方〉語），持守沖虛無執之心，復在境遇中順緣天道造化。

二、之所以「感而後應」，旨在不攪擾萬物原初性情。而至人泊然後感，更顯露一斂容沉靜以攝神歸眾的人格魅力，引領萬物消泯機心，明心見性。〔註64〕

三、因聖人總「迫而後動」，應跡即隱，展現「爲而不恃、長而不宰」之道用，使生命能卓爾自立，各盡其命；更進者，在各自安命稱任，互不犯傷中，成就「端正而不知以爲義，相愛而不知以爲仁……」〔註65〕（〈天地〉）的理想境界。

四、此不得已而後動之「應」，實爲體察當時局勢變化，並在不引惹機心、不攪亂萬物性命之情的前提下，尋找一維繫當時世道和諧之對策，故〈徐无鬼〉言：「不以物與之相攖，吾與之一委蛇而不與之爲事之所宜。」

五、雖察事變而後起，但聖人依舊順天理而爲，不隨物宛轉浮沉（如愼到之徒者），他永遠保持用行舍藏之靈動。

經由前論，這「乘物以遊心，託不得已以養中」〔註66〕（〈人間世〉）之應世形態，實蘊含著內聖修爲、外王治術，以及存身之道；我們可藉由〈人間世〉中，顏回欲事衛君，與顏闔將傅衛靈公大子故事，闡釋此三面向。侍魏君故事中，孔子直指顏回執意拯救衛君的心理謬誤，逐步引導子淵領會心齋坐忘之旨：

> 仲尼曰：「一若志。無聽之以耳而聽之以心，無聽之以心而聽

〔註62〕唐君毅：《中國哲學原論・原道篇卷一》（香港：新亞研究院，1976 年 5 月），頁 368～369。

〔註63〕（清）郭慶藩輯，王孝魚整理：《莊子集釋》（臺北：華正書局有限公司，2004 年 7 月），頁 702。

〔註64〕唐君毅言：「……在其德之見於其人之態度中，即有一吸引人、攝住人之力量，以見其德之若爲一能涵攝一切特殊之德之全德、至德。此即德充符言德之特色所在也。」見氏著：《中國哲學原論・原道篇卷一》（香港：新亞研究院，1976 年 5 月），頁 371。又我們可從〈德充符〉之王駘、哀駘它，與〈天道〉士成綺見老子，先辱罵卻後受老子正卻其心，得見德充之人有一感而後應，使生命去惡返璞，歸懷道治的感潤能力。

〔註65〕（清）郭慶藩輯，王孝魚整理：《莊子集釋》（臺北：華正書局有限公司，2004 年 7 月），頁 445。

〔註66〕同前註，頁 160。

> 之以氣。聽至於耳，心至於符。氣也者，虛而待物者也，唯道集虛，
> 虛者心齋也。」〔註67〕

所謂「心齋坐忘」，是無時不身落於時間之流中，應物適變，曠然與物常通。當面對遷流不息的存在世界，體道至人總是無心而虛懷，化執以忘念，當機接納任何順逆之遇合，如此，因能澈切地承納生命中每一事變，便不會保有任何預計之外的期待；無所恃求、逆計，便永不會對倏忽萌發之事端有所驚異，亦能絕棄憂傷，在萬變無常的逆旅間，無時不自放於逍遙之場；此誠為道家「安時處順」旨奧，亦是〈應帝王〉中「遊心於淡，合氣於漠，順物自然而無容私焉，而天下治矣。」〔註68〕的內聖基礎。

　　然而面對獨惡的人事，體道真人如果當機接納，是否難免產生隨波逐流、因循苟且之病？從孔子引導顏淵須以「心齋」聽任自然造化，表現出「入則鳴，不入則止」的形跡，便顯示《莊子》實不這般認為。又顏闔將傅衛靈公大子故事，旨於闡發莊周面臨「其德天殺」之人時，那般戒慎恐懼的心情，更清楚透露著《莊子》在世道昏闇之時，所保持的態度；〈人間世〉：「蘧伯玉曰：『善哉問乎！戒之，慎之，正女身也哉！形莫若就，心莫若和。雖然，之二者有患。就不欲入，和不欲出。形就而入，且為顛為滅，為崩為蹶。……』」〔註69〕郭象注言：

> 　　反覆與會，俱所以為正身。形不乖迕，和而不同。就者形順，
> 入者遂與同。和者（以）義濟，出者自顯伐（也）。若遂與同，則
> 是顛危而不扶持，與彼俱亡矣。故當〔模〕格天地，但不立小異
> 耳。〔註70〕

當機接納，順適變化的心靈，雖然須「知其無可奈何而安之若命」，但始終堅持著無心棄欲的「見獨」昭瑩，當他面對屢行殺戮，反直稱快意之凶德時，依舊「身履正道」而「隨順機宜」〔註71〕，這正是〈知北遊〉所言：「古之人，外化而內不化」〔註72〕之義；於此，便含藏一應世道術於其中：形跡雖不乖

〔註67〕 同前註，頁147。
〔註68〕 同前註，頁294。
〔註69〕 同前註，頁165。
〔註70〕 同前註，頁165～166。
〔註71〕 〈人間世〉：「蘧伯玉曰：『善哉問乎！戒之，慎之，正女身也哉！』」成玄英疏語。同前註，頁165。
〔註72〕 同前註，頁765。

迁，態度總秉和順，但終應合著「自然」──此規範天地和諧共生的價值理序──為行動之準儀，故雖「彼且為嬰兒，亦與之為嬰兒；彼且為無町畦，亦與之為無町畦」，但其終究順應著天道理序而後作，而亦因著謙順和悅，使凶惡之士感受到德充之人對自身的蠻橫，有著同情的理解，終也緩慢地瓦解其暴戾氣質，領受溫潤謙沖之感召，復歸於靜樸和善。此懷道乘勢，再藉機疏導生命的術用，誠如賴錫三先生所言：「《莊子》『在方內中遊乎方外』的綜合智慧，它其實是想統合價值與勢變，既要在勢變中的回應來迂迴實現價值，也要以價值來化導結構性的局勢宰制。」〔註73〕然亦須知，真人感領「天道」（此一開顯生命抱樸歸一的意義根源），並體察勢態變化，「當時命而大行乎天下，則反一無跡；不當時命而大窮乎天下，則深根寧極而待」〔註74〕（〈繕性〉語）──若逢天下清平，毋須潛蟄，亦毋伐善施勞，而是平平處之，出處皆自然合道，稱理而行，無所樹立典範、形跡，引人效慕；但若世道混濁，則真人亦只能遯世無悶地寧靜守樸，隨機而後作。

經上疏論，則我們從《莊子》依感通、無執之心旨，重塑仁義禮法，更復返「自然」之價值理序，與聖人察事變而後動，依不得已之情態應物、導物的道術中，端見其道化之治義旨：

一、無心玄應，因順命變之真人，無息地因應任何欻爾自生的遇合，但守樸之心靈，卻不因境遇侵擾而有絲毫的減殺；道心依然模格天地，只是在和順安適的情態中伺機而動，引領凶惡化消亢暴，逐漸回歸虛室生白的寧靜中。

二、《莊子》注重治療任何價值之異化，引導生命能真正獨立自爾，故仁義諸德本道原而立，亦在此治療批判中，構作不同於儒家之意義。《莊》書之「仁」，是以忘化臻成兼愛；「義」，是以隨宜通達命變；如推及為客觀制度，則「禮法度數」若應合造化，隨時施作，因宜變設，遂能本真地建立人文制度，反之則積弊。

三、諸德承秉道原之義理，透露出道家取法天道自然──此引領存在界和諧共生的意義根源──落實為人文倫常，通過明王無為順任性命之情，輔導萬物各安命任化，稱職盡能，在萬竅怒號中形成一互依共生的和諧整體。

〔註73〕賴錫三：《道家型知識分子論》（臺北：國立臺灣大學，2013 年，10 月），頁 39。
〔註74〕（清）郭慶藩輯，王孝魚整理：《莊子集釋》（臺北：華正書局有限公司，2004 年 7 月），頁 555。

四、《莊子》雖有建構道化之治的哲思，亦有拯濟天下之情懷，但其終保持「託不得已以養中」之通慧，觀勢察化而無心玄應，企圖於勢變中，通過至人之人格典範，形成一感染力，步步化消亢暴邪僻，重復眞樸，但如世間混濁，亦有葆眞全身之餘裕。此有道則顯，無道則隱之靈動，亦透露出《莊》書終不爲清寧世道提供一理論上的保證，因它清楚知道，維繫人倫秩序的責任，本就在眾生身上，聖人治術是不「亂天之經，逆物之情」〔註75〕（〈在宥〉語），行治療、輔導之功，剝解價值異化，啓迪眞性；唯有各生命自覺地返璞抱一，稱任盡能，才能成就〈應帝王〉中「功蓋天下而似不自己，化貸萬物而民弗恃」〔註76〕的明王治道。

五、綜括上述，則道家治世，可謂與儒家以仁義爲體，剛健爲用，直朗張陳爲禮樂制度的「創成」義不同；它是以「自然」爲體，冲虛爲用，勝於察事觀變復而順循自然，長於批判治療進以疏導輔贊，實屬一「曲成」義的道化之治。

三、郭象的道化之治

（一）歸本於《莊》之「名教」

通過上文疏論《莊子》道治系統，又夾附郭、成二注以詮解之，似乎已逐漸顯明，郭象建構人倫制度（「名教」）之內涵，實不同於儒家，反倒應合著道家哲思（既反省仁義諸德異化之因，復以無心感應，順適自然，重塑諸德義蘊），那麼，我們就更有理由，省思下述賴錫三先生之言：

> 郭象不在名教之外尋找本體，安於名教自身即可逍遙，據此郭象則有冥道必能用迹這一類迹冥圓融主張。如此一來，道家的冥道自然一樣要歸攝於儒家名教。……王弼與郭象的別有用心，有其理趣，問題在於他們是將道家的內聖學（「無」與「自然」）和儒家的外王學（「有」與「名教」）拼貼起來，其形象猶如道冠而儒服；而不是讓儒、道各以自家的「內聖外王」整體面貌來呈現自身，因此看似突顯了老莊的入世、用世性格，卻也忽略老莊對人間世的批判與治療之初衷。……在以儒攝道的收編過程中，卻也讓道家型知識分子最寶貴的游牧性、破壞性、不合作性、格格不入等批判性質，

〔註75〕同前註，頁389。
〔註76〕同前註，頁296。

在一片和光同塵的調和境界中，消失得無影無蹤。〔註77〕

賴錫三先生《道家型知識分子論》一書，旨於彰顯《莊子》對政治社會的關懷，然此關懷，實是奠基於批判、反省之上，賴先生試圖脫離傳統將《莊子》歸類爲「隱世」或「權謀」的詮釋進路，重新開闢一條批判權力施暴與人文僵化，復從批評中治療重建的《莊》書性格。〔註78〕先生認爲，《莊子》既疏離政治又有所關注，正顯其「在方內中遊於方外」的觀照，突顯其「游牧性、破壞性、不合作性、格格不入」意象，定義《莊子》實爲「保持游牧距離的純粹批判型知識分子」〔註79〕。而上引賴先生言論，亦包含他對郭注之質疑：一、郭象認可儒家的名教制度，只是在表面拼貼著道家「自然」義罷了。二、崇堯抑許由之「迹冥論」，看似圓成聖人無往不適之性格，實隱含著郭子玄對統治階層之維護。〔註80〕故就賴錫三觀來，郭注縱開展「儒道融合」、「名教即自然」與「迹冥圓融」等義理，「不在名教外尋找本體，安於名教自身即可逍遙」，似融通了「自然造化」與「人文化成」，彰顯《莊》書治世、用世之性格，實則只是順從權力，亟力爲統治層級辯護，遂喪失道家型知識分子批判人文、政治弊病等特質。

賴錫三先生的兩點質疑，亦是多數學者批評郭象處。關於第一點，我們雖已在前文夾議郭注，剖析其對「名教」義之反省與建構，應從主於道家，現再作一簡要疏釋，更揭其異於儒家與更進於《莊子》者：

美成於前，則僞生於後，故成美者乃惡器也。民將以僞繼之耳，未肯爲眞也。仁義有形，固僞形必作。成則顯也。失其常然。〔註81〕

仁者，兼愛之跡；義者，成物之功。愛之非仁，仁跡行焉；成之非義，義功見焉。存夫仁義，不足以知愛利之由無心，故忘之可也。但忘功跡，故猶未玄達也。〔註82〕

率性居遠，非積也。（〈在宥〉：「遠而不可不居者，義也」句後注）

〔註77〕 賴錫三：《道家型知識分子論》（臺北：國立臺灣大學出版中心，2013年，10月），頁 xi-xii。
〔註78〕 同前註，頁 35～42。
〔註79〕 同前註，頁 19。
〔註80〕 同前註，頁 18。
〔註81〕 （清）郭慶藩輯，王孝魚整理：《莊子集釋》（臺北：華正書局有限公司，2004年7月），頁 828。
〔註82〕 同前註，頁 283。

　　夫知禮意者，必遊外以經內，守母以存子，稱情而直往也。若乃矜乎名聲，牽乎形制，則孝不任誠，慈不任實，父子兄弟，懷情相欺，豈禮之大意哉！〔註83〕

　　夫本末之相兼，猶手臂之相包，故一身和則百節皆適，天道順則本末俱暢。〔註84〕（〈天地〉：「技兼於事，事兼於義，義兼於德，德兼於道，道兼於天。」句後注）

首先，郭象依然針砭著尚仁慕義，引發矯效偽作之弊，復重塑仁義諸德；其以公心詮解無情〔註85〕；至仁大公無親，而隨時應務，使物各適其宜，各暢其情；甚且，郭象更延伸「獨化」論於「至仁」，認為如生命各任其極，各守分位，這實為「自爾」之正理，何勞施為、親愛？〔註86〕於此，一者「忘愛釋私」，則當事而應，使物各自得。二者此「應旋歸寂」之忘化，消解偏愛執累，成就「而道合於愛人」〔註87〕的兼愛之功。三者萬物各安位守分，相因而不為，「至仁無親」遂以臻成。而所謂「義」，是就生命秉率著殊別真性，身落命變悠遠無常的境遇中，無息地居當處宜而言之。「禮」則強調須懷實任誠，稱情直往；於此，他反省著墨守禮法，反生滯礙，不能應務暢情之病；而仁義諸德的價值根源，是究本於天理，用末於人事，如「天道順則本末俱暢」、「百節皆適」；甚且，郭象對於禮法制度為何須因時適變，亦有一「存有論」的解釋——刑禮名法，皆是世之所以自行，非我制作，則倫常皆屬總體價值自我生成變化，是為存在界自我調節機制之外顯——藉此亦對治儒家力主制禮作樂，強制規範民情之弊。於此得見，較之《莊子》，郭象更突顯著體貼殊異物性，因順眾情，讓萬品縱殊，亦可各秉自性道而俱臻逍遙之義；而這正是他挹注「適性」、「獨化」論於《莊子》的成果。總言之，郭子玄仁義禮法的內容，是「必先順乎天，應乎人，得於心而適於性」〔註88〕，依然顯露其對人文制度弊端的批判與重建。

〔註83〕同前註，頁267。

〔註84〕同前註，頁390。

〔註85〕郭象言：「無情至平，故天下取正焉。」同前註，頁215。

〔註86〕〈天運〉：「至人無親」句後注：「無親者，非薄德之謂也。夫人之一體，非有親也；……外內上下，尊卑貴賤，於其體中各任其極，而未有親愛於其間也。然至仁足矣，故五親六族，賢愚遠近，不失分於天下者，理自然也，又奚取於有親哉！」同前註，頁498。

〔註87〕同前註，頁883。

〔註88〕同前註，頁503。

而對於第二點，郭象崇堯抑許由、四子，構作「迹冥圓融」義，不僅是賴錫三所批評的，郭象建構一替統治階層辯護的哲學理論，也是學界普遍認為郭子玄「調和儒道」的關鍵。但如檢視郭注，他刻意崇堯，與其說是為政治權力辯護，毋寧說他是在肯定政教倫常需經由批判、治療之過程而重建，進而塑造一主持政教的理想明王意象。甚且，正是他懷持改革政治之用心，才有推堯之舉；〈讓王〉篇後注言：

> 此篇大意，以起高讓遠退之風。故被其風者，雖貪冒之人，乘天衢，入紫庭，猶時慨然中路而歎，況其凡乎！故夷許之徒，足以當稷契，對伊呂矣。夫居山谷而弘天下者，雖不俱為聖佐，不猶高於蒙埃塵者乎！其事雖難為，然其風少弊，故可遺也。曰：夷許之弊安在？曰：許由之弊，使人飾讓以求進，遂至乎之、噲也；伯夷之風，使暴虐之君得肆其毒而莫之敢亢也；伊呂之弊，使天下貪冒之雄敢行篡逆；唯聖人無迹，故無弊也。……〔註89〕

郭象為世事紛亂之因，提出一根源性的診斷：他認為，伯夷、許由之徒，隱避世塵，其弊雖少，但亦掀「高讓遠退之風」，弊在於使人「飾讓以求進」，藉終南以求榮爵，更甚者誘發燕王噲讓位於子之，卻使燕滅絕之事。又此遠退之弊，「使暴虐之君得肆其毒而莫之敢亢也」，它與伊、呂佐世賢臣，輔湯武革命，病在「使天下貪冒之雄敢行篡逆」相同，禍端都在後世不返道源，徒留於迹，甚至明彰高節，陰行邪逆。故聖人因順、感應萬物，其用意實是成全眾品自性，如生命各歸自身美善，自能絕效棄偽，去迹反一；而上引文亦透露著，從郭象身處君主專制，又擔任「東海主簿」此政務官性格觀來，無論是深隱之士，或是游離於政治結構外，因戒慎而旁觀，心焦而批判的「純粹批判型知識分子」，他們面對暴政蠻橫，似乎也對體制改造少有裨益。故澄清天下，療復倫常之異化，還是須與世俗處而行政教；或因於此，郭象不採偏重批判、異議的詮釋路徑，依舊循「批判要於揭弊，揭弊終歸建立」的路數，宗法「古之隱士」〔註90〕，構築其屬於道家系統的內聖外王道。

然而，郭象既批判夷、許興發「高讓遠退之風」，那麼，當其面對《莊》書彰顯許由、四子，這些異議仁義囂禍，須棄絕方能還歸逍遙的文意時，是

〔註89〕 同前註，頁989。

〔註90〕 《莊子·繕性》：「古之所謂隱士者，非伏其身而弗見也，非閉其言而不出也，非藏其知而不發也，時命大謬也。當時命而大行乎天下，則反一無迹；不當時命而大窮乎天下，則深根寧極而待；此存身之道也。」同前註，頁555。

否在詮釋上，只能曲意貶視之呢？我們皆知，郭子玄是依「迹冥論」重構堯、許之關係：

> 夫理有至極，外內相冥，未有極遊外之致而不冥於內者也，未有能冥於內而不遊於外者也。故聖人常遊外以（宏）〔冥〕內，無心以順有，故雖終日（揮）〔見〕形而神氣無變，俯仰萬機而淡然自若。……。是故莊子將明流統之所宗以釋天下之可悟，若直就稱仲尼之如此，或者將據所見以排之，故超聖人之內跡，而寄方外於數子。宜忘其所寄以尋述作之大意，則夫遊外（宏）〔冥〕內之道坦然自明，而莊子之書，故是涉俗蓋世之談矣。〔註91〕

堯，一方面表示治世之迹，一方面亦涵藏無心任化之冥（「夫堯實冥矣，其跡則堯也」〔註92〕），成就泊然無感，順天下自爾自成的無爲治世義，此亦是郭象之圓冥義，只是堯所外顯之行爲，終究偏現治世的跡象，消弱了無心玄應的境界相，故郭象認爲《莊子》藉四子之行，來表意此無用天下之「所以迹」；然則四子雖邈遠天下，無所用之，卻顯露高蹈遠退之弊，不合無往不順，所在皆適的圓頓旨意；換言之，堯偏顯治世之迹，其內蘊應物無累的妙旨，便需藉由四子通透之，而四子亦指退遠弊端，違逆了淡然自若於萬變的諦義；如此，四子在郭象只是「寄言出意」的工具，表露無心（所以迹）之相，實則，迹冥圓融終須歸堯，即成此「遊外弘內」的圓頓義。

　　需再注意的是，郭象依舊將「所以迹」（無心於天下）之意歸於數子（縱然四子亦顯高讓之弊），只是他又爲了突顯聖人「應物而無累於物」（「迹冥圓」）之勝義，才貶抑許由、四子。並且，我們亦須知，郭子玄之譽堯，實是將〈應帝王〉中「順物自然而無容私焉，而天下治矣」的明王形象寓賦其中，旨於彰顯《莊子》「涉世蓋俗」的用世思維，從而建構其外王之道。不想後世多預設《莊》書屬高隱性格，遂誤解郭子玄標高堯、孔是明宗儒聖，暗彰玄理；那麼，無意掘發儒家義理的郭注，在「儒道會通」的後設思維裡，自然顯得左支右絀，卑劣不堪，甚至博得「爲統治階層辯護」的罵名。

（二）宗主於《莊》之「帝王道」

　　既然郭子玄亟力建構其宗本於《莊》的「帝王道」系統，那麼，他如何發明內蘊於《莊》的「內聖外王之道」呢？林明照先生認爲郭象思考如何「獲

〔註91〕同前註，頁268。
〔註92〕同前註，頁34。

得群體的和諧」的三前提，可資為我們整全郭象「道化之治」的綱領，此三前提分別為「聖人存在」、「社會結構」以及「自性應該獲得實現」〔註93〕。我們可先從「聖人存在」與「自性應該獲得實現」兩面向談起。

上文提到，郭象診斷世道動亂之因，在於慕彼效此，偽興詐起，生命紛紛失卻各自的美善價值，遂妄作曲邪，以至散亂綱常。故郭象以為，只要讓生命各自回歸真實，消泯慕迹從風之弊，便能復歸天地和諧；而正是立基於此，郭子玄遂開展他不同於《莊》書的「適性逍遙」論：生命雖各行其是，但安命適性，復自爾獨化，互依相因而無所戕傷，便能歸返大化流行，共構存在界的整體和諧；而聖人擔負感應、因順之責，導引萬物適其性，使生命皆能怡然自得地融應於自然造化。此聖人兼濟導物，引領萬物盡性稱能之道治，我們在本書第五章亦論述算詳，但此終究屬郭象外王道治之概略；實則，郭象亦順其「適性逍遙」理脈，吸取《莊子·天道》之說：依天道運行之尊卑次序，構作著人文倫常體制。〔註94〕進而發展出「有君論」與諸品司職任位的社會結構：

> 千人聚，不以一人為主，不亂則散。故多賢不可以多君，無賢不可以無君，此天人之道，必至之宜。〔註95〕

> 信哉斯言！斯言雖信，而猶不可亡聖者，猶天下之知未能都亡，故須聖道以鎮之也。群知不亡而獨亡於聖知，則天下之害又多於有聖矣。然則有聖之害雖多，猶愈於亡聖之無治也。……（〈胠篋〉：「天下之善人少而不善人多，則聖人之利天下也少而害天下也多」句後注）〔註96〕

> 若夫任自然而居當，則賢愚襲情而貴賤履位，君臣上下，莫匪爾極，而天下無患矣。斯跡也，遂攖天下之心，使奔馳而不可止。……〔註97〕

〔註93〕 林明照：〈外內玄合與聖王之道：郭象哲學中「應」的意涵〉（臺北：哲學與文化，第 40 卷第 12 期，2013 年 12 月），頁 66。

〔註94〕 〈天道〉言：「君先而臣從，父先而子從……夫尊卑先後，天地之行也，故聖人取象焉。天尊，地卑，神明之位也……夫天地至神，而有尊卑先後之序，而況人道乎！宗廟尚親，朝廷尚尊，鄉黨尚齒，行事尚賢，大道之序也。……」（清）郭慶藩輯，王孝魚整理：《莊子集釋》（臺北：華正書局有限公司，2004年 7 月），頁 469。

〔註95〕 同前註，頁 156。

〔註96〕 同前註，頁 348。

〔註97〕 同前註，頁 376。

君位無為而委百官，百官有所司而君不與焉。二者俱以不為而

自得，則君道逸，臣道勞，勞逸之際，不可同日而論之也。〔註98〕

如前所言，郭象資取〈天道〉：「夫天地至神，而有尊卑先後之序，而況人道

乎！」此以天地運常秩序，而衍伸出的尊卑先後觀，倡言須有一君王治世，

並認為眾品如安任於自然理序、份際，稱能於適當行止、職位，便可令賢愚

貴賤，皆襲情履位；而此君尊而無為，臣從而執事，萬民靜而安業的思維，

亦沁入郭象對「無為」之定義：他認為君上須貞靜而無所宰制，不侵擾百官

職務，百官便能敬業司位〔註99〕，遂形成「君道逸，臣道勞」之情態，亦構

成「各當其分，則無為位上，有為位下也。」〔註100〕──君上虛靜而無為，

臣下御事而有為的「無為」義。或問，臣子汲汲執事，怎能歸屬於「無為」

呢？郭象的回答是：「為其所有為，則真為也，為其真為，則無為矣，又何加

焉！」〔註101〕如各當其分，各據其性而為，便是順任真性之「無為」。

　　如此簡略地瀏覽郭象的「有君論」，以及臣民履位的社會結構，是因此義

理在各研究專書中，已論之甚詳，不勞本文贅述。〔註102〕我們欲探究的是，

郭象建構此君尊臣卑，襲情履位之哲理，在後世的反省中，面臨何種疑難？

以及探尋支撐此哲理的存有論基礎。

　　郭象在構築其安職稱位的倫常制度時，總牽聯「適性」而論；如他說著：

「耳目不能以易任成功，手足不能以代司致業」〔註103〕、「君臣上下，手足外

內，乃天理自然，豈真人之所為哉！」〔註104〕此時，便恐含有萬物身落世塵，

便無可更易其職分、事業的「命定論」思維；一如曾春海先生所言：「郭象將

屬於社會屬性的『分』，如『位分』、『職分』併入自性之性份內涵中……頗有

〔註98〕同前註，頁402。

〔註99〕郭象言：「……夫無為之體大矣，天下何所不（無）為哉！故主上不為冢宰之
任，則伊呂靜而司尹矣，冢宰不為百官之所執，則百官靜而御事矣；百官不
為萬民之所務，則萬民靜而安其業矣；萬民不易彼我之所能，則天下之彼我
靜而自得矣。……」同前註，頁405。

〔註100〕同前註，頁405。

〔註101〕同前註，頁1065。

〔註102〕讀者可參閱莊耀郎：《郭象玄學》，頁229～243。余敦康：《魏晉玄學史》，頁
359～381。康中乾：《從莊子到郭象──《莊子》與《莊子注》比較研究》，
頁94～134。各前輩皆具有豐富的研究成果。

〔註103〕（清）郭慶藩輯，王孝魚整理：《莊子集釋》（臺北：華正書局有限公司，2004
年7月），頁221。

〔註104〕同前註，頁58。

歷史的命定論之悲觀論調。」〔註105〕對此，我們接受曾先生前半段論述，但對其判定郭子玄有著「歷史的命定論之悲觀論調」則抱持疑慮；首先，郭象並非委頓苟活的「命定論」者，如其雖推崇「有君論」，但郭象亦不亟力維護王政，他對暴政亦有深刻的感觸與批判：

> 夫君人者，動必乘人，一怒則伏尸流血，一喜則軒冕塞路。故君人者之用國，不可輕之也。〔註106〕

> 惜名貪欲之君，雖復堯禹，不能勝化也，故與眾攻之，而汝乃欲空手而往，化之以道哉？〔註107〕

> 言暴亂之君，亦得據君人之威以戮賢人而莫之敢亢者，皆聖法之由也。向無聖法，則桀紂焉得守斯位而放其毒，使天下側目哉！〔註108〕

於此，郭象依舊隨《莊》而注，揭露暴君種種荒誕恐怖，甚且，其剖析暴君之所以能據威以戮賢人的利器，正屬聖王遺留，卻未能隨時制宜的「守迹」之法。〔註109〕他針砭國君以錯誤的方式治國，如「亂莫大於逆物而傷性也」〔註110〕、「己與天下，相因而成者也。今以一己而專制天下，則天下塞矣，己豈通哉！故一身既不成，而萬方有餘喪矣。」〔註111〕——專斷獨行，滯塞萬物真性，致使天下紛亂，甚且國君不明白，自身與天下，實為「相因而成」的共命結構，一己斷制不僅失喪萬方，更禍及自身，亡其政權；故唯有「去其亂群之率」，讓天下各復其所，各適其性，始能成就玄德之功。〔註112〕於此，我們得見，郭象結合著性分與職位，本意並非為「命定論」奠基一哲學理論，甚至維護門閥制度，他只是認為，維繫天下和諧之責任，定落在存

〔註105〕曾春海：《兩漢魏晉哲學史》（臺北：五南圖書出版股份有限公司，2005年6月），頁235～236。

〔註106〕（清）郭慶藩輯，王孝魚整理：《莊子集釋》（臺北：華正書局有限公司，2004年7月），頁132。

〔註107〕同前註，頁140。

〔註108〕同前註，頁346。

〔註109〕郭象言：「法聖人者，法其跡耳。夫跡者，已去之物，非應變之具也，奚足尚而執之哉！」、「不盜其聖法，乃無以取其國也。」、「言聖法唯人所用，未足以為全當之具。」同前註，頁344～345。

〔註110〕同前註，頁1081。

〔註111〕同前註，頁394。

〔註112〕郭象言：「去其亂群之率，則天下各復其所而同於玄德也。」同前註，頁356。

在界每一結構上，諸品須「事稱其能，各當其分」，始能構組「相因而成」的政教倫常。

而此「相因而成」的思維，正讓郭象繼承復創造地，別開異於傳統道家的存有論──「自爾獨化」：

> ……故造物者無主，而物各自造，物各自造而無所待焉，此天地之正也。故彼我相因，形景俱生，雖復玄合，而非待也。……今罔兩之因景，猶云俱生而非待也，則萬物雖聚而共成乎天，而皆歷然莫不獨見矣。故罔兩非景之所制，而景非形之所使，形非無之所化也，則化與不化，然與不然，從人之與由己，莫不自爾，吾安識其所以哉！故任而不助，則本末內外，暢然俱得，泯然無跡。若乃責此近因而忘其自爾，宗物於外，喪主於內，而愛尚生矣。……〔註113〕

在「自爾獨化」論裡，命降於世總是「無故而自爾」〔註114〕的，根本無一外在、超越的根源作為萬物生化之依據；郭注言：「雖變化相代，原其氣則一」〔註115〕、「今氣聚而生，汝不能禁；氣散而死，汝不能止也。明其委結而自成耳，非汝有也」〔註116〕、「氣自委結而蟬蛻也」〔註117〕，皆旨於表明存在界本為一氣之化（而就算這天地一氣也是「無本無根」，無故而自委結），如落於命變流行中，則表徵著際遇嬗變遷化，總欻然橫生於生命歷史間，非己能措意、主導。更有進者，「人之生也，理自生矣」〔註118〕，生命既塵落於世，其展開之歷史便自然形成一屬我境遇之理脈，等待性命適通應會。簡言之，郭象「獨化論」之義涵，擺落了追尋生化根源的思維模式，認為「道無不在」〔註119〕，只須通適生命屬我理分，便能開顯「道」之義蘊，應合於「自然」進以「獨化於玄冥」；窮索性命之源反而「宗物於外，喪主於內，而愛尚生矣」，內困外馳之悲絕遂從此而生。如能明晰性命之原初，本是「物各自造而無所待焉，此天地之正也」（郭象〈齊物論〉注中的「無待」，與〈逍遙遊〉注之

〔註113〕同前註，頁 111～112。
〔註114〕同前註，頁 496。
〔註115〕同前註，頁 951。
〔註116〕同前註，頁 739。
〔註117〕同前註，頁 740。
〔註118〕同前註，頁 202。
〔註119〕同前註，頁 752。

「無待」義，兩內涵不盡相同）〔註120〕，便能秉持「淳靜安分」之修養，投身於屬我性境遇中，從中挺立自身價值而暢適逍遙，玄冥於自然。

並且，自體「獨化」之論更延展至存在界，認爲萬物織構爲一相因非待，自造俱生的有機性整體。而這相因俱生的整體結構，總涵蓄著自我調節、損益的機能，就在此調節損益之中，世界亦展現出如袁保新先生所提出：「規範存在界一切物我定位的價值理序」〔註121〕之義。萬物身落於涵藏「價值理序」義蘊的整體世界，如各貞其性，各據其德，便能各安其位，各致其命，但如違逆此「價值理序」，便恐進退失據，隨知欲流蕩，滾落於「不道早已」的死地之中。

從這萬物織構成一相因俱生的整體世界中，生命「自爾獨化」守其分位，遂自然而然地形成一倫理秩序。由此得見，郭象倡言「適性逍遙」，其眞實目的也正是冀望從個體之各安其位出發，聚構成一和諧共生的天下倫序：

> 此言志趣不同，故經世之宜，小大各有所適也。〔註122〕

> 眾之所宜者不一，故官事立也。〔註123〕

〔註120〕從上引標楷體之〈齊物論〉注文中，我們乍見，郭象認爲生命原初之狀態本就「無待」，但細考此處所言的「無待」涵意，實指根本無一外在根據作爲生化之源，生命起因本就是忽然自生而無本無根的。並且，生命如能眞誠面對造化推移，不假外求地與其它生命構成一互依共命之關係，亦是〈齊物論〉注中的「無待」義；簡言之，此處之「無待」，其實便是「獨化」，它與〈逍遙遊〉注裡說的「無待之人」涵義不甚相似。一如勞思光先生所說：「萬物萬象最初皆是『自己而然』，『無待』其他條件；此即是『獨化』。但如此說『無待』，是指萬物在『存在歷程』中，最初本是如此；因是宇宙論意義。郭注又談『聖人』之『無待』，則是自我境界之意義。」見氏著：《中國哲學史‧第二卷》（香港：香港中文大學崇基學院，1980 年 11 月），頁 181。

〔註121〕袁保新言：「回顧我過去幾篇文章中對『道』的義理定位，我有時稱之爲『存在界的價值理序』，有時又稱之爲『價值世界的形上基礎』、『規範存在界一切天、地、人、我、鬼、神的理序』，可謂不一而足。究其實，在我心目中，老子的『道』相當於西方哲學中的「存有」（海德格意義的 sein，而非 seiendes 存有物）。………道卻主要開顯爲天、地、人、我之間互動秩序的根源，它負責的是提供一切人、物相生相續的終極保證。」參見氏著：《從海德格、老子、孟子到當代新儒學》（臺北：臺灣學生書局有限公司，2008 年 10 月），頁 266。袁先生文句自無「規範存在界一切物我定位的價值理序」一語，筆者爲順通文脈，故融化用之，應該與理無礙。

〔註122〕（清）郭慶藩輯，王孝魚整理：《莊子集釋》（臺北：華正書局有限公司，2004 年 7 月），頁 927。

〔註123〕同前註，頁 943。

所謂經世致用，實是順任殊異才情、志趣之人，使他們都能適用其所宜，得當其職分，而就在殊異生命「賢愚襲情而貴賤履位」〔註124〕時，各種繁雜客觀制度亦由此建立；換言之，禮法典章等諸客觀制度，便是存在界自我調節機制（其中自是包含萬物各適所宜而形成之倫序）的落實與彰顯：

> 民理既然，故聖賢不逆。〔註125〕（〈天下〉：「以仁爲恩，以義爲理，以禮爲行，以樂爲和，薰然慈仁，謂之君子。以法爲分，以名爲表，以參爲驗，以稽爲決，其數一二三四是也，百官以此相齒，以事爲常，以衣食爲主，蕃息畜藏，老弱孤寡爲意，皆有以養，民之理也。」句後注）

> 刑者，治之體，非我爲。禮者，世之所以自行耳，非我制。知者，時之動，非我唱。德者，自彼所循，非我作。任治之自殺，故雖殺而寬。順世之所行，故無不行。〔註126〕

> 夫先王典禮，所以適時用也。時過而不棄，即爲民妖，所以興矯效之端也。〔註127〕夫寄當於萬物，則無事而自成；以一身制天下，則功莫就而任不勝也。〔註128〕

正因客觀制度總是整體存在界自我調節機能的彰顯，故聖王運治天下，只須懷持體化合變、當時應務之能，行「順任」之化，「任治之自殺，故雖殺而寬。順世之所行，故無不行。」並且，刑禮律法，既隨當世民情而生成，故「先王典禮」，亦只適用當時民情；如沿襲承用，自須因革損益，否則「即爲民妖，所以興矯效之端也」。總而言之，存在界本就是一和諧共生的有機整體，具有自我調節之機制，假使天下萬物各安其位，各致其命，各盡其極，則聖王行「順任」之化，便能「無事而自成」，成就「無爲而治」之功。

如上述無誤，那我們便可省思牟宗三先生「主觀境界」型態，對郭象「因順」義的詮釋效力，是否有待我們補足，甚至斟酌之處。

在本書第五章中，我們疏論牟先生藉郭象：「夫唯與物冥而循大變者，爲能無待而常通，豈〔獨〕自通而已哉！又順有待者，使不失其所待，所待不

〔註124〕同前註，頁376。
〔註125〕同前註，頁1067。
〔註126〕同前註，頁239。
〔註127〕同前註，頁513。
〔註128〕同前註，頁291。

失，則同於大通矣。」〔註129〕一語，創發出「觀照」與「去礙」兩義涵。「觀
照」之意，著重在生命消解各價值之執著（如儒墨之是非），復由此無執心靈，
照覽萬理皆具殊異價值，並在道心觀照中，存護諸價值。從聖人「觀照」的
理路出發，牟先生更鑄成「作用地保存」與「不生之生」兩概念；而「去礙」
實與這兩概念相通，它就是「因順」之義。〔註130〕

　　綜觀郭注的「與物冥」與「順」義，它與「主觀境界型態」諸義涵有互
通處，但亦有殊異者；如我們可問，郭象何能以為，只須「因順」，便能令萬
物自賓自化？經前文疏證，我們得知，萬物自化的依據，自可源於無執道心
之讓開、成全，而使生命各安分守素，進以復靜貞極；然則郭象亦著重於存
在界屬一相因而成、互依共命的有機整體，有其調節機制，聖人必須維繫、
導濟之。故郭象之所以重此隨時應務，當機感物的「因順」義，實是認為萬
物本性靜樸，更共組存在界為一相因俱生的有機整體，聖人必須順通萬物真
性，與調理此有機整體。如此，郭象「因順」義，就不只是客觀萬物隨主觀
道心一體呈現，更非停駐於「觀照」心境之天壤，萬物才能獲得其意義〔註131〕；
與牟先生將萬物價值收攝於一空靈心境不同，郭象是奠基在相因俱生的存有
結構上，來言說其「因順」義的，故其特顯聖人感潤萬物，體貼萬物之情，
復而「當時應務」，隨生命殊異境遇而疏導、化成，感召萬物共組整體和諧之
神器。

　　是而，郭象所謂「與物冥而循大變」之「冥」義，便不單繫於主體觀照
的讓開、成全，他更著重在聖人與萬物的「感應」關係上：

　　　　夫聖人者，誠能絕聖棄知而反冥物極，物極各冥，則其跡利物
　　　之跡也。器猶跡耳，可執而用曰器也。〔註132〕

　　　　故聖人不顯此以耀彼，不捨己而逐物，從而任之，各（宜）〔冥〕
　　　其所能，故曲成而不遺也。〔註133〕

　　　　夫與物冥者，故群物之所不能離也。是以無心玄應，唯感之從，

〔註129〕同前註，頁 20。
〔註130〕牟宗三：《才性與玄理》（臺北：臺灣學生書局，2002 年 8 月），頁 183～184。
〔註131〕牟宗三：《中國哲學十九講》（臺北：臺灣學生書局，2002 年 8 月），頁 425
　　　～426。
〔註132〕（清）郭慶藩輯，王孝魚整理：《莊子集釋》（臺北：華正書局有限公司，2004
　　　年 7 月），頁 354。
〔註133〕同前註，頁 78。

汎乎若不繫之舟，東西之非己也。〔註134〕

聖應其內，當事而發；己言其外，以暢事情。情暢則事通，外
明則內用，相須之理然也。〔註135〕

上引文「冥」之意涵，偏顯聖人不施宰制，而是依「曲成」，引導萬物盡極自身
價值，萬物在自得自適時，便歸心於聖人此「與物隨成」之施教，成就明王治
世功業；故郭象言：「夫與物冥者，故群物之所不能離也。」易言之，郭象著重
於至人「隨成」萬物，萬物於「隨成」中復還自由自在，進以誠悅歸附聖人之
覺導，形成兩者交感互融之「相冥」義。然則，聖人何能依「隨成」，便能讓萬
物實現自己？又何能在「隨成」中，不令萬物隨欲惡流蕩呢？郭象認為，聖人
「無心玄應」，其身負萬機卻不縈於懷，只因他以隨感隨寂、當事而應的方式引
導萬物。他充分體貼眾生殊別，察照生命各異的境遇、情態（「聖應其內，當事
而發」），更順從各生命境遇，而施予不同的因應方策（「己言其外，以暢事情」，
又郭象言：「隨時因物」、「當時應務」〔註136〕），生命便在聖人此「應內顯外」
的治術中，曉暢性情，悠遊於屬我境遇中（「情暢則事通，外明則內用」）；而這
種不強仁就義、規範典儀，反曲行「因順」、「應感」的殊勝處，正在於其能容
納萬物別異，使生命不再效彼逐外，充分實現自身美善；又眾品並非受外在教
條制約，而是因著聖人啟發，自覺地秉其德、盡其極，遂能真正地卓爾獨立。
在此，聖人施化之痕跡，也在萬物自得自適與聖人感而後應，旋歸寂然的治術
中，功成身退，臻至「功成事遂，百姓皆謂我自然」的理境。

經上疏論，則郭象「又順有待者，使不失其所待，所待不失，則同於大
通矣。」之「因順」義涵，不只是順從生命自貞自化而已，它還包含著「感
應」，與聖人維繫存在界調節機制的理脈。郭象，正開展此「因順」、「感應」
與「調理」三面向，以成就明王治世之道術。現分疏如下：

1、因時制宜，順通倫序

士之所能，各有其極，若四時之不可易耳。故當其時物，順其
倫次，則各有用矣。是以順歲則時序，易性則不物，物而不物，非
毀如何！〔註137〕

〔註134〕同前註，頁24。
〔註135〕同前註，頁936。
〔註136〕同前註，頁938。
〔註137〕同前註，頁837。

夫王不材於百官，故百官御其事，而明者爲之視，聰者爲之
聽，知者爲之謀，勇者爲之扞。夫何爲哉？玄默而已。而群材不失
其當，則不材乃材之所至賴也。故天下樂推而不厭，乘萬物而無害
也。〔註138〕

眾品才情雖華爛映發，但囿於時濟，時過遂有被棄之憾，而聖人應承「大通
順序之道」〔註139〕，通過「因順」，而能遂民所適，安其所宜，「寄妙當於群
才」〔註140〕，使諸品皆能安身立命於倫理秩序之中。如萬物稱能定位，性命
自御其事，便得以具體實踐主上「泊然不爲而群才自用」〔註141〕之無爲而治。

2、寬宥循發，悅樂民情

夫寬以容物，物必歸焉。剋核太精，則鄙吝心生而不自覺也。
故大人蕩然放物於自得之場，不苦人之能，不竭人之歡，故四海之
交可全矣。〔註142〕

夫聖人之道，悅以使民，民得性之所樂則悅，悅則天下無難矣。
〔註143〕

不能自得於內而樂物於外，故可囿也。故各以所樂囿之，則萬
物不召而自來，非強之也。〔註144〕

任諸大夫而不自任，斯盡之也。斯須者，百姓之情，當悟未悟
之頃，故文王循而發之，以合其大情也。〔註145〕

郭象承《老子》「寬容」與《莊子》「在宥」之政術〔註146〕，更依「適性」說

〔註138〕同前註，頁177。
〔註139〕同前註，頁474。
〔註140〕同前註，頁134～135。
〔註141〕同前註，頁175。
〔註142〕同前註，頁162。
〔註143〕同前註，頁1076。
〔註144〕同前註，頁834。
〔註145〕同前註，頁723。
〔註146〕蕭公權剖析《老子》全生處世之道有（一）、濡弱（二）、謙下（三）寬容（四）、知足（五）、見微五義。而「莊子殆有見老學之缺點，乃破除拘執之爲我思想而發爲齊物外生之說。於是『天樂』、『逍遙』遂爲人生之最高境界，而『長保』、『不殆』降居次要地位。……莊子斷離物我，殆含二義。一曰不爲物役，則我不干人。二曰自適其適，則人勿干我。引伸人我無干之義則得無治之理想與『在宥』之政術。」見氏著：《中國政治思想史（上）》（臺北：中國文化大學出版部，1988年11月），頁164～193。

進一步闡發之。在《老》、《莊》，寬容讓眾物自適自化，生命因此獲得自由，遂心悅情暢而願順服歸納。而郭注認爲，如能使物暢其性，自得其內，則此盡性自得的生命便能樂歸悅從；更甚者，面對不能自得其內，反爲外物所囿之人，亦供給其所賴。寬宥之旨，在於順萬物之大情，眾品因此寬容，而心感溫潤，思傾服順，則聖王便能乘機「循而發之」，引導生命復還眞樸，容納萬物歸懷不逆。

3、順行天理，利用賞罰

> 賞罰者，失得之報也。夫至治之道，本在於天而末極於斯。
> 〔註 147〕

> 治道先明天，不爲棄賞罰也，但當不失其先後之序耳。夫用天
> 下者，必大通順序之道。〔註 148〕

然而我們須知，「因順」不表示徒順萬物恣欲而不施賞罰；如前所論，典章制度爲存在界自我調節機能之落實，故承順天理，亦能行賞罰生殺。只是天道主生機無息，賞罰遂成末節，但依然不能視其爲末流而偏廢，仍須依天制用，崇本舉末，不失其先後順序也。

其實，上述聖人與萬物相順、感應，從而構築司職任位的倫常體制，亦皆可收攝於「曲成」義中，試看郭注：

> 物皆自明而不明彼，若彼不明，即謂不成，則萬物皆相與無成
> 矣。故聖人不顯此以耀彼，不捨己而逐物，從而任之，各（宜）〔冥〕
> 其所能，故曲成而不遺也。今三子欲以己之所好明示於彼，不亦妄
> 乎！〔註 149〕

> 唯各安其天性，不決駢而齕枝，則曲成而無傷，又何憂哉！
> 〔註 150〕

> 物縈而獨不縈，則敗矣。故縈而任之，則莫不曲成也。〔註 151〕

於此，我們亦可問，如何曲成？曲成爲何能通濟萬物，達至《老子》所謂「無

〔註 147〕（清）郭慶藩輯，王孝魚整理：《莊子集釋》（臺北：華正書局有限公司，2004
　　　　年 7 月），頁 472。
〔註 148〕同前註，頁 474。
〔註 149〕同前註，頁 78。
〔註 150〕同前註，頁 319。
〔註 151〕同前註，頁 255。

棄人」、「無棄物」之功化？上引文實透露出重要線索,「從而任之,各冥其所
能」,說明聖人隨順物性,依「因順」、「感應」的方式,體貼物情,導引生命
充分實現自己,而當至人「使物之所懷各得自盡」〔註152〕時,便能臻至「冥」
境,即因貼適著生命殊異情境,而隨物處宜,化消主客對列之局,更齊歸於
暢適通達的玄冥理境之中。故「曲」字,如從聖人的角度詮解,表示他除卻
主觀措意,與物同宜,而稱「曲從」〔註153〕;我們也可從眾生的角度註釋,
表示生命各彰其德,各盡其極,而非捨己逐物,囿限於「木直中繩」的範式
中,才能成就自己,故曰「曲成」。甚且,唯有「曲成」才能周全「不遺」之
功,此亦可從聖人與萬物兩方面言之:一是聖人「曠然無累,與物俱往,而
無所不應」〔註154〕,正是依感而後應,應旋歸寂的無累、無執,任萬物之自
成,並且,懷持此「勝物而不傷」的虛用,方能兼濟導物而周通無遺;二是
萬物若能充分彰顯自身價值,各稱能任職,遂各顯道之一隅,便不會被「道」
之理序所否定,如此,雖縱恢恑憰怪,但終復與道通於一而無所棄遺。

四、結論

　　經由前論,吾人疏解《莊子》與郭注二「道化之治」義,發現郭象不僅吸
取《莊子》內篇道化之治的內聖基礎,更奠基於外篇〈天道〉,構築其「有君論」
與諸品襲情稱位的名教倫常;故郭象之「名教」義,依然本源〈天運〉所說:「假
道於仁,託宿於義,以遊逍遙之虛……古者謂是采真之遊。」〔註155〕即依然要
於批判諸德流弊,復重接道源,再建新意——「仁」以忘化成就「兼愛」,「義」
依隨宜條達適性,「禮」則重真誠暢情,更順應自然造化,方可真稱「禮意」。
再者,我們亦試圖脫出牟宗三「觀照」的詮釋理路,認為郭象本著「自爾獨
化」的存有論,著重「因順」、「感應」,進而維繫存在界自有的調節機制,並
在聖人兼濟導物,萬物交歸無傷中,臻成「神器獨化於玄冥之境」的道化之
治。如此,得出郭象「名教即自然」義理,不應視之為「調和儒道」的結構,

〔註152〕同前註,頁 396。
〔註153〕《莊子・齊物論》:「是故滑疑之耀,聖人之所圖也。為是不用而寓諸庸,此
　　　　之謂以明。」句後注:「夫聖人無我者也。……使群異各安其所安,眾人不失
　　　　其所是,則己不用於物,而萬物之用用矣。物皆自用,則孰是孰非哉!故雖
　　　　放蕩之變,屈奇之異,曲而從之,寄之自用,則用雖萬殊,歷然自明。」同
　　　　前註,頁 78。
〔註154〕同前註,頁 75。
〔註155〕同前註,頁 519。

而應歸本於《莊子》，屬一「曲成」義的帝王道系統。

　　但此結論，似總與魏晉「調和儒道」之風氣有所扞格，難道我們真視王弼：「聖人體無……老莊未免於有，恒訓其所不足。」〔註156〕與王戎所問：「聖人貴名教，老莊明自然，其旨同異？」〔註157〕這些明顯具有「會通孔老」之意識於無物嗎？我們承認，「儒道會通」自是玄學家的時代議題，但亦須知，無論郭象、王弼，其哲思皆歸本於道，故當兩人在詮解《莊》、《老》時，實不必向外繞一大圈，依儒家義理詮釋道家經典（可略帶一提的是，吾人認為，王弼注《易》大體不違儒家義理，故較無「以注破經」之情況，只是時有「援老入易」跡象，但王弼高明處，就在其雖有時援老入易，但卻少見其侵害《易》經本義。）〔註158〕；況且，當郭象掘發《莊子》中仁義諸德之新蘊——就忘化說仁；依安命言義；以感應性情，隨時通變，契合造化訂禮樂——實改變了諸德意涵，更據此構築不同於儒家的名教制度。

　　其實，只需遮撥掉「將仁義視為儒家之專利」這一思維，便能闡發出那幾乎被遺漏的，道家的人文化成面向。而無論王、郭詮注《老》、《莊》，都旨於依道家義理，反省、重塑諸德義蘊，在此意義之下，我們也可說王、郭「會通儒道」，但絕不能將此「會通」、「調和」，視為「道冠儒服」的表象拼湊，卻遺忘道家是經歷著批判與治療，才進而賦予諸德新蘊這一深層涵義。

〔註156〕（魏）王弼撰，樓宇烈校釋：《王弼集校釋》（臺北：華正書局有限公司，2006年8月），頁645。

〔註157〕（唐）房玄齡等撰：《晉書》（北京：中華書局，2012年12月），頁1363。

〔註158〕讀者可參見朱漢民：〈玄學、理學的《周易》義理學及其理路〉，《玄學與理學的學術思想理路研究》（臺灣：國立臺灣大學出版中心，2011年7月）、郝紅：〈儒學的傳承與創新〉，《魏晉儒學新論——以王肅和「王學」為討論的中心》（北京：中國社會科學出版社，2011年3月）與拙作：〈王弼《周易注》詮釋學〉，《王弼道論之詮釋與重建》（臺北：淡江大學，2010年6月）。皆大體抱持相同思維。

柒、〈齊物論〉與郭注義理對勘之重衡

一、問題之提出

前人對郭象注〈齊物論〉之適切性，大抵保持否定的態度；如唐君毅先生認為郭注「物皆自然，無物使然」、「物各性然，又何物足悲」、「人自師其成心……即付之而自當」與「任天下之是非」以釋「兩行」——「此皆明不合莊子之言有天籟、物有可悲、成心非足貴，以明兩行、天府、葆光皆自人之真君之心、靈府之心上言；道通為一、物化，皆當連於此一心之自通於化為說……」〔註1〕牟宗三先生亦似就「物各性然，又何物足悲」句，無能揭顯出〈齊物論〉哀感著生命因執著而陷芒昧，因互異而相殘傷的可悲情狀，說著：「此種悲感意識亦向郭之所缺」、「而注『齊物論』，則只能把握大旨，於原文各段之義理，則多不能相應，亦不能隨其發展恰當地予以解析。」〔註2〕唐端正先生更順著唐、牟理路，對郭注所謂「寄言出意」，實際上總別出心裁，甚至違逆《莊》書的詮釋態度，抱持不以為然的批評：「這簡直是入室操戈，哪裡是注解莊子呢？」〔註3〕直至近時，莊耀郎先生及其弟子周雅清、楊穎詩兩教授，方在評議《莊》、郭「齊物論」異同時，對郭注有著較同情的理解：

> 郭象就各物之性分而言齊一，實存異以求同，使萬物順任其
> 性、各安其分，不因己異而徒生悲戚，所成就者乃社會上之多元性，

〔註1〕 唐君毅：《中國哲學原論・原道篇卷二》（香港：新亞研究院，1976 年 8 月），頁 396。

〔註2〕 牟宗三：《才性與玄理》（臺北：臺灣學生書局，2002 年 8 月），頁 196。

〔註3〕 唐端正：〈郭注〈齊物論〉糾謬——論天籟、真宰、道樞、環中、天鈞、兩行〉，《鵝湖月刊》第 250 期（1996 年 4 月），頁 67。

為「不齊之齊」；《莊子》以超越成心而言齊一，實以主觀修養達至
齊一之境，如如的觀照萬物存在價值，為「大齊之齊」。〔註4〕
其中「大齊之齊」的概念為周雅清先生所提出，判定〈齊物論〉是生命「翻
成心為真宰」，拔昇至超脫是非之境界，更行一應跡之觀照，萬物遂能在此觀
照境界下，呈現其如如真實之價值；郭象則與〈齊物論〉不同，他著眼於政
治實踐，就聖人順任生命殊異價值，各行其是而相均無異處，完成其「齊物」
理論，是為「不齊之齊」。〔註5〕而郭注之所以不類於莊周，在於他對「翻成
心為常心」的工夫無深刻體會，只能在「反覆相明」（物雖各有是非，但皆自
以為是，視彼為非，此執礙心理實為天下齊有）與「適性」層面上齊平萬物。

如考察上列諸前輩對《莊》、郭「齊物論」義理之辨析，實有其共通處：

1、皆檢視出郭注順著其物各適性的理脈，肯認「成心」，無能「轉識心
為真宰」，遂乖謬於〈齊物論〉，甚至有著「視現實為合理」之嫌疑。

2、除唐君毅先生以外，諸詮釋皆大體應和著牟宗三「主觀境界型態」以
詮釋〈齊物論〉，而又除牟先生自己外，其餘學者總判定郭注只就順應萬物自
性上言「齊物」，而與主觀境界型態通過主體虛靜，觀照萬物皆具價值的實踐
進路有不相應處。

然則，當〈齊物論〉一語道破「天籟」義：「夫吹萬不同，而使其自己也，
咸其自取，怒者其誰邪？」〔註6〕似亦肯認著萬物皆有其屬我價值，進而構作
眾竅怒號的存在整體，聖人只需令萬物「使其自己」，那麼，是否郭象順應萬
物自適其性的詮解，亦有與〈齊物論〉應合之處？又是否牟先生「主觀境界
型態」的詮釋理脈，亦有我們需審思者，連帶亦牽涉到我們對〈齊物論〉之
理解，遂不能更適切地評議《莊》、郭異同呢？

職是，順著上述主要問題意識，吾人分殊三子題，以展開全文：

1、梳理郭象「齊物」理論，明晰其詮釋脈絡。

2、嘗試探究依「主觀境界型態」詮釋〈齊物論〉，有何不切或待補充者？

3、重衡郭象於表象文義不類〈齊物論〉諸概念，是否在深層義涵中，亦

〔註4〕 楊穎詩：〈莊子與郭象三籟說辨析〉，《鵝湖月刊》第411期（2009年9月），頁45。

〔註5〕 周雅清：〈《莊子‧齊物論》與向郭注的義理殊異辨析〉，《鵝湖學誌》第34期（2005年6月），頁68～74。

〔註6〕 （清）郭慶藩輯，王孝魚整理：《莊子集釋》（臺北：華正書局有限公司，2004年7月），頁50。

乖謬之？

如能解決上述疑難，或許能對學界普遍認爲，郭注無能徹底揭露〈齊物論〉義蘊的定論，提出進一步之省思。又本章掄釋之郭注，皆多以〈齊物論〉注爲主，以期能更嚴明地掌握《莊》、郭「齊物論」異同。

二、郭注〈齊物論〉之詮解脈絡

對於〈齊物論〉題旨，郭象是這麼解釋的：

> 夫自是而非彼，美己而惡人，物莫不皆然？故是非雖異而彼我均也。〔註7〕

觀此題解，郭子玄齊平物論的理由是很膚淺的；他純就天下皆「自是而非彼，美己而惡人」此「莫不皆然」的共同處，以言「齊物」。但若只是自滿於實然面之陳述，而定義「齊物」，那麼，他就不該再進一步說著「各據性分，物冥其極」、「物暢其性，各安其所安……付之自若，皆得其極」諸含懷修養工夫意味的話語，此話語總表露著適性冥極，方能臻成「齊物」；換言之，「齊物」總需通過安分守素的工夫而成就之，並不只就「天下莫不皆然」的實然面，逕自論解「齊物」。依此，郭象應有層層遞進的論述脈絡，以建構他的「齊物」理論。

當然，研究者率先注意的，是他在解釋「欲是其所非而非其所是，則莫若以明」章句時，使用「反覆相明」、「反覆相喻」這一方法，試圖破解是非無窮之困境：

> ……今欲是儒墨之所非而非儒墨之所是者，乃欲明無是無非也。欲明無是無非，則莫若還以儒墨反覆相明。反覆相明，則所是者非是而所非者非非矣。非非則無非，非是則無是。〔註8〕

> ……將明無是無非，莫若反覆相喻。反覆相喻，則彼之與我，既同於自是，又於相非。均於相非，則天下無是；同於自是，則天下無非。〔註9〕

此方法最明顯的義理，便是從「彼之與我，既同於自是，又均於相非」，這是己非彼，天下皆然處，引申出若天下皆是己，則無非；若天下皆非彼，則無

〔註7〕 同前註，頁 43。
〔註8〕 同前註，頁 65。
〔註9〕 同前註，頁 69。

－141－

是。於此，「無是無非」遂等同消泯一切是非之義理，便讓郭子玄以近似詭辯的方式證成了。然這屬思辨、詭辯的破解方式，實無任何生命的學問，並且，在邏輯上也經不起檢驗；如唐端正先生便言：「郭象就物之各是所是，各非其非說無是無非，明顯違反了形式邏輯中的矛盾律……既然有是有非，卻把它說成無是無非，這不是違反了矛盾律嗎？」〔註10〕自然，郭象這看起來煞有其事的破解之道，也只證明了是非無窮的實然性，但如再深究此「反覆相明」之義理，它亦揭露出，是非之互依性：

> ……自以爲是，則以彼爲非矣。故曰彼出於是，是亦因彼，彼是相因而生者也。〔註11〕

如「是非」總爲生命滯礙於自我價值，復而反對他人抱持之美善，則「是己」則必「非彼」，而如需破除是非對立互倚，理應撤銷心中自以爲是的執礙，便能鬆動、擺脫「是非」相因之局。然則，郭象特顯「性分」此價值殊異性，認爲毋須化消，那麼他究竟要如何不停留於思辨，直眞切地在修養工夫上，化解是非之衝突呢？

實則，郭子玄提出「反覆相喻」此概念的注文中，亦舉出兩實踐進路，以期能眞正齊泯是非：

> 今是非無主，紛然淆亂，明此區區者各信其偏見而同於一致耳。
> 仰觀俯察，莫不皆然。是以至人知天地一指也，萬物一馬也，故浩然大寧，而天地萬物各當其分，同於自得，而無是無非也。〔註12〕

此二實踐進路，一爲至人「浩然大寧」，二是萬物「各當其分，同於自得」，便能臻成「無是無非」的境況。底下，我們便分別論述兩進路。

先從萬物當分自得這一面向說起。郭象認爲，只須適性當分，便能泯忘是非：

> ……夫任自然而忘是非者，其體中獨任天眞而已，又何所有哉！……〔註13〕

〔註10〕 唐端正：〈齊物論郭注平議〉，《鵝湖月刊》第 8 卷第 8 期（1983 年 2 月），頁 39。
〔註11〕 （清）郭慶藩輯，王孝魚整理：《莊子集釋》（臺北：華正書局有限公司，2004 年 7 月），頁 66～67。
〔註12〕 同前註，頁 69。
〔註13〕 同前註，頁 44。

> 凡得真性，用其自爲者，雖復皁隸，猶不顧毀譽而自安其業。
> 故知與不知，皆自若也。若乃開希幸之路，以下冒上，物喪其真，
> 人忘其本，則毀譽之間，俯仰失錯也。〔註14〕

> 夫小成榮華，自隱於道，而道不可隱。則眞僞是非者，行於榮
> 華而止於實當，見於小成而滅於大全也。〔註15〕

如生命不羨彼慕外，獨守心中一片天真，坦然地面對自身屬我境遇，「止於
實當」地盡己能於其位，「滅於大全」地化入自然流行，便能「任自然而忘
是非」。並且，郭象之「性分」，實牽涉著生命擔負的社會責任，萬物各有其
尊卑分位，若不謹守分際，妄動矯效愛尚之心，不僅俯仰失錯，更有可能導
致社會秩序之崩壞；反之，如「物各反所宗於體中而不待乎外，外無所謝而
內無所矜」〔註16〕——各物皆絕棄欲累，稱能得當地應會於屬我境遇，便能
因眾品「獨化」，構組一相因互生的存在整體。

質言之，若生命不忮不求而持守真樸，雖自行其是，卻也各自獨化，不
排斥其它價值，遂能遣蕩是非纏繞，齊歸玄冥之境。依此，是非之消泯，依
然落於生命守性分、絕羨欲、任真樸上，並非徒留於「反覆相喻」的思辨中；
亦可說，除了「智及之」的反覆相明，亦有「仁守之」的物當其分——郭象
實從思辨與實踐兩方面（雖然此思辨究實來說，總犯了邏輯上的謬誤），解決
是非相因無窮之困局。

經上疏論，則消泯是非而齊歸自然的「齊物」理論，郭象似已由「適性」
理脈，充分詮釋之。只是如郭注言：「道虧則情有所偏而愛有所成，未能忘愛
釋私，玄同彼我也」〔註17〕，萬物既秉懷殊異之價值觀，亦形成生命之封限與
執定，便容易異變爲自私的相互排斥、戕害。於此，郭子玄順著〈逍遙遊〉
注：「至德之人玄同彼我之逍遙也。」〔註18〕義理，豎立聖人能引導生命能安
分用位，進而調理存在界彼我之和諧。然則，至德之人以何種修爲與道術，
玄同萬物呢？且觀郭注：

> 莫若無心，既遣是非，又遣其遣。遣之又遣之以至於無遣，然

〔註14〕同前註，頁 59。
〔註15〕同前註，頁 64。
〔註16〕同前註，頁 112。
〔註17〕同前註，頁 76。
〔註18〕同前註，頁 20。

後無遣無不遣而是非自去矣。〔註19〕

此都忘其知也，爾乃俄然始了無耳。了無，則天地萬物，彼我是非，豁然確斯也。〔註20〕

夫達者無滯於一方，故忽然自忘，而寄當於自用。自用者，莫不條暢而自得也。〔註21〕

聖人涵懷著沖虛無偏執之心靈，遣蕩對一切價值之喜怒判斷，亦咸忘著知用造作，養成靈臺心之清明；此遣是非、忘彼我之修爲，郭象總以「無心」、「都忘」稱之。而當體妙通達之至人，懷此沖靈道心，便能依此無執，因順著萬物，令之「寄當於自用」，故郭象言：「達者因而不作」〔註22〕。但問題是，如至人只「因順」萬物自用，如何能化育萬物棄惡歸樸？實則，「因順」亦有其方，郭象總以「感應」作爲聖人引領萬物貞化之道術。觀其解「道樞」義：

偶，對也。彼是相對，而聖人兩順之。故無心者與物冥，而未嘗有對於天下也。〔樞，要也〕。此居其樞要而會其玄極，以應夫無方也。〔註23〕

夫六合之外，謂萬物性分之表耳。夫物之性表，雖有理存焉，而非性分之內，則未嘗以感聖人也，故聖人未嘗論之。……順其成跡而凝乎至當之極，不執其所是以非眾人也。〔註24〕

至人之心若鏡，應而不藏，故曠然無盈虛之變也。〔註25〕

和之以自然之分，任其無極之化，尋斯以往，則是非之境自泯，而性命之致自窮也。〔註26〕

當郭子玄說著：「夫物之性表，雖有理存焉，而非性分之內，則未嘗以感聖人也」，直是透露著，聖人總體感著萬物殊別個性，以此爲基，進而「應夫無方」——適時應務地體貼眾品殊異情境，更施予不同的應變措施。他總依寬宥謙容的心懷，循發萬物眞性，引領萬物各安其職分，各稱當其作爲，調和萬物

〔註19〕同前註，頁79。
〔註20〕同前註，頁80。
〔註21〕同前註，頁72。
〔註22〕同前註，頁73。
〔註23〕同前註，頁68。
〔註24〕同前註，頁85。
〔註25〕同前註，頁88。
〔註26〕同前註，頁109。

於自然大化此價值理序中（「和之以自然之分，任其無極之化」），當生命各開顯其本眞價值，齊歸於自然流行時，則「是非之境自泯，而性命之致自窮也。」並且，當聖人感應萬物時，便消解了其與萬物相對列之局，順任著性分，使生命綻現著屬己的眞樸價值（「順其成跡而凝乎至當之極」），更從旁輔導，隨時施以感潤之力量，令眾品在履踐自身生命歷程時，能時懷歸向聖道之明覺，消泯偏邪造作，隨聖人齊冥大通。〔註27〕

　　綜合前述，我們剖析郭象以「反覆相明」的思辨、萬物安分守素之實踐和聖人因順感應之引領，建構「齊物」理論。我們願再次簡明述之，以便於後釐清《莊》、郭異同：

　　郭象通過「反覆相明」的方法，肯定「是非」的實然性與互倚性，一如古龍所說：「有人的地方就有江湖」，郭象則言：「而天下之彼我無窮，則是非之竟無常」〔註28〕，「彼我」各自擁有殊異的價值觀，自以爲是，甚至相互傾軋，便會無窮地產生是非，甚至導致生命相互損傷之慘劇；至此，天下「是非」之生成，似乎是無可避免的。然而，郭子玄進一步的工作，就是要找尋一種方法，以期眞正消解人世間的是非，他分兩進路實現此方法：一是聖人通過觀照、因順、感應的道術，曲成萬物，使生命冥合於自然造化中。二是萬物「守分」、「適性」、「得當」地充分實現自己，而當生命眞誠面對屬我境遇之變遷，亦不對它者有一依賴或毀傷之心理，便能各自獨化，更於獨化中俱歸玄冥之境。簡言之，郭象證成「齊物」之論述方式，著重於聖人感應、因順著殊異生命，如生命守分稱能，各冥其極，便能在眾品皆保有其殊異價值之情況下，玄同於互依共生的自然流行中。

　　實則，本文此番論述，除特顯郭子玄「感應」之道術外，應能歸屬於莊耀郎詮釋系統所判定的「不齊之齊」義理，然須闡明的是，所謂「不齊」，在於萬物殊異，皆能華爛映發地呈現；而「之齊」，除了就生命「各適其性，各冥其極」而「同於自得」此「齊於性分」處證成之，更透露出存在界千姿百態之諸價值，皆須「和於自然之分」——皆齊歸造化之流此價值理序中，實現其本眞意義，方能成就郭象「物論」之「齊」。

〔註27〕關於郭象「感應」義之論述，可詳參林明照：〈外內玄合與聖王之道：郭象哲學中「應」的意涵〉（臺北：哲學與文化，第40卷第12期，2013年12月）。而本書第五、六章節亦有論及，見頁100～101、131～136。
〔註28〕（清）郭慶藩輯，王孝魚整理：《莊子集釋》（臺北：華正書局有限公司，2004年7月），頁95。

三、《莊子》與郭象「齊物論」之比較

（一）「主觀境界」型態詮解〈齊物論〉之省思

縱然在郭象，我們可梳理出此「不齊之齊」的詮釋脈絡，進以證成其「齊物」理論，但學界普遍不認同郭象的注解，原因自與郭象以「反覆相喻」（只揭露了是非無窮，卻無能真正消泯是非）而齊平是非的方法有關；除此之外，郭象之注解，實有四重要之處與〈齊物論〉迥異：一、郭注否認「眞宰」。二、以「任天下之是非」膚淺地解釋「兩行」。三、肯認「成心」。四、學界除唐君毅先生外，皆大抵應和著牟宗三先生之「觀照」義，進以詮解〈齊物論〉，更分判《莊》、郭異同。其中，又以第四點最爲重要，我們擬先省思第四點，復而衡定其餘三因。

牟宗三先生的「觀照」，實蘊含著「豐富卻也專一」的意義，爲何言其「既豐富又專一」呢？因在其「觀照」概念中，我們還可研析出「虛靜」、「去礙」與「境隨心轉」三義，現簡述之：

1、虛靜：持守虛靜無爲，實能貞定有爲造作，消解一切執定，復隨時從是非纏繞中超拔出來，依無執若鏡之空明，應接外物。〔註29〕

2、去礙：而當生命懷持此虛靜心靈，更行一讓開、成全，「生而不恃，長而不宰」地順任萬物各顯自身美善。而牟先生徵引王弼「不塞其源，不禁其性」，此不禁制、戕賊生命本性，進以提出的「不生之生」與「作用地保存」，亦同於「去礙」此概念，實則，它便是道家之「因順」義。〔註30〕

3、境隨心轉：然而，生命虛靜無執，與應會萬物之「去礙」，皆被牟先生統攝於此義中。當心靈貞靜，而超拔於一切價值之上，復能依此超昇境界照覽萬物。如道心沉靜，則處此冲靈心境之萬物，個個圓滿具足，獨體而化；但如識心升起，則萬物亦一併落入計執世界中。此主觀心靈與客觀之物一體呈現之義，我們可稱之爲「境隨心轉」義。〔註31〕

於此，得見牟宗三「觀照」義之「專一」處，即是我們分析出「觀照」之三義涵，實一脈通貫地，極成至「境隨心轉」義。並且，通過此「主客觀是一」的虛靈境界，觀照萬物，便能使萬物眞純地朗現，更齊歸道境，此亦

〔註29〕牟宗三：《中國哲學十九講》（臺北：臺灣學生書局，2002年8月），頁95。
〔註30〕同前註，頁106～107。
〔註31〕牟宗三：《中國哲學十九講》（臺北：臺灣學生書局，2002年8月），頁426。
《才性與玄理》（臺北：臺灣學生書局，2002年8月），頁195。

是先生證立道家的「功化之治」與「圓善論」的核心義理。

當代判定《莊》、郭異同的牟先生後學，如莊耀郎、唐端正〔註32〕與周雅清等方家，都繼承牟先生之「觀照」義，作爲〈齊物論〉之理脈；甚且周雅清先生似乎更嚴守著「萬物隨主觀境界而昇降」義理，將萬物價值全幅交付於眞宰之中，進以構作〈齊物論〉之「齊物」，屬「大齊之齊」：

> 〈齊物論〉強調從心上做工夫，以「大齊之齊」的方式，徹底平齊成心所繚起的分別與執著，最後證入物各付物、萬物如如自存的齊平境界中。「大齊之齊」……也就是超越分別、不落在對待中之意。唯能大齊齊之，所以可以消泯一切對待與分別……唯能以大齊齊之，所以可入於超是超非、大是大非的絕對境界……復次，唯其能以大齊齊之，所以可以究竟地、實質地達到萬物齊平的境界……唯其能以大齊齊之，所以可以臻於眞實如如、不可思議的渾化境界……〔註33〕

周先生認爲，〈齊物論〉旨於將萬物紛紜，收攝於道心之下，在沖靈中萬物便能消泯一切對待，臻至超越是非的絕對境界，處此朗朗眞如之境，遂也能實質地達至萬物齊平之論。然則，雖萬物能籠罩於道心中，不落對待地齊泯是非，但如道心息滅，萬物不也復還現實，依舊故我？如此，眞能「究竟地、實質地達到萬物齊平的境界」？眞能「臻於眞實如如、不可思議的渾化境界」？並且，這眞能全幅適切於〈齊物論〉旨義？

其實，此「境隨心轉」的「觀照」，在解釋〈齊物論〉時，是頗具效力的：

> 天下莫大於秋豪之末，而大山爲小；莫壽於殤子，而彭祖爲夭。
>
> 天地與我並生，而萬物與我爲一。〔註34〕

〔註32〕 唐端正先生詮釋《莊子》依兩途徑臻至「齊物」的論述，一爲肯認有一終極的道體，此道體又能與聖人合一，成就「既內在又超越」價值根源義，它不生是非，不入爭辯，一切渾化，於此道境中，是非本無分別，是謂「知始」；二是「以道觀之」，即是，認爲是非雖相互傾軋，但如聖人沖虛無執，肯定萬物雖是非殽亂但亦各顯其眞，各有其用，則在此破除「成心」之遮障後，便能在超拔是非對待的道心「理境」中，觀視萬物無所貴賤是非，照見「恢恑憰怪，道通爲一」的俱忘分別之境。而這兩途徑大體不離牟宗三先生的「觀照」義，唯肯定有一「既超越又內在」的道體，不同於牟宗三將道體視爲「姿態」，直收攝於道心中。見氏著：〈齊物論郭注平議〉，《鵝湖月刊》第八卷第8期（1983年2月），頁32～34。

〔註33〕 周雅清：《莊子哲學詮釋的轉折——從先秦到隋唐階段》（臺北：國立師範大學博士論文，2011年6月），頁103。

〔註34〕 （清）郭慶藩輯，王孝魚整理：《莊子集釋》（臺北：華正書局有限公司，2004年7月），頁79。

如心境虛靜，則觀覽世界，無不俱歸寧靜、眞純，此時道心周流六虛，整體
世界亦隨任道心悠遊化變。是而「天地與我並生，而萬物與我爲一」，便旨於
描述體道眞人擁有虛室虛舍，而經由虛舍放射而出的視野，能照見世上任一
價值之美善，在此沖靈心境中，萬法諸相亦隨道心昭瑩，俱歸清朗。只是，
這恐不能逕自表示，靈臺心能作爲萬物自貞自化的保證，亦不能就此眞實地
成就道家的「功化之治」；在「天地與我並生，而萬物與我爲一」語後，〈齊
物論〉緊接說著：

> 既已爲一矣，且得有言乎？既已謂之一矣，且得無言乎？一與
> 言爲二，二與一爲三。自此以往，巧曆不能得，而況其凡乎！故自
> 無適有以至於三，而況自有適有乎！無適焉，因是已。〔註35〕

當生命體證到「道境一如」（境遇隨道心而貞一）的境界時，道心亦容攝著世
界無盡之意義。而如欲表達著「道」此擁有無盡意義的最佳方式，就是冥默
無言；因一有言，就會形成一套概念語言，開顯「道體」一隅意義，卻亦就
此遮蔽了其餘的豐盈義涵。然則，「既已謂之一矣，且得無言乎？」如「道」
總是一意義的無盡藏，永遠等待著有限生命揭示，則生命秉承著「有限性」
以揭示道蘊時，縱體證了「道境一如」之玄妙，又如何保證生命能全幅收攝
「大道」的無盡意義呢？並且，縱使「得意忘象」、「得象忘言」，但「盡意莫
若象，盡象莫若言」〔註36〕──言說終得以承載道蘊，只是無能窮盡，那麼，
我們還是須依靠一套概念系統，將「大道」表露出來；但各概念系統亦有其
差異性與封限性，如此，它們遂表現爲多端地、不同地揭露道蘊之形式，更
形成「一與言爲二，二與一爲三」這紛紜無息的種種道論與表現「大道」的
生命型態。故縱生命型態或系統概念總殊別迥異，但他們皆「即開顯即遮蔽」
著「道」多端義涵，而聖人保全「道」此無盡意義的方式，便是「無適焉，
因是已。」即持守貞一心靈，因順著諸價值之顯揚，亦由此「因是」，讓「道」
──此意義的無盡藏，在大千世界中一一展露開來。

經上疏論，我們得見兩義理：一、至人凝用虛靜，涵懷一觀照境界，並
透過此境界視野，觀照眾生，殊品皆表現爲亭亭當當，各顯其價值。二、但
生命如需歸根復命，並非徒繫於玄覽境界中，它們總是眞人通過因順、感應，

〔註35〕同前註，頁 79。
〔註36〕（魏）王弼撰，樓宇烈校釋：《王弼集校釋》（臺北：華正書局有限公司，2006
　　　　年 8 月），頁 609。

保存各價值能本真開顯，而回歸造化之流。誠如王邦雄先生所言：

> 物論可以有雙重的意涵，一是存有論的勝義，一是價值論的劣義，儒墨兩家各有一套合理解釋萬物存在的思想體系，如儒家的性善說與墨家的兼愛論，屬前者；儒墨兩家之間自是而非他的相對是非，則屬後者。莊子以「唯達者知通為一」的體悟，不在兩家爭端之外，再別立一家，故〈齊物論〉走的是超越兩家（儒墨）又肯定兩家的進路，用心在消解後者，而成全前者，也就是化掉「是其所非而非其所是」的是非紛擾，而給出兩家皆是而無非之並立兩行的價值空間。〔註37〕

為充分證此義理，我們再舉〈齊物論〉數章句：

> 子游曰：「地籟則眾竅是已，人籟則比竹是已。敢問天籟。」
>
> 子綦曰：「夫吹萬不同，而使其自己也，咸其自取，怒者其誰邪！」〔註38〕

> ……雖然，方生方死，方死方生：方可方不可，方不可方可；因是因非，因非因是。是以聖人不由，而照之於天，亦因是也。……彼是莫得其偶，謂之道樞。樞始得其環中，以應無窮。是亦一無窮，非亦一無窮也。故曰莫若以明。〔註39〕

> 物固有所然，物固有所可。無物不然，無物不可。故為是舉莛與楹，厲與西施，恢詭譎怪，道通為一。其分也，成也；其成也，毀也。凡物無成與毀，復通為一。唯達者知通為一，為是不用而寓諸庸。庸也者，用也；用也者，通也；通也者，得也；適得而幾矣。〔註40〕

在引文一中，子綦通過「喪我」的過程諦聽天籟，然此諦聽實旨於揭露，萬物本真地綻現自身價值，共組「萬竅怒號」的造化流行；而引文二「因是因非，因非因是。是以聖人不由，而照之於天，亦因是也。」句，亦明確指出，聖人經由觀照，因順著萬物價值。故「觀照」之功，自是在沖靈心境的玄覽

〔註37〕 王邦雄：《莊子內七篇、外秋水、雜天下的現代解讀》（臺北：遠流出版事業股份有限公司，2013年5月），頁71。

〔註38〕 （清）郭慶藩輯，王孝魚整理：《莊子集釋》（臺北：華正書局有限公司，2004年7月），頁49～50。

〔註39〕 同前註，頁66。

〔註40〕 同前註，頁69～70。

下，呈現萬物之眞如，但是，心境中的萬物眞如，並不表示萬物實際上便得以體證道蘊；毋寧說，「觀照」只是一無執、開放之心懷，先釋解對一切價值之偏執，復應跡、順物，進而保存眾品價值。此心懷虛明，復體貼著萬物殊異境況，更應會成全之，似乎才能充分解釋「道樞」——「以應無窮。是亦一無窮，非亦一無窮也。故曰莫若以明」之義。我們再觀引文三，「物固有所然，物固有所可。無物不然，無物不可」，指出諸價值各有所然所可，「道」此價值根源，亦無時不在生命本眞履踐其自性道的過程中，彰顯開來；故其後所言：「故爲是舉莛與楹，厲與西施，恢詭譎怪，道通爲一。」應可解釋爲，沖虛無執的聖人因順著萬物開顯其殊異價值，令之俱歸於大化整體中（「道通爲一」）。然則「道」殊散爲萬物，散落了其整全意義，亦成就了萬物自身；萬物總在成己中隱道，而居處此「成毀」（「即開顯即遮蔽」）之際，只需復還本眞，便能豐盈著造化流行；故言：「其分也，成也；其成也，毀也。凡物無成與毀，復通爲一。」再者，「唯達者知通爲一，爲是不用而寓諸庸。庸也者，用也；用也者，通也；通也者，得也；適得而幾矣。」句，亦旨於說明靈臺心須明達應物，因而不作地引領萬物，令之開顯寄寓於諸生命歷程中的道蘊，使眾品皆能暢通自得，施用於世。其後「朝三暮四」的寓言，正曉喻著聖人無執無累（「名實未虧」），因順著眾品殊異，而施予不同應變策略（「喜怒爲用」），遂能化消眾生命之歧見，並存護諸價值（「和之以是非」），而歸止於自然流行的整體和諧中（「而休乎天鈞」）。

　　如上疏論無誤，則我們再省思牟宗三先生之「觀照」義，便會發現，先生之「觀照」理脈，以「虛靜」道心爲基，開展「因順」（去礙、不生之生、作用地保存）與「境隨心轉」二義，而無論「不生之生」或「作用地保存」，都突顯著沖虛無執之道心能「不塞其源，不禁其性」地順應萬物展現其自我價值。只是，牟先生最終總將此「因順」義，統攝在「境隨心轉」中，更認爲唯存此心境，萬物眞如價值始能獲得保證；換言之，牟先生極成了帶有「主體主義」嫌疑的「境隨心轉」，卻也間接淡化了沖虛心靈須因變而適，隨物施化，這屬於主客交涉義涵的「因順」與「感應」。

　　然此極成，卻可能會引發些許疑慮，一如牟先生自己所說：「假如我不逍遙，沒有道心呈現，則一切都落在計執世界裏……」〔註41〕此縱貫橫講的「藝術境界」，如道心退轉爲成識，則萬物又復入是非紛擾、戕賊中；並且，除懷

〔註41〕牟宗三：《中國哲學十九講》（臺北：臺灣學生書局，2002 年 8 月），頁 426。

持沖虛玄德之至人，萬物似毋須修養，便能成就道家之功化，這亦是讓人猶疑處。

最為重要的是，檢視〈內七篇〉其餘章句，如過於強調「觀照」的「境隨心轉」義，縱能詮釋〈齊物論〉，亦似不能與諸篇章相貫連；如〈養生主〉「庖丁解牛」故事，總表露著應世、用世之艱難，須戒慎恐懼地察勢觀變，並以無執靈動的態度，應對著這永遠充滿不測與糾葛的世塵。〔註42〕又唯有無時承擔命變，而隨機施為，方能稱「安時而處順」〔註43〕；此時，生命的型態就不只是靜態地朗照萬物而已，它更應是動態地接納、應對造化之推移。又〈人間世〉的顏回，欲拯衛國，諫衛君，但通過仲尼逐步引導，終領悟「心齋」、「坐忘」之修為；此事件實是說明著，道家永保一溫潤且沖虛之心懷，故毋須執意振救，那早已沉溺邪佞之靈魂，但須承擔造化流行顯映在當時情境的變化，與此情境萌發之意義，更以沖虛靈動，及物應物，迂迴地感化邪暴，實現價值理想。〈德充符〉之哀駘它，「悶然而後應，氾而若辭」〔註44〕、「未言而信，無功而親」〔註45〕，表現道家德充之人，總擁有一能感懷眾人，並逐步引導生命息止造作的人格魅力。〈大宗師〉通過守道、朝徹、見獨直至「無不將、無不迎、無不毀、無不成」的攖寧歷程〔註46〕，更是顯露守道真人不僅不受他者攖擾，反而能在應跡中治療眾物退墮，曲成著生命展現獨特價值。〈應帝王〉：「至人之用心若鏡，不將不迎，應而不藏，故能勝物而不傷」〔註47〕，也旨於說明至人之功化，在於體貼物性，隨機應變，更因無罣礙、無偏執，在遭遇他物侵惹時，亦不有傷，直是從任造化而應物無方。

職是，吾人以為，不論在詮釋〈齊物論〉與內篇諸論時，應發展著牟先生「去礙」義，通過「去礙」，曲成萬物本真價值，而此本真價值的存護，正是透過「因順」與「感應」而履踐出批判與治療的道家功化。我們並不否認

〔註42〕 〈大宗師〉言：「彼節者有閒，而刀刃者無厚；以無厚入有閒，恢恢乎其於遊刃必有餘地矣，……雖然，每至於族，吾見其難為，怵然為戒，視為止，行為遲。動刀甚微，謋然已解，如土委地。提刀而立，為之四顧，為之躊躇滿志，善刀而藏之。」（清）郭慶藩輯，王孝魚整理：《莊子集釋》（臺北：華正書局有限公司，2004 年 7 月），頁 119。

〔註43〕 同前註，頁 128。

〔註44〕 同前註，頁 206。

〔註45〕 同前註，頁 210。

〔註46〕 同前註，頁 252。

〔註47〕 同前註，頁 307。

生命體道，總能擁有「靜觀皆自得」的心境，但須明晰，此「觀照」永遠都處於境遇之中，與他者交通互滲，似乎不必將萬物價值收攝於道心內而證立之；甚至我們認為，觀照萬物朗朗真如，應是感通萬物的基石，自始至終，生命總要秉此觀照，投向命行事變、與物交通的造化之流，進而輔導、覺曉萬物，令殊品綻現屬己之風華；依此，方能透徹牟先生所言：「道心必總在具體之因應中，因而成其為圓照」〔註48〕之意。

　　而經由前論，吾人重估〈齊物論〉旨要，依然著重於期許生命擁有一虛靜心靈，玄照著各價值，而諸價值亦因虛靜心靈之成全、感應，遂皆體現著道之一隅，豐盈著造化流行；順此詮釋，進與郭注對勘，發現郭子玄〈齊物論注〉，總揭示聖人著重於因順、感應，引導萬物適性守分，自爾獨化的詮釋進路。如此，〈齊物論〉與郭注二義理的主要脈絡，應相差彷彿方確。

（二）〈齊物論〉與郭注概念殊異之商榷

　　然則，雖梳理出〈齊物論〉與郭注的主幹義理應屬相近，但我們亦不能規避郭注乖謬於〈齊物論〉的諸概念，須一一剖析、釐清之：

　　1、郭注否認「真宰」：郭象注解「若有真宰，而特不得其眹」時，說著：「萬物萬情，趣舍不同，若有真宰使之然也。起索真宰之眹迹，而亦終不得，則明物皆自然，無使物然也。」〔註49〕對此，唐君毅先生評論道：

> 　　郭象又必以真宰之眹迹，終不可得，以言「物皆自然，無使物然」……此皆明不合莊子之言有天籟、物有可悲、成心非足貴；以明、兩行、天府、葆光，皆自人之真君之心、靈府之心上言；「道通為一」、「物化」皆當連於此一心之自通於化為說，不當只就應物，使物自明自適志說者。〔註50〕

唐先生對「真宰」的定義，是虛靈明覺之道心，但郭象之「真宰」，實是就「創造萬物的外在根源」而論，又郭注「無心玄應」、「都忘」，亦指涉著有一無執無累，應物無方的道心存在；故在此，唐先生恐怕是未詳明郭象義，方有此質疑。又引文中，「『道通為一』、『物化』皆當連於此一心之自通於化為說，

〔註48〕牟宗三：《智的直覺與中國哲學》（臺北：臺灣商務印書館股份有限公司，1987年6月），頁210。

〔註49〕（清）郭慶藩輯，王孝魚整理：《莊子集釋》（臺北：華正書局有限公司，2004年7月），頁56。

〔註50〕唐君毅：《中國哲學原論·原道篇卷二》（香港：新亞研究院，1976年8月），頁396。

不當只就應物，使物自明自適志說者。」一語，簡要地點出唐先生對《莊子》「道通爲一」與「物化」之定義；在《中國哲學原論‧導論篇》，先生有更詳盡的闡釋：

> 人既因物之是而是之，亦依於物之原有所然而然之，乃更忘其所然，不留此對其所然之知，以使居道樞之心，得循道而通達於他，以更應於他之然，而亦然之可以，方爲眞知通爲一。〔註51〕

> 物化者，全物而化也。……本只爲一是，而由化以各是其是，而以更使彼是相忘；以使此忘其外之有彼，彼忘其外之有此。此即於上文所謂和之以天倪，以兼懷彼此，及於有待者皆見其無待之後，更任彼此之各暢其懷，以全其無待之情，以極其「自得」、「自因其是」之極致；以使分即是全，偏無非正，有化而不見有化之者，而化皆成獨化之境界。〔註52〕

唐先生解「知通爲一」，實就體道生命能通達彼我之是非，而因之應之，不落是非之兩邊，肯認著眾務價值，而道心正能無窒礙地相通於人我；實則，這正是郭象所言：「夫達者無滯於一方，故忽然自忘，而寄當於自用」之義。再者，唐君毅解釋物化，明顯襲取了郭象物冥其極，各暢其性而自爾獨化之義，方有如斯論述。然則，爲何唐先生依然認爲郭注齊泯是非之道，實只是應物，而無感應旁通、無滯一方的道心呢？吾人認爲，可能先生洞視了郭象詮構是非之泯，在於適性當分，但卻不能正視郭象的聖人「應物」，亦就其能通達大化之流，體貼眾品之殊異情境，當機感應，引領生命卓爾獨化，自明自適，秉守自然之分，復歸於道境而說，遂有此分斷。

2、以「任天下之是非」〔註53〕膚淺地解釋「兩行」：初見郭注此語，亦只是肯認是非無窮，而聖人只須因循順任之，卻無任何價值之提撕，便能齊泯是非，成其「兩行」義，然再觀〈齊物論〉：「使同乎我與若者正之？既同乎我與若矣，惡能正之！」句後注：

> 是若果是，則天下不得復有非之者也；非若信非，則亦無緣復有是之者也；今是其所同而非其所異，異同既具而是非無主。**故夫**

〔註51〕 唐君毅：《中國哲學原論‧導論篇》（北京：中國社會科學出版社，2005 年 10 月），頁 158。

〔註52〕 同前註，頁 166。

〔註53〕 （清）郭慶藩輯，王孝魚整理：《莊子集釋》（臺北：華正書局有限公司，2004 年 7 月），頁 74。

是非者，生於好辯而休乎天均，付之兩行而息乎自正也。〔註54〕

又郭象對於「天鈞」、「天倪」的解釋分別為：

> 莫之偏任，故付之自均而止也。〔註55〕

> 天倪者，自然之分也。〔註56〕

天下是非無主，各是其是，而各非其非，爭辯紛擾遂也無休，然郭象認為，只須自正其性，和於自然之分，無脫離自然造化之整體和諧，便能活出真我價值，開顯「道」之一隅。而聖人「任天下之是非」，並非只是因循苟且，則是如〈秋水〉：「蓋師是而無非，師治而無亂乎？是未明天地之理，萬物之情者也」句後所注：「……故以道觀者，於是非無當也，付之天均，恣之兩行，則殊方異類，同焉皆得也。」〔註57〕如以道觀照之，孰是孰非皆有其價值義蘊。如上述無誤，那麼，郭象的「付之天均，恣之兩行」，實亦如唐君毅先生釋「兩行」義：「觀莊子之教人之自拔於成心之是非之道，則唯在教人更開放其心，以通觀人與己之是非，而只因其是，而使人我之所是，得互觀而兩行」〔註58〕，即保有一寬容通達之觀照，令各價值自張於自然之境中；由此得見，郭象分兩進路論說「天均」、「兩行」，一是萬物自正自適，合於自然之化；一是聖人觀照，因順萬物展露其價值。兩理路依舊分別涵俱著觀照與生命自我實踐價值之義，並不能逕自解為是非無窮，只須順任，甚至因循苟且之謂也。

3、肯認「成心」：郭象承認「成心」，不明「成心」是生命范昧的根源，一直是治《莊》者共同詬病處，認為他不能體會莊周見視著生命「相刃相靡，其行盡如馳，而莫之能止」——固執己見，終淪落於相互撕裂與殘殺之悲境，反而說著：

> 群品云云，逆順相交，各信其偏見而恣其所行，莫能自反。此（皆）〔比〕眾人之所悲者，亦可悲矣。而眾人未嘗以此為悲者，性然故也。物各性然，又何物足悲哉！〔註59〕

〔註54〕同前註，頁108。

〔註55〕同前註，頁74。

〔註56〕同前註，頁109。

〔註57〕同前註，頁583。

〔註58〕唐君毅：《中國哲學原論‧原道篇卷一》（香港：新亞研究院，1976年8月），頁354。

〔註59〕（清）郭慶藩輯，王孝魚整理：《莊子集釋》（臺北：華正書局有限公司，2004年7月），頁60。

生命只須各行其是，適性自得，又足何悲哉？然而，〈齊物論〉正是旨於「翻成心爲眞宰」，方能超拔於一切價值之上，復從消解價值之執礙處保存諸價值，如此，郭象肯認「成心」，亦容易被詮釋爲「成心就是眞君。如是人不必仰慕至人……更不必有持守修養之道。」〔註60〕但這種詮釋，恐怕是對郭象「成心」之誤解，郭子玄明確定義其「成心」涵意：

> 夫心之足以制一身之用者，謂之成心。人自師其成心，則人各自有師矣。人各自有師，故付之而自當。

> 夫小成榮華，自隱於道，而道不可隱。則眞僞是非者，行於榮華而止於實當，見於小成而滅於大全也。〔註61〕

「夫心之足以制一身之用者，謂之成心」一語，說明「成心」與是己非彼，進以相刃相靡，甚至馳心毀性的「執礙」不同，它指涉的是生命各稱能得當，自得於屬我境遇中，此是郭象正視「成心」處。然在郭象，「成心」亦是一慣性思維，不能隨變所適，導濟天下，故言「行於榮華而止於實當，見於小成而滅於大全也。」質言之，「成心」就是「有待逍遙」的縮影，它依然守素葆眞，不隨欲惡流蕩，只是未能應感無窮罷了。於此，我們得見，郭象誤解了〈齊物論〉之「成心」，應是表露「是非」樊然殽亂，而令世間靡刃角鬥的「價值執礙、異化」義，他反而正視了「價值之執定」義，認爲物雖執定，亦開顯著道之一隅。如是，則恐不能說郭子玄承認了「成心」，就承認了縱欲蕩惡之合理性，因郭象「成心」，實指有待逍遙的自得生命。

我們再將視野擴展至整個〈齊物論〉。確實，〈齊物論〉的「成心」，認爲生命各守一隅之見，都難離生命茫昧根源，但〈齊物論〉亦不否定儒墨（萬物）亦各具美善價值：

> 道惡乎隱而有眞僞？言惡乎隱而有是非？道惡乎往而不存？言惡乎存而不可？道隱於小成，言隱於榮華。故有儒墨之是非，以是其所非，而非其所是。欲是其所非所是，則莫若以明。〔註62〕

吾人認爲，〈齊物論〉「道隱於小成，言隱於榮華」，固然是就儒、墨雖各是其是，各非彼非，固執「成心」故無法臻成「道樞」而論，但其亦表明著「道」

〔註60〕 唐端正：〈郭注〈齊物論〉糾謬——論天籟、眞宰、道樞、環中、天鈞、兩行〉，《鵝湖月刊》第 250 期（1996 年 4 月），頁 22。

〔註61〕 （清）郭慶藩輯，王孝魚整理：《莊子集釋》（臺北：華正書局有限公司，2004 年 7 月），頁 64。

〔註62〕 同前註，頁 63。

無不在，儒墨終得「道」之一隅的殊散價值，所以「道隱於小成，言隱於榮華」的上句，便說著「道惡乎往而不存？言惡乎存而不可？」正是明大道周徧，儒墨「小成」遂使「道」消隱，但儒墨終究也「小成」了；意即，儒墨各懷「成心」，遮蔽「大道」，卻也開顯、分殊了「道」之義蘊。質言之，〈齊物論〉所謂「小成」，實包含著各行其是而各達其成的價值義，它與郭象之「成心」實爲同義語。

只是，縱然我們將郭注「成心」，接契了〈齊物論〉之「小成」義，但郭象誤解了〈齊物論〉「成心」，撤銷了「成心」蒙昧，須超拔提轉之這一義涵，確實侵犯到〈齊物論〉論旨。郭象此舉，除了無法揭露生命總誤解彼此，更互相攻伐，以致悲劇常存之浩嘆外，亦無法正視〈齊物論〉義旨，在於期許每一個生命都需開放其心，鬆動成心執礙，而觀照、容受著它者與自己終有殊異，亦各具價值。一如前論，郭象總分兩進路詮釋〈齊物論〉，一是萬物自爾獨化，二是聖人無心玄應；但當他在闡釋「成心」時，總偏側萬物面向而談，故亦只詮釋出生命自我實現，構作整體和諧之義理，卻減殺了其實每個生命，都能通觀彼此差異，都可擁有「翻成心爲道心」的能力。在郭象，此「翻成心爲道心」而感應通達的修爲，只停留於聖人位格中，萬物若無其質，便難成聖，那麼，萬物如何體道化聖，在郭象系統，終留下一道裂縫。

而這條裂縫，正讓郭象「齊於性分」之論，在注解〈齊物論〉時，產生衝突，甚至侵擾〈齊物論〉意旨；原來，郭象雖也明道心能因順「兩行」、休乎「天鈞」──聖人依因順、感應引領萬物齊歸大通之義。更時有並行聖人隨化應機，輔導萬物各適其性，俱歸自然而「齊一」之注語。﹝註63﹞但他過於重視萬物守性安分，齊臻逍遙的「齊物」理論，以致遺忘《莊子》，還是主以致虛守靜之心靈，能遣蕩是非，通觀彼我價值處言「齊物」。而此遺忘，正反映在郭注肯定「成心」上；郭象把握住「成心」之「本眞價值執定」義，卻忽略了《莊子》期許著每一心靈都能有「轉識成眞」、「翻成心爲道心」之冲虛無執，遂令郭象在面對〈齊物論〉感嘆生命各執一端，而相互戕傷的存在

﹝註63﹞ 如「夫達者無滯於一方，故忽然自忘，而寄當於自用。自用者，莫不條暢而自得也。」（〈齊物論〉：「庸也者，用也；用也者，通也；通也者，得也」句後注）、「……使群異各安其所安，眾人不失其所是，則己不用於物，而萬物之用用矣。物皆自用，則孰是孰非哉！故雖放蕩之變，屈奇之異，曲而從之，寄之自用，則用雖萬殊，歷然自明。」（〈齊物論〉：「爲是不用而寓諸庸，此之謂以明。」句後注）同前註，頁72、78。

悲感，與依冲虛無執對治成心諸章句時，不但無法諦解，反因過於肯認「成心」，甚至自滿「小成」，宣說著：

> 言其心形並馳，困而不反，比於凡人所哀，則此眞哀之大也。
> 然凡人未嘗以此爲哀，則凡所哀者，不足哀也。〔註64〕
>
> 苟足於天然而安其性命，故雖天地未足爲壽而與我並生，萬物未足爲異而與我同得。則天地之生又何不並，萬物之得又何不一哉！
> 〔註65〕（〈齊物論〉：「天地與我並生，萬物與我爲一」句後注）

生命一方面開顯屬我意義，然一方面在盡極稱能時，亦陷溺於視己爲是之芒昧中。〈齊物論〉欲人勘破此芒昧，郭象卻逕以「適性說」誤讀，認爲只需各適其性，遂能各臻逍遙，「則凡所哀者，不足哀也。」甚且，「天地與我並生，萬物與我爲一」義，還是應從消解我執，而見萬物眞如，進以發現每一價值皆屬「道」之一隅，終泯息是非，以至與物無對處言「一」；或是體悟命變遷化，皆屬造化流行，應無執而順任推移，毋凝滯於物，終隨天地萬物，回歸自然造化中而渾成爲「一」——無論哪種解釋，都應是體道心靈的修養境界，屬聖人位格之描述語，但郭象依舊執意依「適性」詮之，徒停於萬物層次中，以物各得性分、各臻逍遙上曰「齊」、曰「一」，卻也錯解莊周原意，造成經注間之破裂；無怪乎大體順郭注而疏釋的成玄英，觀見郭注「物各性然，又何足悲哉」、「……故天下莫不芒也」〔註66〕諸語時，也只能無奈地寫下「郭注稍乖，今不依用」〔註67〕，正說明郭注雖並行「聖人感應齊歸大通」與「萬物適性俱冥造化」兩「齊物」進路，卻在注解時，偏好從「適性」面向而成詮，導致郭注終不能完全適切地闡明〈齊物論〉旨意。

四、結論

總結全章，我們可獲具體結論如下：

1、郭象通過「反覆相明喻」的思辨方式，揭露了是非無窮的實然性，未能眞正地從實踐工夫中，遣蕩是非，但隨後他構作眾品獨化與聖人玄應兩進路：萬物雖各行其是，但安命適性，復自爾獨化，彼此順任而無所戕傷，消泯著是非紛擾；而聖人擔負感應、因順之責，導引萬物適其性，使生命皆能

〔註64〕同前註，頁61。
〔註65〕同前註，頁81。
〔註66〕同前註，頁61。
〔註67〕同前註。

怡然自得地融應於自然造化，應和著「天籟」之聲。

2、疏清郭象「齊物論」後，本文進步將此詮釋系統與〈齊物論〉對勘，發現眾方家大多應和著牟宗三「主觀境界」型態，以別異《莊》、郭。但吾人認為，〈齊物論〉之「觀照」，與其說唯有繫於聖人玄覽的理境之下，萬物才秉具其價值；毋寧說，聖人懷沖虛無執之道心，再復返世塵，發現儒、墨各顯「道」之一隅的意義價值，復存護諸價值，俱歸大化，彰顯「恢恑憰怪，道通於一」的殊途同歸，呈現「萬竅怒號」的「天籟」。如此，郭象依然能應對著〈齊物論〉義理，成就「不齊之齊」的造化豐盈。

三、而在分析〈齊物論〉義理型態時，我們亦發現，強調「境隨心轉」的「觀照」，實在細微處，與〈齊物論〉有所扞格，且也不能貫通其餘內篇。反而，如突顯牟宗三「觀照」義的「去礙」概念，實能應和著《莊子》著重於因順、感應，在與物交通中，批判、治療著生命異化。於此，生命的型態就不只是靜態地朗照萬物，讓萬物價值來歸虛舍，它更應是動態地感應他者之殊異，導引生命之美成，悠遊物事之變遷，領納造化之推移。

四、郭象賦予聖人因順、感應之「觀照」能力，〈齊物論〉亦肯定著儒墨諸價值，更通過道心消解對任一價值所產生之偏執，復感應諸殊異而隨成之；如此，〈齊物論〉與郭注，皆共同表達出，需有一沖虛心靈觀照、感應與存護萬物本真價值，令眾有各綻開美善，遂能構作和諧共生的造化流行義涵。但郭象「齊物論」，終未能明透〈齊物論〉旨，尤以肯認「成心」處，最違逆莊周義理。原來，郭注雖並陳著聖人感應調濟與萬物自適獨化二義，卻偏好依萬物各得性分而各臻逍遙上言「齊物」，未能突顯「齊物」，還是應回歸生命致虛守靜，勘破執礙，終至與物無隔上言；易言之，郭象之「齊物論」，似只安於「自以為是」之人，毋須忘執，只須當分，便能在俱以「適性」上曰「齊」，而非在沖虛無執、泯化「是非」之觀照處言「齊」；此乖謬背後所隱含之思維，正因郭子玄之「成心」，雖正視了殊別價值，能「即開顯即遮蔽」著大道，卻忽略在〈齊物論〉，「成心」亦代表著生命茫昧與爭亂根源，須上翻一層而超脫之。此遣蕩是非，玄同彼我之修養，自能在郭注描述聖人德行時尋獲，但問題是，在郭象，聖人與萬物終有生命型態上之差異，超凡入聖的可能性，總要「內有其質」，否則淡薄；遂與〈齊物論〉承認每一生命都能「翻成心為道心」有異，導致其注，終不能完全契應〈齊物論〉旨。

結論──「神器獨化於玄冥之境」的道化政治

一、回顧與整合

　　回顧前文，我們在探索《郭注》歷史境遇，與省察當代研究成果後，更企圖重衡郭象玄學系統，並將此重建工作，收攝於三議題中；即「自然獨化」、「適性逍遙」與「名教即自然」三理論。今大略瀏覽三義理與〈第七章〉：

　　（一）郭象撤銷「道」、「無」作為外在依據，直收攝在「性分」、「命變」與「勢理」三者交融的生命變動中，而稱「自爾獨化」。其繼承復超越地，別開道家「存有論」之生面，目的在於揭露「道」「冥然無不在」，「道」便在命行事變之遷化中；唯有充分應會命變，承擔際遇賦予此身之義命，而得當守分之，方能開顯道蘊，亦方能充分地投身造化之機，與他者共組相因無傷的有機整體，進以維繫存在界的和諧共生──此便是郭象「自爾獨化」的存有論義旨。於此，我們亦探究郭象「性」、「命」與「理」三者義涵：雖「性分」各秉殊異，有其天賦生成的不易性，但亦需隨時變化於屬我境遇中，隨命行事變而應會自然流行，始能充分實現自己，故不能將「性」視之為無所更易的本質義。而「理」所指涉的是，生命在逆旅中，各有殊別地屬我際遇，它也代表開顯生命意義的動態歷程，與「自然」應屬同義。

　　（二）奠基在「獨化」與「適性」理論上，郭象承接外篇〈駢拇〉、〈秋水〉義理，別異於〈逍遙遊〉之「無待逍遙」，創構只需盡分稱能，便能放於自得之場的「適性逍遙」論。其中，我們辨明「適性」並非縱欲委頓，而有待生命亦須安分守素，窮理致命，始得逍遙；再者，吾人點撥出聖人擔負兼

濟導物，調理天下之任，依「無心」勘破存在種種限制網，無往不適，應物不累而稱「無待」。並且，「無待」聖者更能依「感應」之方術，因應萬物殊異情態，感潤萬物棄惡從真，令之歸懷王政，共構清明世道。最後我們融通「無待」聖人與「有待」眾品，描繪出郭象有別於《莊子》「無待逍遙」（期許生命皆須懷持無執真宰，超脫成心滯礙，方能逍遙應世）的思維，而獨杼「適性逍遙」的終極目的，在於建構萬物適性稱能，聖人輔導感應，共組相因互濟的存在界。故分列有無二待的「適性逍遙」，實是郭象欲建築道家外王道系統的實踐方策。

（三）因著前章結論之餘蘊，我們思索學界定論「名教即自然」屬儒道調和課題的合宜性，嘗試超越牟宗三先生「作用地保存」理論，溯源《莊子》亦有特異於儒的「名教」體系；《莊》書反省仁義諸德流弊，更重塑諸德義蘊——「仁」以忘化成就兼愛，「義」以隨宜條達命變，「禮」以真情契會自然。故諸德實不同儒家，以道德意識為準儀，而是依「造化流行」此規範人我貞靜和諧的價值理序為範式。再者，吾人剖析《莊子》「感而後應」之道術，在於察勢觀變，模格「道」蘊，從中引導生命化消邪僻，歸返真樸，是為注重批判治療、疏導輔贊的「曲成」道治。復次，我們探究郭象「名教即自然」理論，依然是始於批判而終於治療，依道家理論重建倫常，得出「自然即名教」之說，不應視為會通儒道的產物，它實應歸本於《莊》，綻放著富有道家理趣的人文化成。最後，吾人研討郭象「有君論」與襲情履位的社會結構，尋獲此社會結構實以「自爾獨化」為存有論基礎，更立足此研究成果，省思郭象「因順」義，著重於維繫存在整體的自我調節機制，與聖人引導眾品貞正的「感應」關係，實有別於「主觀境界型態」之「觀照」義。

（四）而關於〈〈齊物論〉與郭注義理對勘之重衡〉一文，細膩的讀者，在閱讀時便會發現，郭象詮釋〈齊物論〉之理脈，實與其建構「適性逍遙」論相同，皆通過生命自爾獨化，彰示眾有殊異價值；而聖人通過因順與感應，引領「萬竅怒號」，齊歸自然大化此價值理序中。之後，我們更嘗試釐定，如強調牟宗三先生「觀照」之「境隨心轉」義，實不適於〈齊物論〉旨意，反而如突顯牟先生「觀照」之「去礙」義，除了能擺脫研究者對「主觀境界型態」懷持「主體主義」衍生問題之疑慮，更能應和道家，那著重沖虛心靈與他者感應交通，照會著事變命行，在錯綜複雜的人間世裡，依著因順、感應，發揮著批判、治療之效益。而此特顯交感互滲，應會啟發，屬於主客交涉之

「去礙」，實不同於「境隨心轉」之觀照（將世態紛紜，全容攝於清朗空明的沖虛心境）；更毋寧說，此清朗空明的玄照，永遠都須運用在啓覺萬物曉善棄邪的「感應」上。而如鬆動以「境隨心轉」的「主觀境界型態」，作爲詮釋〈齊物論〉之判準，我們便會發現，縱郭注在諸概念之表象文意上，錯解莊周，但其主義理脈絡，依然保有聖人觀照感應而萬物履踐本眞兩面向，符應〈齊物論〉大旨。然而郭象既肯認「成心」，又在詮解方式上，過於偏重安性守分、各臻逍遙之「齊物」，甚至只停留於「適性」——「物各性然，又何足悲哉」，不明〈齊物論〉正面期許每一生命都應有觀照他物美善之心懷，與反面浩嘆正因生命偏執，肇禍角鬥相軋之悲感，遂令其注逢遇斯義蘊之章句時，無能適切言詮，產生經、注義理間之破裂。

從諸章探究至此，吾人似已建立一詮釋系統，豁顯郭象注《莊》之核心思維：郭子玄擘畫著如何能令萬物充分實現自我，而通歸一相依俱生的和諧理境，更延伸出聖人應世之精神與道術，以及爲名教秩序建立一形上基礎的哲學理論。職是，我們終能一言蔽之郭象哲學理脈：他以「自然獨化」之存有論爲基，開展「適性逍遙」與盡能當分的倫常制度，建構出「神器獨化於玄冥之境」的道化政治哲學。

二、本書之特色

然此結論，實與前輩研究如余敦康先生〔註1〕、盧國龍先生〔註2〕、莊耀郎先生〔註3〕、楊立華先生〔註4〕、周雅清先生〔註5〕與楊穎詩教授〔註6〕等專著之大旨，殊途同歸。只是在殊途裡，一些細微的論述脈絡，自與諸方家有些不同，大致可歸爲兩項：

（一）認爲郭注著重於闡釋《莊》書「帝王道」面向，標舉出「名教即自然」的「入世」精神，但也因其「經國體致」之基礎，發端於「適性」故，遂歧出〈逍遙遊〉、〈齊物論〉二篇：學者多以〈內七篇〉義理對勘郭注，進

〔註1〕余敦康：《魏晉玄學史》（北京：北京大學出版社，2005年9月）。
〔註2〕盧國龍：《郭象評傳——理性的薔薇》（廣西：廣西教育出版社，1997年8月）。
〔註3〕莊耀郎：〈郭象獨化論的再省思〉，《世新中文研究集刊》第8期（2012年7月）。
〔註4〕楊立華：《郭象《莊子注》研究》（北京：北京大學出版社，2010年2月）。
〔註5〕周雅清：《莊子哲學詮釋的轉折——從先秦到隋唐階段》（臺北：國立師範大學博士論文，2011年6月）。
〔註6〕楊穎詩：《郭象《莊子注》的詮釋向度》（桃園：國立中央大學碩士論文，2012年6月）。

以殊別莊、郭異同；吾人卻認為，郭象既以概念系統性與邏輯一致性，詮注概念時雜矛盾的《莊》書，就必定在「視域融合」的互動中，刪雜略蕪，以成其哲學體系。但無論郭子玄或重視「性分」，或淡化《莊子》「宇宙論」章句〔註7〕，轉譯為「存有論」作為詮釋之優位，以彰顯「道無不在」的義涵，亦或是發展《莊》書「黃老派」的政治學說〔註8〕，仍都籠罩在《南華經》義理之中。然則，如不以通篇《莊子》，而改以最精要的〈內篇〉思想作為衡定標準，則郭象哲思，確實有與之出入者，但在殊別處，我們亦得見郭象意欲開闢《莊》書「外王學」系統。

郭象在〈齊物論〉與〈逍遙遊〉裡，皆明顯地行創造性的詮釋，他肯認「成心」與提出「適性逍遙」論，正是與〈內篇〉義理最大不同之處。在此，我們簡明地提出對〈齊物論〉與〈逍遙遊〉的看法，以析莊、郭異同：

首先剖析〈齊物論〉。在吾人看來，郭象雖認可「成心」，但此「成心」義，旨在表示生命秉賦的殊異價值，它實應合著〈齊物論〉：「道隱於小成」——生命存在價值總在開顯道蘊時，亦遮蔽了多端周偏的「道」理。而無論〈齊物論〉的「萬竅怒號」，抑或郭象的「適性安分」，都旨於成就「不齊之齊」之理境，但也因郭子玄肯認「成心」，導致他在疏論〈齊物論〉章句時，不能明澈莊周「成心」，擁有著生命蒙昧的根源義，遂產生注疏時的不適；故縱然〈齊物論〉與郭注，皆共同含具著虛靜道心與萬物之間的差異與隸屬關係（皆擁有通過至人觀照、順應萬物殊異價值的思維），但郭注卻往往偏側「適性論」立說，於萬物各臻逍遙上言「齊」，卻未能在肯認萬物美善價值後，進一步邀請每一生命，還應「翻成心為道心」，方能真切達至「齊物」之理；易

〔註7〕我們可將郭象詮解〈大宗師〉：「日月得之，終古不息；堪坏得之，以襲崑崙；馮夷得之，以遊大川；肩吾得之，以處大山；黃帝得之，以登雲天；顓頊得之，以處玄宮；禺強得之，立乎北極；西王母得之，坐乎少廣，莫知其始，莫知其終；彭祖得之，上及有虞，下及五伯」這一著名的「宇宙生成論」述，視為一指標性之省察。且看郭象如何注此章句的。嗯……他根本沒注。見（清）郭慶藩輯，王孝魚整理：《莊子集釋》（臺北：華正書局有限公司，2004 年 7 月），頁 247～251。

〔註8〕劉笑敢剖析《莊子》中的「黃老派」特色，一為「以『道』為本，而以刑名為用」，二是「法天則而制倫常」，三則是「君上無為而臣下有為」。吾人以為，郭注除了把注「適性」說於「君上無為而臣下有為」外，更結合著「道體刑用」與「禮刑」本是存在界自我調節機制二義。關於劉笑敢「黃老派」之闡釋，見氏著：《莊子哲學及其演變》（北京：中國人民大學出版社，2010 年 12 月），頁 271～286。

言之，《莊子》去執忘化，遣蕩是非而照見眾有真如之「齊物論」，在郭象只屬聖人事，萬物只需各適其性，毋須消除「我執」，亦能在「各安其命而各臻逍遙」處言「齊一」，終歧出〈齊物論〉旨。

而郭子玄「適性逍遙」的提出，應是與〈逍遙遊〉義旨差異最大者，原因亦在郭子玄肯定「成心」上。此「成心」又與「氣稟」義結合，使得「成心」不僅有著「存在抉擇的殊異、封限性」，更帶著若無其質，則難以成聖的命限義；然則，郭象雖不同於《莊子》，期許人人皆可「無待」，進以建立「成聖」的普遍性，但他卻為「逍遙」尋獲普遍性——只須安分守素，縱非「無待」，亦能逍遙。故郭象區分「有待」與「無待」兩逍遙，又將之統攝在「適性逍遙」的範疇裡，實不類於〈逍遙遊〉「無待逍遙」；然須注意的是，在〈逍遙遊〉後段，莊周通過「不龜手之藥」、「瓠為大樽浮江海」與「大樹之用」等故事，啟示惠施，須「無執而用」的義理，正是「適性而用」說之端倪，唯郭象「適性」，在《莊子》主於闡釋「存在價值的不同抉擇」的基礎上，更添加了「氣稟之封限性」，但這並不表示郭子玄偏側「性分」之差異，就逕自取消了《莊子》重「心」的修養工夫義；

縱然他區分「有待」、「無待」兩生命型態，亦是以「安分守素」的工夫為根底，「無待」者更須「無心玄應」，不僅如此，有無二待的工夫論，皆能被《莊子》一書所包含。

但「適性逍遙」義，終究削弱了「無用之用」的沖虛靈動，卻也增添了明晰自我缺憾的務實；或許生命價值的真實履踐，總在掘發無窮的可能性，與正視氣稟境遇的有限性——在這兩端間不斷地琢磨、激盪，始能淬鍊出屬己之光華。

實則，吾人雖確定郭象立基於「自然獨化」之存有論，復開拓「適性逍遙」之修養觀以至「無為而治」之政道。但無可否認，郭子玄首重，仍屬其獨創的「適性」概念，並常以之為解《莊》進路，然與《莊》書異者，亦正在此進路上；〈逍遙遊〉著重於心靈之超脫去礙，卻未及著墨心靈若落於實存，究竟在生存之抉擇上，會遭遇何種困頓、疑惑？郭象注意到實存之現實性，遂從「適性」這進路，教人正視自身限制，復從限制中安命適變，這實是「適性說」裨益《莊子》者，然以注破經處亦在此——郭象太過注重「適性」此實踐進路，縱使他亦不廢至人觀照、感應，輔導生命化欲返璞之面向，但當他在注疏時，更喜用「適性」此向度，解讀《莊子》章句，甚至強勢詮之；

如斯侵襲《莊子》文義，逐也令讀者在瀏覽時，產生不適感，更疑惑著「適性」眞能契合《莊子》修養論？抑或只是一因循苟且，順任命運之擺盪？郭注成爲莊學墮落之評價由斯而生。然正如我們於本文第四章所疏釋的，郭象「適性」實肇基於安命守素，更分流出「有待」、「無待」兩逍遙義；並且，「適性逍遙」之哲思，應是融通〈駢拇〉〔註9〕、〈秋水〉〔註10〕、〈至樂〉〔註11〕與〈庚桑楚〉〔註12〕等外、雜篇義理而發，復依此詮注內篇〈逍遙遊〉；又此「依實存而順命理，行稱能盡極之用」的適性說，亦未嘗不屬〈逍遙遊〉「無執而用」義蘊之延伸，它和郭象點撥出「道」冥然無不在的存有結構，與「崇堯抑許由」──令《莊子》脫離隱逸之風，建立道家人文化成，臻成「無爲而治」的客觀制度，都應視爲《莊》書表象文義初不能見，但深層義理卻能涵之的「創造性詮釋」。

縱如此，我們終須區別《莊》、《郭》「逍遙」義之差異；郭象過於重視「適性」，受限氣稟，於萬物層次，只能成就在屬我境遇，實現自我價值之「逍遙」，卻未能隨變所適，無待常通，更因受制氣質，間接截斷了，以「無心玄應」而成聖之實踐進路，雖擘畫了適性居當，履位襲情，令社會和諧共生的政治藍圖，卻在內聖處，終究有所欠缺，與《莊子》「心齋」、「坐忘」，臻成無適而非快之「逍遙」義，有其差距。

經由上論，則吾人認爲，郭注「適性逍遙」、「自爾獨化」或「迹冥圓融」義，在淺層表相上，時有違逆《莊子》處，但在深層義涵中，卻可開拓出《莊》書本就蘊藏的，富涵道家意趣的客觀制度，與統攝此客觀制度的道化政治哲學。然則，郭象也因偏側「適性」、「守分」故，雖依此開展了道家外王道，卻也遺忘，生命皆能擁有遣欲蕩執，通觀萬有的能力，令成聖實踐，總因氣

〔註9〕〈駢拇〉：「是故鳧脛雖短，續之則憂；鶴脛雖長，斷之則悲。故性長非所斷，性短非所續，無所去憂也。」見（清）郭慶藩輯，王孝魚整理：《莊子集釋》（臺北：華正書局有限公司，2004年7月），頁317。

〔註10〕〈秋水〉：「北海若曰：『以道觀之，物無貴賤；以物觀之，自貴而相賤；以俗觀之，貴賤不在己。以差觀之，因其所大而大之，則萬物莫不大；因其所小而小之，則萬物莫不小……』」同前註，頁577。

〔註11〕〈至樂〉：「魚處水而生，人處水而死，彼必相與異，其好惡故異也。故先聖不一其能，不同其事。名止於實，義設於適，是之謂條達而福持。」同前註，頁621～622。

〔註12〕〈庚桑楚〉：「道通，其分也。其成也毀也。所惡乎分者，其分也以備；所以惡乎備者，其有以備。故出而不反，見其鬼；出而得，是謂得死。」同前註，頁798。

稟限制,有所不足。

　　(二)重新豁顯《莊子》與郭注,皆重「感應」之觀照義:此義理之顯露,主要是針對牟宗三先生「主觀境界」之「觀照」義,所產生的疑慮:偏重於讓開、玄覽的「觀照」,如何能導引其它生命貞化返璞?牟先生之「觀照」義,深受《老子》、〈齊物論〉及康德哲學影響,尤其先生欲證立中國哲學亦有「智的直覺」此認識論意涵,而在道家,便聯結著「萬物並作,吾以觀復」之「觀照」義,通達「物自身」,令物「在其自己」;然此認識論的「觀照」,縱使牟先生賦予了「物自身」價值意味,終也只能將此價值,受束在虛靜觀照中,成就靜觀理趣的「藝術境界」,或是必預設著生命有其強烈的自覺意識,方能復還真樸。如此,不免引發高柏園先生之感慨:「果如此,則吾人似乎即無須對外在世界有積極之參與與改造,此即有僅困守於內之消極與無奈之病。」〔註13〕

　　然則「觀照」義,並不只具一清冷孤明之玄照,它亦擁有「感通」之意涵;遠在王弼注《老》及《易‧觀卦》時,便揭櫫此義理了:

　　　　以天下百姓心觀天下之道也。天下之道,逆順吉凶,亦皆如人之道也。〔註14〕(《老子‧五十四章》:「以天下觀天下」句後注)

　　　　統說觀之為道,不以刑制使物,而以觀感化物者也。神則無形者也。不見天之使四時,而四時不忒;不見聖人使百姓,而百姓自服也。〔註15〕(〈觀卦‧象辭〉:「大觀在上。聖人以神道設教,而天下服矣!」句後注)

天下大道的呈顯,實是透過萬物百姓發覺真心而明澈之,所以「觀照」並非是一高高在上的冷智寂觀,它實蘊含一溫潤真性的明覺,一感適物情的體察,謙沖地施化妙用,「開而弗達,導而弗牽」〔註16〕,在感潤的容受中,除了引領生命綻開其殊異價值,更輔導著萬物自正自化;故「觀照」之義,是以謙容應跡的映發說「觀」,以感通潤覺的引領說「照」。當代唐君毅先生,亦於《中國哲學原論》中,揭露著《莊子》「恆隨所感之變化無方」〔註17〕、

〔註13〕高柏園:《莊子內七篇思想研究》(臺北:文津出版社,2000年5月),頁47。
〔註14〕(魏)王弼撰,樓宇烈校釋:《王弼集校釋》(臺北:華正書局有限公司,2006年8月),頁144。
〔註15〕同前註,頁315。
〔註16〕同前註,頁197。
〔註17〕唐君毅:《中國哲學原論‧原性篇》(香港:新亞書院研究所,1968年2月),頁45。

「唯人有此『神』之表現，能隨所感，而應之以『存』以『則』，方見人之性。」〔註18〕表現出至人「感而後應」、「迫而後動」之德；其後如林明照先生，更清晰地豁顯郭注承接《莊》書，判別道家有不同於儒者的「感應」學說。〔註19〕實則，「天人交感」本是中國哲學之共法，牟宗三先生亦就「仁」的特質，說著「仁以感通爲性，以潤物爲用」〔註20〕，或許先生力欲區別儒道（儒家重感通，而道家主觀照），遂未及開展道家之「感通」義，但此「感通」實可融滲在「觀照」中，而提撕此「觀照之感通」，不唯在印證《莊子》與《郭注》「齊物」論述進路應屬相近，只郭子玄因肯認「成心」，方生歧途；更旨於彰顯，從《老》、《莊》至郭象，道家總在「隨感而應，應隨其時」〔註21〕中，保持有道則顯，無道則隱之靈動通慧，體貼群材殊異情境，從而與物無傷地，疏導生命棄惡減欲，復引領眾品各安其命，各正其位，各盡其極，更伺機改革社會結構之弊病沉痾，在勢變中迂迴地實現價值。依此，遂能充實道家所偏重，那殊勝於儒，屬於疏導輔贊、批判治療的「文化治療學」，而不徒停於冷觀寂照，不致讓道家理論在面對改造社會時，總顯得蒼白無力。

〔註18〕同前註，頁 46。

〔註19〕林明照：〈外內玄合與聖王之道：郭象哲學中「應」的意涵〉（臺北：哲學與文化，第 40 卷第 12 期，2013 年 12 月）。

〔註20〕牟宗三：《中國哲學的特質》（臺北：臺灣學生書局，1994 年 8 月），頁 44。

〔註21〕（清）郭慶藩輯，王孝魚整理：《莊子集釋》（臺北：華正書局有限公司，2004年 7 月），〈郭象莊子序〉，頁二九。

參考書目

一、傳統文獻

1. （清）郭慶藩輯，王孝魚整理：《莊子集釋》（臺北：華正書局有限公司，2004 年 7 月初版 1 刷）。

2. （魏）王弼撰，樓宇烈校釋：《王弼集校釋》（台北：華正書局有限公司，2006 年 8 月二版 1 刷）。

3. （魏）嵇康撰，戴明揚校注：《嵇康集校注》（北京：中華書局，2014 年 12 月 2 刷）。

4. （晉）張湛注，楊伯峻集釋：《列子集釋》（北京：中華書局，1997 年 10 月 5 刷）。

5. （南朝·宋）范曄：《後漢書》（臺北：鼎文書局，1977 年 9 月）。

6. （南朝·宋）劉義慶編，余嘉錫箋疏：《世說新語箋疏》（臺北：仁愛書局，1984 年 10 月初版）。

7. （南朝·梁）皇侃：《論語義疏》（北京：中華書局，2014 年 11 月 2 刷）。

8. （唐）房玄齡等撰：《晉書》（北京：中華書局，2012 年 12 月 12 刷）。

9. （唐）陸德明撰，黃焯彙校：《經典釋文彙校》（北京：中華書局，2006 年 7 月初版 1 刷）。

10. （宋）朱熹：《四書章句集注》（北京：中華書局，2006 年 11 月初版 10 刷）。

11. （明）王夫之著，王孝魚點校：《老子衍、莊子通、莊子解》（北京：中華書局，2010 年 1 月初版 2 刷）。

12. （清）王先謙：《莊子集解》（臺北：漢京文化事業有限公司，1988 年 12 月初版）。

二、近人研究

（一）中文專著

1. 王叔岷，1978，《莊學管闚》，臺北：藝文印書館。

2. 王仲犖，2004，《魏晉南北朝史》，台北：頂淵文化事業有限公司。

3. 王邦雄、岑溢成、楊祖漢、高柏園，2005，《中國哲學史》，臺北：里仁書局。

4. 王邦雄，2004，《中國哲學論集》，臺北：臺灣學生書局。

5. 王邦雄，2013，《道家經典文論：當代新道家的生命進路》，臺北：立緒文化事業有限公司。

6. 王邦雄，2013，《莊子內七篇‧外秋水‧雜天下的現代解讀》，臺北：遠流出版事業股份有限公司。

7. 王葆玹，1996，《玄學通論》，臺北：五南圖書出版有限公司。

8. 王曉毅，2011，《郭象評傳》，南京：南京大學出版社。

9. 王慶節，2004，《解釋學、海德格爾與儒道今釋》，北京：中國人民出版社。

10. 任繼愈主編，1998，《中國哲學發展史‧魏晉南北朝》，北京：人民出版社。

11. 朱漢民，2011，《玄學與理學的學術思想理路研究》，臺北：國立臺灣大學出版中心。

12. 朱清華，2009，《回到原初的生存現象——海德格爾前期對亞里士多德的存在論詮釋》，北京：首都師範大學出版社。

13. 牟宗三，1994，《中國哲學的特質》，臺北：臺灣學生書局。

14. 牟宗三，2002，《才性與玄理》，臺北：臺灣學生書局。

15. 牟宗三，1987，《智的直覺與中國哲學》，臺北：臺灣商務印書館。

16. 牟宗三，1980，《現象與物自身》，臺北：臺灣學生書局。

17. 牟宗三，2002，《中國哲學十九講》，臺北：臺灣學生書局。

18. 牟宗三，1996，《圓善論》，臺北：臺灣學生書局。

19. 牟宗三，2003，《牟宗三全集》，臺北：聯經出版事業股份有限公司。

20. 牟宗三講述，陶國璋整構，1999，《莊子齊物論義理演析》，臺北：書林出版有限公司。

21. 吳怡，2004，《莊子內篇解義》，臺北：三民書局股份有限公司。

22. 沈清松，1987，《物理之後——形上學的發展》，臺北：牛頓出版社。

23. 汪子嵩，2014，《亞里士多德關於本體的學說》，北京：中國人民出版社。

24. 李澤厚，1987，《中國古代思想史論》，臺北：漢京文化事業有限公司。

25. 李明輝編、蔡仁厚等著，1996，《牟宗三先生與中國哲學之重建》，臺北：文津出版社。

26. 李晨陽，2005，《道與西方的相遇──中西比較哲學重要問題研究》，北京：中國人民大學出版社。

27. 李玲珠，2004，《魏晉新文化運動：自然思潮》，臺北：文津出版社有限公司。

28. 余英時，2006，《中國知識階層史論・古代篇》，臺北：聯經出版事業股份有限公司。

29. 余敦康，2005，《魏晉玄學史》，北京：北京大學出版社。

30. 那薇，2004，《道家與海德格爾相互詮釋──在心物一體中成其人物成其物》，北京：商務印書館。

31. 林聰舜，1981，《向郭哲學之研究》，臺北：文史哲出版社。

32. 林安梧，2001，《中國宗教與意義治療》，臺北：明文書局股份有限公司。

33. 林明照，2007，《先秦道家的禮樂觀》，臺北：五南圖書出版股份有限公司。

34. 洪漢鼎，2005，《詮釋學──它的歷史和當代發展》，北京：人民出版社。

35. 洪漢鼎主編，2008，《中國詮釋學・第五輯》，山東：山東人民出版社。

36. 周大興，2004，《自然・名教・因果──東晉玄學論集》，臺北：中央研究院中國文哲研究所。

37. 郝紅，2011，《魏晉儒學新論──以王肅和「王學」為討論的中心》，北京：中國社會科學出版社。

38. 唐君毅，2005，《中國哲學原論・導論篇》，北京：中國社會科學出版社。

39. 唐君毅，1968，《中國哲學原論・原性篇》，香港：新亞研究院。

40. 唐君毅，1976，《中國哲學原論・原道篇卷壹》，香港：新亞研究院。

41. 唐君毅，1976，《中國哲學原論・原道篇卷式》，香港：新亞研究院。

42. 唐君毅，1988，《中國人文精神之發展》，臺北：臺灣學生書局。

43. 唐君毅，2000，《中國文化之精神價值》，臺北：正中書局。

44. 唐長孺，2012，《魏晉南北朝史論叢》，北京：商務印書館。

45. 唐長孺，1992，《魏晉南北朝隋唐史三論》，武漢：武漢大學。

46. 唐端正，1995，《先秦諸子論叢》，臺北：東大圖書有限公司。

47. 袁保新，1997，《老子哲學之詮釋與重建》，臺北：文津出版社。

48. 袁保新，1991，《孟子三辨之學的歷史省察與現代詮釋》，臺北：文津出版社。

49. 袁保新，2008，《從海德格、老子、孟子到當代新儒家》，臺北：臺灣學生書局。

50. 高柏園，2000，《莊子內七篇思想研究》，臺北：文津出版社。

51. 徐國榮編著，2014，《魏晉玄學會要》，南京：江蘇人民出版社。

52. 逯耀東，2000，《魏晉史學的思想與社會基礎》，臺北：東大圖書股份有限公司。

53. 孫立群，2012，《從司馬到司馬——西晉的歷程》，北京：中華書局。

54. 孫寶，2014，《儒學嬗變與魏晉文風建構》，北京：人民文學出版社。

55. 許抗生主編，1989，《魏晉玄學史》，西安：陝西師範大學出版社。

56. 莊耀郎，1998，《郭象玄學》，臺北：里仁書局。

57. 康中乾，2008，《魏晉玄學》，北京：人民出版社。

58. 康中乾，2013，《從莊子到郭象——《莊子》與《莊子注》比較研究》，北京：人民出版社。

59. 陳寅恪，1982，《金明館叢稿初編》，臺北：里仁書局。

60. 陳鼓應，2009，《老子註譯及評介》，北京：中華書局。

61. 陳鼓應，2006，《莊子今注今譯》，北京：中華書局。

62. 陳鼓應，2006，《老莊新論》，臺北：五南圖書出版有限公司。

63. 陳德和，1993，《從老莊思想詮詁莊書外雜篇的生命哲學》，臺北：文史哲出版社。

64. 陳德和，2005，《道家思想的哲學詮釋》，臺北：里仁書局。

65. 陳榮華，2006，《海德格存在與時間闡釋》，臺北：國立臺灣大學出版中心。

66. 陳榮華，1998，《葛達瑪詮釋學與中國哲學的詮釋》，臺北：明文書局股份有限公司。

67. 陳榮華，2011，《高達美詮釋學：《真理與方法》導讀》，臺北：三民書局股份有限公司。

68. 張蓓蓓，1991，《中古學術論略》，臺北：大安出版社。

69. 張祥龍，2007，《海德格爾思想與中國天道：終極視域的開啟與交融》，北京：生活・讀書・新知三聯書店。

70. 張汝倫，2008，《中西哲學十五章》，上海：世紀出版股份有限公司。

71. 張汝倫，2012，《《存在與時間》釋義》，上海：世紀出版股份有限公司。

72. 張鼎國，2011，《詮釋與實踐》，臺北：政大出版社。

73. 勞思光，1980，《中國哲學史》，香港：香港大學崇基學院。

74. 項退結，2006，《海德格》，臺北：東大圖書股份有限公司。

75. 曾昭旭，1991，《論語的人格世界》，臺北：漢光文化事業股份有限公司。

76. 曾昭旭，1992，《在說與不說之間——中國義理學之思維與實踐》，臺北：漢光文化事業股份有限公司。

77. 曾昭旭，1993，《充實與虛靈》，臺北：漢光文化事業股份有限公司。

78. 曾春海，2005，《兩漢魏晉哲學史》，臺北：五南圖書出版有限公司。

79. 賀昌群、劉大杰、袁行霈，1995，《魏晉思想‧甲編三種》，臺北：里仁書局。

80. 湯用彤、魯迅、容肇祖，1995，《魏晉思想‧乙編三種》，臺北：里仁書局。

81. 湯用彤，2009，《魏晉玄學論稿》，北京：生活‧讀書‧新知三聯書店。

82. 湯用彤，1991，《理學‧佛學‧玄學》，北京：北京大學出版社。

83. 湯一介，1999，《郭象》，臺北：東大圖書股份有限公司。

84. 湯一介，1999，《非實非虛集》，北京：華文出版社。

85. 湯一介，2006，《魏晉玄學論講義》，廈門：鷺江出版社。

86. 湯一介，2009，《郭象與魏晉玄學（第三版）》，北京：北京大學出版社。

87. 湯一介、胡仲平編，2008，《魏晉玄學研究》，武漢：湖北教育出版社。

88. 馮友蘭，2007，《中國哲學史新編》，北京：人民出版社。

89. 黃啟方編，2006，《文學、思想與社會》，臺北：世新大學。

90. 黃漢青，2007，《莊子思想的現代詮釋》，臺北：五南圖書出版有限公司。

91. 楊立華，2010，《郭象《莊子注》研究》，南京：南京大學出版社。

92. 傅偉勳，2007，《西洋哲學史》，臺北：三民書局股份有限公司。

93. 傅偉勳，1990，《從創造的詮釋學到大乘佛學》，臺北：東大圖書股份有限公司。

94. 傅偉勳，2001，《從西方哲學到禪佛教》，臺北：東大圖書股份有限公司。

95. 董光璧，1991，《當代新道家》，北京：華夏出版社。

96. 萬繩楠整理，2002，《陳寅恪魏晉南北朝史講演錄》，臺北：雲龍出版社。

97. 萬繩楠，2002，《魏晉南北朝史論稿》，臺北：雲龍出版社。

98. 萬繩楠，2002，《魏晉南北朝文化史》，臺北：雲龍出版社。

99. 蒙思明，2007，《魏晉南北朝的社會》，上海：上海人民出版社。

100. 臧要科，2009，《三玄與詮釋——詮釋學視域下的魏晉玄學研究》，河南：河南大學出版社。

101. 暴慶剛，2013，《反思與重構：郭象《莊子注》研究》，南京：南京大學出版社。

102. 蘇新鋈，1980，《郭象莊學平議》，臺北：臺灣學生書局。

103. 劉國英編，2005，《現象學與人文科學‧現象學與道家哲學專輯》，臺北：城邦出版有限公司。

104. 劉笑敢，2010，《莊子哲學及其演變》，北京：中國人民大學出版社。

105. 劉笑敢，2009，《詮釋與定向——中國哲學研究方法之探究》，北京：商務印書館。

106. 劉笑敢編，2007，《中國哲學與文化第二輯——注釋、詮釋，還是創構》，桂林：廣西師範大學。

107. 劉強，2011，《一種風流吾最愛——《世說新語》今讀》，臺北：城邦文化事業股份有限公司。

108. 錢穆，2007，《國史大綱》，北京：商務印書館。

109. 錢穆，2001，《中國思想史》，臺北：蘭臺出版社。

110. 錢穆，1991，《莊老通辨》，臺北：東大圖書股份有限公司。

111. 盧國龍，1997，《郭象評傳——理性的薔薇》，廣西：廣西教育出版社。

112. 賴錫三，2008，《莊子靈光的當代詮釋》，新竹：國立清華大學出版社。

113. 賴錫三，2011，《當代新道家——多音複調與視域融合》，臺北：國立臺灣大學出版中心。

114. 賴錫三，2013，《道家型知識分子論——《莊子》的權力批判與文化更新》，臺北：國立臺灣大學出版中心。

115. 謝大寧，2007，《歷史的嵇康與玄學的嵇康——從玄學史看嵇康思想的兩個側面》，臺北：文史哲出版社。

116. 戴璉璋，2003，《玄智、玄理與文化發展》，臺北：中央研究院中國文哲研究所。

117. 蕭公權，1988，《中國政治思想史》，臺北：中國文化大學出版部。

118. 龔鵬程，2008，《漢代思潮》，北京：商務印書館。

（二）外文譯著

1. （古希臘）亞里斯多德（Aristotle）著，苗力田、李秋零譯，2001，《形而上學》，臺北：知書房出版社。

2. （德）馬丁‧海德格爾（Martin Heidegger）著，陳嘉映、王慶節合譯，2011《存在與時間》，北京：生活‧讀書‧新知三聯書店。

3. （德）迦達默爾（Gadamer Hans－Georg）著，洪漢鼎譯，2007，《真理與方法》，北京：商務印書館。

4. （美）帕瑪（Richard E. Palmer）著，嚴平譯，2002，《詮釋學》，臺北：桂冠圖書股份有限公司。

5. （美）安樂哲（Roger T. Ames）著，彭國翔譯，2006，《自我的圓成：中西互鏡下的古典儒學與道家》，石家莊：河北人民出版社。

6. （英）魯惟一（Michael Loewe）著，王浩譯，2009，《漢代的信仰、神話和理性》，北京：北京大學出版社。

7. （瑞士）畢來德（Jean Francois Billeter）著，宋剛譯，2011，《莊子四講》，臺北：聯經出版事業股份有限公司。

三、期刊論文

1. 王曉毅〈司馬炎與魏晉禪代的歷史遺留問題〉，《孔孟月刊》第 36 卷第 9 期，1998 年 5 月。

2. 仲寅〈中國大陸學界郭象《莊子注》研究述評〉，《中國礦業大學學報》第 3 期，2012 年 9 月。

3. 何乏筆〈平淡的勇氣：嵇康與文人美學的批判性〉，《哲學與文化》第 37 卷第 9 期，2010 年 9 月。

4. 呂學遠〈「性」、「命」、「理」玄合──郭象「自然」義之重衡〉，《靜宜中文學報》第 6 期，2014 年 12 月。

5. 李曉光〈對「八王之亂」的再認識〉，《承德民族師專學報》第 30 卷第 2 期，2010 年 5 月。

6. 吳志鴻〈概論兩漢以後至宋明前氣論思想之發展與影響〉，《哲學與文化》第 33 卷第 8 期，2006 年 8 月。

7. 周大興〈儒家大路道家棧──《老子哲學之詮釋與重建》評介〉，《中國文哲研究通訊》第二卷第 3 期，1992 年 9 月。

8. 周大興〈有邪？無邪？──王弼對《老子》之道的詮釋〉，《中國文哲研究集刊》第 29 期，2006 年 9 月。

9. 周雅清〈《莊子·齊物論》與向郭注的義理殊異辨析〉，《鵝湖學誌》第 34 期，2005 年 6 月。

10. 林明照〈外內玄合與聖王之道：郭象哲學中「應」的意涵〉，《哲學與文化》第 40 卷第 12 期，2012 年 12 月。

11. 林俊宏〈玄學與政治的對話：郭象《莊子注》的三個關懷〉，《政治科學論叢》第 16 期，2002 年 6 月。

12. 唐端正〈齊物論郭注平議〉，《鵝湖月刊》第 8 卷第 8 期，1983 年 2 月。

13. 唐端正〈郭注〈齊物論〉糾謬──論天籟、眞宰、道樞、環中、天鈞、兩行〉，《鵝湖月刊》第 250 期，1996 年 4 月。

14. 袁保新〈中國哲學的特質在於主體性嗎？──試論儒學在後現代語境中的自我定位〉，《鵝湖學誌》第 51 期，2013 年 12 月。

15. 袁保新〈先秦儒學成德之教的現代詮釋與商榷——兼論儒學如何與廿一世紀人類文明接榫〉,《孔孟學報》第 92 期,2014 年 9 月。

16. 高柏園〈論牟宗三先生對老子形上思想之定位〉,《儒道學術國際研討會一先秦論文集》,臺北:國立臺灣師範大學國文系,2002 年 11 月。

17. 孫雲平〈偶然性與事實性——海德格《存有與時間》的「此在」分析〉,《東吳哲學學報》第 21 期,2010 年 2 月。

18. 馬行誼〈郭象的「性」主體論及其政治、社會實踐意義〉,《中正大學中文學術年刊》,2007 年第 2 期。

19. 馬行誼〈魏晉玄學家「無爲而治」的政治思想與實踐〉,《興大中文學報》第 23 期,2008 年 6 月。

20. 畢來德著,宋剛譯〈莊子九札〉,《中國文哲研究通訊》第 22 卷第 3 期,2012 年 9 月。

21. 郭熹微〈論魏晉禪代〉,《新史學》第 8 卷第 4 期,1997 年 12 月。

22. 莊耀郎〈魏晉玄學釋義及其分期之商權〉,《鵝湖學誌》第 6 期,1991 年 6 月。

23. 莊耀郎〈郭象《莊子注》的方法論〉,《中國學術年刊》第 20 期,1999 年 3 月。

24. 莊耀郎〈魏晉儒道會通理論的省察〉,《中國學術年刊》第 23 期,2002 年 6 月。

25. 莊耀郎〈論牟宗三先生對道家的定位〉,《中國學術年刊》第 27 期,2005 年 6 月。

26. 莊耀郎〈郭象獨化論的再省思〉,《世新中文研究集刊》第 8 期,2012 年 7 月。

27. 陳康著、莊雅棠譯〈老子哲學中「道」之意義〉,《中國文化月刊》第 85 期,1986 年 11 月。

28. 陳榮灼〈王弼與郭象玄學思想之異同〉,《東海學報》第 33 卷,1992 年 6 月。

29. 陳榮灼〈道家之「自然」與海德格之「Er-eignis」〉,《清華學報》新 34 卷第 2 期,2004 年 12 月。

30. 陳德和〈先秦道家哲學的詮釋與發展——以二十世紀的台灣爲例〉,《2006 年台灣‧日本‧韓國哲學國際學術會議》,臺北:淡江大學,2006 年 11 月。

31. 陳志強〈對郭象哲學所受質疑提出辯解〉,《清華學報》新 44 卷第 3 期,2014 年 9 月。

32. 黃守正〈郭象《莊子注》中「性分」論的重估〉,《有鳳初鳴年刊》第 4 期,2009 年 9 月。

33. 黃岭、趙昆生〈魏晉更替中的社會批判研究〉,《文山師範高等專科學校學報》第 20 卷第 4 期,2007 年 12 月。

34. 楊祖漢〈比較牟宗三先生對天台圓教及郭象玄學的詮釋〉,《第八屆當代新儒學國際學術會議》,桃園:國立中央大學,2009 年 9 月。

35. 楊穎詩〈莊子與郭象三籟說辨析〉,《鵝湖月刊》第 411 期,2009 年 9 月。

36. 廖明活〈莊子、郭象與支遁之逍遙觀試析〉,《鵝湖月刊》第 9 卷第 5 期,1983 年 11 月。

37. 趙昆生〈魏末政治與司馬氏的稱帝道路〉,《重慶師範大學學報》2006 年第 4 期。

38. 劉笑敢〈儒家不能以道家爲忌——試論牟宗三「以道釋儒」之詮釋意義〉,《人文學報》第 24 期,2001 年 12 月。

39. 劉榮賢〈魏晉時代阮籍與郭象對莊學的視域反差〉,《靜宜中文學報》第 4 期,2013 年 12 月。

40. 賴錫三〈「境界形上學」的繼承、釐清和批判與道家式存有論的提出〉,《鵝湖月刊》第 23 卷第 6 期,1997 年 12 月。

41. 賴錫三〈「實有姿態」的消解轉譯與「道家式存有論」的詮釋還原（上）〉,《鵝湖月刊》第 23 卷第 11 期,1998 年 2 月。

42. 賴錫三〈「實有姿態」的消解轉譯與「道家式存有論」的詮釋還原（下）〉,《鵝湖月刊》第 23 卷第 11 期,1998 年 5 月。

43. 賴錫三〈《莊子》自然觀的批判考察與當代反思〉,《東華漢學》第 19 期,2014 年 6 月。

44. 謝大寧〈湯用彤玄學理論的典範地位及其危機〉,《中正大學中文學術年刊》第 5 期,2003 年 12 月。

45. 戴璉璋〈玄思與詭辭——魏晉玄學契會先秦道家的關鍵〉,《國文學報》第 42 期,2007 年 12 月。

四、學位論文

1. 呂學遠《王弼道論之詮釋與重建》,淡江大學碩士論文,2010 年。

2. 周大興《王弼玄學與魏晉名教觀念的演變》,中國文化大學博士論文,1995 年。

3. 周雅清《莊子哲學詮釋的轉折——從先秦到隋唐階段》,國立臺灣師範大學博士論文,2011 年。

4. 張伯宇《莊子形上智慧的現代詮釋與省察——一項從語言、身體、他者來展開底存在進路的試探》,國立臺灣師範大學博士論文,2012 年。

5. 黃垚馨《西班牙道德經中形上概念的譯本研究:以「道」、「有」、「無」

爲例》，淡江大學碩士論文，2012 年。

6. 楊穎詩《郭象《莊子注》的詮釋向度》，國立中央大學碩士論文，2012 年。